王一华　闫云星　著

信息管理领域热点问题研究

郑州大学出版社

图书在版编目(CIP)数据

信息管理领域热点问题研究／王一华,闫云星著. — 郑州：郑州大学出版社,2022.9(2024.6 重印)
ISBN 978-7-5645-9099-4

Ⅰ.①信… Ⅱ.①王…②闫… Ⅲ.①信息管理 - 研究 Ⅳ.①G203

中国版本图书馆 CIP 数据核字(2022)第 175399 号

信息管理领域热点问题研究
XINXI GUANLI LINGYU REDIAN WENTI YANJIU

策划编辑	李勇军	封面设计	王　微
责任编辑	孙精精	版式设计	凌　青
责任校对	刘晓晓	责任监制	李瑞卿

出版发行	郑州大学出版社	地　址	郑州市大学路 40 号(450052)
出版人	孙保营	网　址	http://www.zzup.cn
经　销	全国新华书店	发行电话	0371-66966070
印　刷	永清县晔盛亚胶印有限公司		
开　本	710 mm×1 010 mm　1 / 16		
印　张	16.75	字　数	296 千字
版　次	2022 年 9 月第 1 版	印　次	2024 年 6 月第 2 次印刷

| 书　号 | ISBN 978-7-5645-9099-4 | 定　价 | 78.00 元 |

目　录

第一章
网络信息资源绩效评估研究

第一节 网络信息资源绩效评估概述

一、国内外研究现状及研究意义

(一)国内外研究现状

网络信息资源(Network Information Resources)是指通过计算机网络能够利用的各种信息资源,包括数据库、网站、搜索引擎、网页等。早在 1991 年,B. Richmond 认为评价网络信息资源需要遵循 10C 原则。此后,网络信息资源评价研究就如火如荼、蓬蓬勃勃地开展起来了[①]。国外在数字资源绩效评估方面最突出的特点是开展了一系列有关评估和统计测量的项目。比较有代表性的有美国 ARL 的 E-Metrics 项目、国际图书馆联盟联合会(ICOLC)的"Guidelines for Statistical Measures of Usage of Web-based Indexed, Abstracted, and Full Text Resources"(基于 Web 的索引、文摘和全文资源使用统计评估指导方针)计划、英国 PALS 利用统计工作组的 COUNTER 项目、芬兰 FinElib 评估项目、美国 CDL 评估项目、美国 ARL 的 StatsQUAL™(包括 LibQUAL+® 项目、DigiQUAL™ 项目和 MINES for Libraries™项目)。上述项目分别从不同的侧重点,如数字资源计量、统计、利用分析、服务绩效等方面对数字资源加以评价。

中国从 1999 年开始进行网络信息资源评价研究。标志是孙兰与李刚刊登

---

① 索传军,吴启琳. 国内外网络信息资源评价研究进展[J]. 现代图书情报技术,2006(8):55-59,93.

在《图书馆建设》的学术论文《试论网络信息资源评价》。随后,有关研究成果相继出现,研究内容主要是论述研究的必要性、总结其特点与类型、探讨评价指标等[①]。比如,邵波从用户接受评价与资源内容评价两方面构建网络信息资源评价体系[②]。清华大学国家治理研究院发布了《2021年中国政府网站绩效评估报告》。中央党校(国家行政学院)电子政务研究中心课题组编写完成了《中国电子政务发展报告(2019—2020)》。此外,我国还有"中国高等教育文献保障系统"CALIS评估子项目(《高等学校图书馆数字资源计量指南》、CALIS引进数据库用户满意度调查、CALIS数字资源评估)、台湾地区ConCERT评估项目等。

以上相关研究为建立完善的网络信息资源绩效评价体系奠定了基础,但与相对较丰富的国外研究成果相比较,国内目前的研究多是分散的,以理论探讨居多,实践研究较少。绩效评价对资源内容考虑较多,对其影响考虑较少,而且指标所包含的信息总会出现一些重复或遗漏,更没有形成一个适合我国国情的、规范的评价体系。这就间接导致了网络信息资源缺乏有效的质量评价、控制与管理。

(二)研究意义

绩效评估是实现网络信息资源建设科学发展的突破口。它无论是对网络信息资源的组织、网络信息资源的有效利用,还是对网络信息资源质量的提高都具有十分重要的意义。通过对用户的调查,了解当前用户对网络信息资源的认知度和满意度,促使我国网络信息资源建设更加人性化、实用化,更好体现"以人为本"的原则;通过对供给方的绩效评估,全面掌握我国网络信息资源建设的发展状况,引导我国网络信息资源建设更加规范化、标准化,并进一步促进我国信息化水平提高。

总之,网络信息资源绩效评价不仅能够对用户了解、选择、利用网络信息起到指导作用,也为数字图书馆的资源建设提供了理论与实践依据。

二、网络信息资源绩效评估的理论基础

网络信息资源绩效评价主体主要包括政府非营利组织或机构、图书情报部

---

① 孙瑾.网络信息资源评价研究综述[J].大学图书馆学报,2005(1):7-13.
② 邵波.用户接受:网络信息资源开发与利用的重要因素[J].中国图书馆学报,2004, 30(1):53-56.

门、商业性机构、个人(专家)、网站或搜索引擎、用户、出版物。其实,网络信息资源绩效评价质量的优劣最终取决于评价主体的能力和水平,促进评价主体的健康发展是顺利进行网络信息工作的基础。网络信息资源绩效评价客体就是网络信息资源。网络信息资源是指通过计算机网络能够利用的各种信息资源。它主要有网站、搜索引擎、电子期刊、数据库四种类型。

绩效评价主要有三种观点:① 绩效的结果观。绩效是一种工作活动所达到的结果,是一个人工作成绩的记录。② 绩效的行为观。绩效是一种工作过程及行为表现。③ 绩效的综合观。绩效是过程和结果的结合。

在本研究中采用绩效的综合观:采用定性评价与定量评价相结合的方法,绩效评价是过程和结果的结合,既重过程评价又重结果评价。

网络信息资源绩效评价的理论基础主要有系统理论、计量学理论、顾客满意度理论、激励理论四种。

(1)系统理论。系统理论是研究系统的一般模式、结构和规律的学问。系统是由若干要素以一定的结构形式连接成的具有某种功能的有机体。系统理论的核心思想是整体观念,系统理论为绩效评估的研究提供了方法论和基础应用。利用系统理论进行绩效评价就是在绩效评价的过程中,无论是评价目标的选择还是评价指标的选取,都应该利用系统理论进行思考,注意其系统性、完整性。系统也需要利用反馈的原理,及时获得绩效评估之后产生的反馈信息,并根据它们进行及时调整,促使绩效评估向着预先设定的目标不断改进,实现对绩效评估的有效控制,保证绩效评估的实用性或者价值性[①]。

(2)计量学理论。计量学理论是评价的理论基础,计量学理论侧重于量化分析,主要包括文献计量学、科学计量学、知识计量学、计量学经济。计量学主要关注三个问题:计量什么? 如何计量? 计量的结果怎么样? 计量评价就是利用针对研究对象的一些指标,运用数学的模型进行研究,经过数学的处理,得出定量结果,以便人们进行分析、决策或控制。计量学是评价的重要基础,不过也不能忽视定性评价。

(3)顾客满意度理论。顾客满意度(Customer Satisfactory)研究可追溯到 Cardozo 于 1965 年发表在期刊 *Journal of Marketing Research* 的"An experimental

---

① 严芳.教育元评估的理论与实践研究[D].上海:华东师范大学,2010.

study of customer effort, expectation, and satisfaction"①。顾客满意度就是顾客对于服务及产品的满意程度,其实也是期望值与实际感知之间的差距②。当顾客对服务的感知大于期望,顾客的满意度指数就高,反之,顾客的满意度指数就低。在绩效评价时,顾客满意度理论可以引导评价者从用户角度进行分析,了解令用户满意和不满意的环节,以便能够对不满意因素进行改善,提高用户的满意度,从而能够使绩效评价更有针对性。

(4)激励理论。激励理论种类很多,比较有代表性的是 B. F. Skinner 的强化理论。该理论探讨了个人的行为结果对行为本身的影响,认为个人的行为是一种对其所受到刺激的反应。若受到有力的刺激,个人的行为将会得到加强,甚至将会重复出现;反之,个人的行为将会减弱,甚至可能会消失③。所以,可采用强化的方式使组织成员的行为符合组织的目标。关于评价结果的反馈、评价结果的应用就是依据 B. F. Skinner 的强化理论。比如通过对某个网站的绩效评价发现它排名较高,同样对网站的制作方也是一种极大的鼓励;如果排名较低,就会促使网站的有关人员或者网站的主管人员和部门产生警惕性,从中找到它的不足,再想办法改进提高,从而使该网站的绩效得以提高。

三、网络信息资源绩效评估方法

绩效评价的方法可以分为两大类:定性的方法和定量的方法。定性的方法具有一些优势,比如可以对网络信息资源的内容进行深入的分析;不过也有弊端,有时容易受到个人的学识、偏见等影响而带有主观性的色彩。定量的方法就是采用量化的方法对网络信息资源进行评价,常见的方法有加权平均法、层次分析法、聚类分析法、投影寻踪分类法等,定量的方法尽管具有客观性的优势,不过也有自身的弊端,比如不确定因素比较多,单纯采用这种方法有时显得缺乏说服力。因此,在下面各类型网络信息资源绩效评价中,采用定性、定量相结合的方法进行评价,以弥补仅仅采用定性方法或仅仅采用定量方法的不足。

---

① CARDOZO R N. An experimental study of customer effort, expectation, and satisfaction [J]. Journal of Marketing Research,1965(8):244-249.
② 焦竹.基于转换成本的顾客感知价值、顾客满意与顾客忠诚关系研究[D].长春:吉林大学,2008.
③ 薛飞.MN 公司营销团队的建设与管理研究[D].上海:华东理工大学,2010.

四、网络信息资源绩效评估指标体系

总体来说,国内外各类网络信息资源绩效评价指标研究越来越深入,指标越来越丰富多彩了。比较起来,国内研究相对薄弱,国外研究相对更细致一些。国内大多是模仿、跟踪、改进式的工作,原创性的相对较少。在指标体系的设置上,存在着贪多、贪全的问题,重复性较严重,有的还缺乏现实操作性,可操作性不强。在设置指标时,我们需要认真思考一下:指标之间相关性如何? 可否删减? 方法那么多,用哪种方法更适用? 权重如何设置?

不过,国内外网络信息资源指标体系往往都包括内容、利用、设计等方面。评价指标发展方向是从单一的定性指标、定量指标,发展到二者相结合的路子上来[①]。

依据评价分类的思想,以科学性、代表性、可行性为原则,以网站为例,针对网站设计绩效评估指标体系。该研究依据评价分类的思想设计绩效评估指标体系,对网络信息资源绩效进行评价研究。

第二节 网络信息资源绩效评估实证研究

下面以图书馆网站为例进行网络信息资源绩效评估实证研究。

一、网站绩效评估影响要素研究

(一)结构方程模型原理

结构方程模型(Structural Equation Modeling,常常缩写为 SEM)把因素分析和路径分析二者进行了结合。它可以对多个变量之间的相互关系进行定量研究,这是它突出的优点[②]。

---

① 王一华.国内外网站评价研究综述[J].情报科学,2013,31(11):125-132.
② 赵袁军.基于政策执行模型的科技型中小企业差别化孵育对策研究[D].上海:东华大学,2012.

一般结构方程模型的矩阵格式表达[①][②]：

$$\eta = B\eta + \Gamma\xi + \zeta$$
$$Y = \Lambda_y\eta + \varepsilon$$
$$X = \Lambda_x\xi + \delta$$

式中：η 表示 m×1 阶内生潜变量构成的向量；

    B 表示 m×m 阶 η 与 η 之间的系数矩阵；

    Γ 表示 m×n 阶 ξ 与 η 之间的系数矩阵；

    ξ 表示 n×1 阶外生潜变量构成的向量；

    ζ 表示 m×1 阶 η 和 ξ 之间的误差构成的向量；

    Y 表示 p×1 阶内生观测变量构成的向量；

    Λ_y 表示 p×m 阶 Y 对 η 的回归系数（因子载荷）矩阵；

    ε 表示 p×1 阶 Y 的测量误差构成的向量；

    X 表示 q×1 阶外生观测变量构成的向量；

    Λ_x 表示 q×n 阶 X 对 ξ 的回归系数（因子载荷）矩阵；

    δ 表示 q×1 阶 X 的测量误差构成的向量。

建模过程包括模型表述（model formulation）、模型识别（model identification）、模型估计（model estimation）、模型评价（model evaluation）、模型修正（model modification）。

（二）实证研究

1.研究方法

以图书馆网站为例进行研究。网站绩效评估指标体系见表1-1。其中有些指标采用的是问卷调查的方式得到的结果，有些指标是通过测量获得的结果。

---

① 吴明隆.结构方程模型：AMOS 的操作与应用［M］.2 版.重庆：重庆大学出版社，2010.

② 孙振球.医学统计学［M］.北京：人民卫生出版社，2010.

表 1-1 网站绩效评估指标体系

网站绩效	网站利用	外链接数	代码 VA1
		独立访问者	代码 VA2
		人均页面浏览量	代码 VA3
		网络影响因子	代码 VA4
	网站内容	信息全面性	代码 VB1
		信息丰富性	代码 VB2
		信息独特性	代码 VB3
		信息时效性	代码 VB4
		链接有效性	代码 VB5
	网站设计	网页外观	代码 VC1
		网站导航	代码 VC2
		网站检索	代码 VC3
		网站的交互性	代码 VC4
		响应时间	代码 VC5
	用户满意度	外部满意度	代码 VD1
		内部满意度	代码 VD2

问卷设计采用李克特 5 点量表法(1 为最不符合,5 则为最符合)。采用发放调查问卷的形式。发放问卷 300 份,回收 211 份,回收率 70.33%。

在参考有关文献的基础上,采用的测量方法如下:

外链接数:Google 检索式举例(比如以兰州大学图书馆为例),"lib. lzu. edu. cn"-site:lib. lzu. edu. cn,结果为 60200。(注意:"-"前有一个空格,而与"site"之间无空格。)

独立访问者(人/百万):也作"百万独立访问者"或"独立访问者/百万",指的是每百万上网用户中访问网站的人数。

人均页面浏览量(页/人):指的是平均每个独立访问者在统计周期内所主动浏览的页面量。非用户主动行为浏览(如蜘蛛程序、机器人程序抓取网页等)则不计为页面浏览量。

网络影响因子:采用外链接数除以网页数进行计算获取。

响应时间:采用谷歌 Pagespeed 工具。它是一个网站优化工具,可以自动分析页面的内容,并且能够给出比较详细的优化建议。

响应时间是"越小型数据",因此,响应时间要进行评估指标类型的一致化,可采用改进的归一化法进行[①]。

其他:①信息全面性,包括本馆概况、开放时间、馆藏分布、部门介绍、规章制度、服务介绍、联系信息共 7 项,赋值均是 0 分或 1 分,0 分代表没有这项内容,1 分代表有这项内容。②信息丰富性,包括网页数、数据库数。③信息独特性,包括自助服务、移动服务、影视欣赏等。赋值为 1~5 分。④信息时效性,赋值为 1~5 分。⑤链接有效性,是指 1-死链接/总 url。⑥网页外观,包括布局风格统一性、色彩搭配的协调性、文本的可读性、界面的友好性,这四项的赋值均为 1~5 分。⑦网站导航,包括全面性、一致性,它们的赋值均为 1~5 分。⑧网站检索,包括是否有检索功能、是否有高级检索功能、是否有站内信息检索、是否有站外信息检索、检索结果排序多样性,这五项的赋值均为 1~5 分。⑨网站的交互性,包括交互方式多样性、交互及时性、交互的特色性(如定题服务、web 2.0),它们的赋值均为 1~5 分。

具体计算举例,比如,网页外观各项先归一化,即求出某项占该列和的比,最后网页外观这一项分值=这 4 项总和/4。

2. 研究结果及解读

最终构建了二阶验证性因素分析模型(Second-Order Confirmatory Factor Analysis)。在修正的过程中,网络影响因子被删除了。标准化的路径系数表示共同因素对测量变量的影响。"网站利用""网站内容""网站设计""用户满意度"四个初级因素在"网站绩效"这个高阶因素构建的因素负荷量(factor loading)较高。可见,网站利用、网站内容、用户满意度是影响网站绩效的主要内容,并且这三个结构变量与图书馆网站绩效之间均存在着正相关关系。VA1、VA3、VD2、VA2、VB1、VB3 与网站绩效之间的间接效应计算表明:欲提高网站的绩效,应抓住关键因素 VA1、VA3、VD2、VA2、VB1、VB3。把这些关键因素进行优化,就会大大地提高网站的绩效,可起到事半功倍的效果。

---

① 李美娟,陈国宏,陈衍泰.综合评价中指标标准化方法研究[J].中国管理科学,2004,12(S1):45-48.

3.研究不足与未来研究方向

基于网络利用、网站内容、网站设计、用户满意度,采用定性分析与定量分析相结合、自动评估与人工评估相结合的方法,可构建融合用户满意度和内容质量的网站绩效结构方程模型。通过该结构方程模型分析影响绩效评估的众多要素,以确定其中的核心要素,并对核心要素之间的关系和相互作用进行了较深入的分析。

①本研究因为时间与经费之限制,仅以中国华中地区某大学一些学生作为调查的对象,范围较窄,因此,未来后续的研究应以中国乃至世界的图书馆网站的用户作为研究对象,相信会有更深入的发现。

②本研究是以大学图书馆网站为例进行的实证研究,以后可以以其他类型的图书馆网站为例进行探讨。比较大学图书馆网站和其他类型的图书馆网站的异同,以便对图书馆网站绩效评估各因素有更深的理解,有助于提高各自网站的绩效,当然也有利于提升这个图书馆学研究热点的研究水平①。

二、图书馆网站绩效评估实证研究

(一)引言

网站评估常常采用的方法有网络计量学方法、层次分析法(AHP)、简单线性加权法、模糊综合评估法(FCEM)、理想点法(TOPSIS)、人工神经网络法(ANN)、灰色综合评估法(GCE)、线性回归法(LRM)、数据包络分析法(EDA)、对应分析法(CA)等。比如,张梅和魏豫州、南开大学中国图书馆网站评价研究组、段宇锋和邱均平、岳中亮和贾玉英、郑啸霆等、Abd El-Aleem 等埃及学者、Jowkar 和 Didegah 开展了一些评估。详细内容可参见文献②。下面拟以RAGAPPCM 对大学图书馆网站进行绩效评估。RAGAPPCM 是 Projection Pursuit Classification Model based on RAGA 的缩写,是基于实数编码的加速遗传算法(RAGA)的投影寻踪分类模型③。这是投影寻踪分类模型在网站上的首次应用。

---

① 王一华.国际图书馆学研究热点与前沿的可视化分析[J].图书馆学研究,2011(15):2-10,16.

② 王一华.国内外网站评价研究综述[J].情报科学,2013,31(11):125-132.

③ 关法春,梁正伟.基于遗传算法的投影寻踪模型对小花碱茅最佳收获期的判定[J].农业系统科学与综合研究,2009,25(3):336-339.

PPCM 是 Projection Pursuit Classification Model 的缩写,即投影寻踪分类法,是美国斯坦福大学的 Jerome Friedman 和普林斯顿大学的 John Tukey 于 1974 年提出的一种降维的方法。其实质是将高维数据问题转入低维空间进行研究。投影寻踪分类法的建模过程包括①②:数据预处理;构造投影指标函数;优化投影指标函数;分类。需要说明的是,本文采用基于实数编码的加速遗传算法优化投影方向。遗传算法是一种全局性概率搜索算法。RAGA 算法包括编码,父代群体的初始化,父代群体的适应度评价,通过选择操作生成第一个子代群体,通过杂交操作生成第二个子代群体,通过变异操作生成第三个子代群体,演化迭代和加速循环③。

(二)实证研究

1.数据获得方法

中国新闻社报道了武大版中国一流大学榜单。笔者从该榜单中选取了 26 所大学,对这些大学的图书馆进行分析研究(参见表1-2)。

表 1-2　选取的 26 所大学图书馆

馆名	代号	图书馆网址
北京大学图书馆	L1	www. lib. pku. edu. cn
清华大学图书馆	L2	www. lib. tsinghua. edu. cn
浙江大学图书馆	L3	libweb. zju. edu. cn
复旦大学图书馆	L4	www. library. fudan. edu. cn
上海交通大学图书馆	L5	www. lib. sjtu. edu. cn
南京大学图书馆	L6	lib. nju. edu. cn
武汉大学图书馆	L7	www. lib. whu. edu. cn
华中科技大学图书馆	L8	www. lib. hust. edu. cn

---

① 张欣莉,丁晶,李祚泳,等.投影寻踪新算法在水质评价模型中的应用[J].中国环境科学,2000(2):187-189.

② 金菊良,魏一鸣,付强,等.农业生产力综合评价的投影寻踪模型[J].农业系统科学与综合研究,2001(4):241-243.

③ 金菊良,杨晓华,丁晶.基于实数编码的加速遗传算法[J].四川大学学报(工程科学版),2000(4):20-24.

续表 1-2

馆名	代号	图书馆网址
中山大学图书馆	L9	library. sysu. edu. cn
四川大学图书馆	L10	lib. scu. edu. cn
吉林大学图书馆	L11	lib. jlu. edu. cn
山东大学图书馆	L12	www. lib. sdu. edu. cn
西安交通大学图书馆	L13	www. lib. xjtu. edu. cn
哈尔滨工业大学图书馆	L14	www. lib. hit. edu. cn
中国人民大学图书馆	L15	www. lib. ruc. edu. cn
北京师范大学图书馆	L16	www. lib. bnu. edu. cn
中国科学技术大学图书馆	L17	lib. ustc. edu. cn
南开大学图书馆	L18	www. lib. nankai. edu. cn
中南大学图书馆	L19	lib. csu. edu. cn
东南大学图书馆	L20	www. lib. seu. edu. cn
厦门大学图书馆	L21	library. xmu. edu. cn
天津大学图书馆	L22	www. lib. tju. edu. cn
同济大学图书馆	L23	www. lib. tongji. edu. cn
华东师范大学图书馆	L24	www. lib. ecnu. edu. cn
北京航空航天大学图书馆	L25	202. 112. 143. 199
大连理工大学图书馆	L26	www. lib. dlut. edu. cn

在搞清构成绩效评估的核心要素基础上,以网站利用、网站内容、网站设计、用户满意度四项关键因素为指标,构建网站绩效评估指标体系。具体来说,"网站利用"下划分四个指标(外链接数、独立访问者、人均页面浏览量、网络影响因子),"网站内容"下划分五个指标(信息全面性、信息丰富性、信息独特性、信息时效性、链接有效性),"网站设计"下划分五个指标(网页外观、网站导航、网站检索、网站交互性、响应时间)。然后,采用基于实数编码的加速遗传算法的投影寻踪分类模型对网站的绩效进行评估。最后,针对网站绩效评估结果,提出提高网站绩效的对策。

关于网站绩效评估调查,即对其在图书馆网站质量影响因素或构成要素方面的表现进行评估(在对应项评估即可)。在中国网站排名网上获取独立访问者、人均页面浏览量。中国网站排名网排名的原理是采用中国网站排名工具条和其他合作数据平台对在中国注册的网站和部分在中国运营的外国网站进行流量采集与计算,从而获得各网站的排名。需要说明的是,爬虫抓取网页等非用户主动行为浏览不算作页面浏览量(http://www.chinarank.org.cn)。外链接数的测量方法,以兰州大学图书馆为例,Google 检索式为"lib.lzu.edu.cn"-site:lib.lzu.edu.cn。(注意:"-"前有一个空格,而与"site"之间无空格。)关于死链接的测量,采用 Xenu's Link Sleuth 软件(current version:1.3.8)。Pagespeed 是Google 的一个网站优化工具。这个优化工具能自动分析页面内容,并给出很具体的优化建议。该优化工具网址是 https://developers.google.com/speed/pagespeed/insights,可测网站速度 PageSpeed 值。

响应时间是"越小型数据",因此,响应时间要进行评估指标类型的一致化,可采用改进的归一化法:

(1)对于正向指标,不必先进行此步处理,直接转步骤(2)。如果有逆向指标,先把逆向指标通过下面公式转化为正向指标,比如响应时间。

$$x'_{ij} = \max_{1 \leq i \leq m} x_{ij} - x_{ij}$$

此外,对所有的指标进行:

(2)利用列和等于 1 的归一化方法进行标准化处理:

令

$$y_{ij} = \frac{x_{ij}}{\sum_{i=1}^{m} x_{ij}}$$

$$1 \leq i \leq m, 1 \leq j \leq n$$

这样,数值在 0~1 之间。

其他说明:①信息全面性包括本馆概况、开放时间、馆藏分布、部门介绍、规章制度、服务介绍、联系信息共 7 项,赋值均是 0 分或 1 分,0 分代表没有这项内容,1 分代表有这项内容。最后,各项之和相加除以 7,即可得信息全面性分值。②信息丰富性包括网页数、数据库数。③信息独特性包括自助服务、移动服务、影视欣赏等。④链接有效性是指 1-死链接/总 url。⑤网页外观包括布局风格统一性、色彩搭配的协调性、文本的可读性、界面的友好性。比如,网页外观各项先归一化,最后网页外观这一项分值=这四项总和/4。⑥网站导航包括全面性、一致性。⑦网站检索包括是否有检索功能、是否有高级检索功能、是否有站内信息检索、是否有站外信息检索、检索结果排序多样性。⑧网站的交互性包括交互方式多样性、交互及时性、交互的特色性(如定题服务、web2.0)。

2.实证结果

在参考有关文献的基础上,利用 MATLAB 7.3(R2006b)对26家大学图书馆网站的有关绩效数据采用 RAGAPPCM 进行编程,经计算机运算求得结果。

最佳投影方向为:

a=(0.2993　0.1145　0.3256　0.3677　0.2739　0.2854　0.1518

0.1303　0.3277　0.3675　0.2334　0.1874　0.2375　0.2668)

最终计算出的各图书馆的投影值为:

Z=(2.5525　2.3365　1.5094　1.9512　2.2223　1.5097　2.9485

0.7606　1.7175　1.4911　1.3323　1.9514　2.1024　2.1117　1.6421

1.9535　2.5336　1.5097　1.7957　2.1027　1.9553　1.5096　2.2070

2.2245　2.1007　1.0419)

表1-3　各图书馆的投影值及等级

代号	投影值	分类	级别代码
L1	2.5525	特优	I
L2	2.3365	优	II
L3	1.5094	良	III
L4	1.9512	良	III
L5	2.2223	优	II
L6	1.5097	良	III
L7	2.9485	特优	I
L8	0.7606	一般	IV
L9	1.7175	良	III
L10	1.4911	一般	IV
L11	1.3323	一般	IV
L12	1.9514	良	III
L13	2.1024	优	II
L14	2.1117	优	II

续表 1-3

代号	投影值	分类	级别代码
L15	1.6421	良	Ⅲ
L16	1.9535	良	Ⅲ
L17	2.5336	特优	Ⅰ
L18	1.5097	良	Ⅲ
L19	1.7957	良	Ⅲ
L20	2.1027	优	Ⅱ
L21	1.9553	良	Ⅲ
L22	1.5096	良	Ⅲ
L23	2.2070	优	Ⅱ
L24	2.2245	优	Ⅱ
L25	2.1007	优	Ⅱ
L26	1.0419	一般	Ⅳ

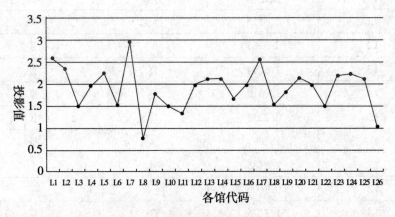

图 1-1　各图书馆的投影值折线

通过投影寻踪模型处理后的结果（参见表 1-3 和图 1-1），可知：北京大学图书馆、武汉大学图书馆、中国科学技术大学图书馆的网站均属特优网站。清华大学图书馆、上海交通大学图书馆、西安交通大学图书馆、哈尔滨工业大学图书馆、东南大学图书馆、同济大学图书馆、华东师范大学图书馆、北京航空航天大学图书馆的网站均属优秀网站。浙江大学图书馆、复旦大学图书馆、南京大学图书馆、中山大学图书馆、山东大学图书馆、中国人民大学图书馆、北京师范大学图书馆、南开大学图书馆、中南大学图书馆、厦门大学图书馆、天津大学图书馆的网站均属良好网站。其他图书馆的网站属于一般网站。

以 L1、L8 为例进行分析,可知:L1 明显高于 L8 的指标是 X2、X3、X6、X12、X14,即 L1 的独立访问者(人/百万)、人均页面浏览量(页/人)、信息独特性、网站的交互性做得很出色,从而用户满意度就高,而 L8 这几方面做得不足,用户满意度就低。L1 稍高于 L8 的指标有 X9、X10、X11,即 L1 的网页外观、网站导航、网站检索做得比 L8 好。L1 和 L8 得分近似的有 X1、X4、X7、X8、X13,这说明 L1 与 L8 的外链接数、信息全面性、信息时效性、链接有效性、响应时间做得几乎一样好。L1 不如 L8 的指标是 X5,这说明 L1 不如 L8 的信息丰富。

这两个网站虽然各有优势,但总体来说 L1 做得要比 L8 好一些。以后,这两个网站都要找出自己的不足,并想办法进行弥补,以加强自身的服务能力,令用户更满意。其他图书馆网站也应该以类似的方法比较、分析,从而了解自己的优势与不足,并想办法改进不足,以提高用户的满意度。

3. 建议

第一,可采用投影寻踪分类模型对网站进行绩效评估。采用投影寻踪分类法进行评估,结果简单、易于理解,因此,投影寻踪分类评价法是一种值得借鉴的评估网站的重要方法。特别值得一提的是,评估指标的权重通过评估模型就能获得,可以避免人为因素的干预,具有客观性的优势。

第二,树立用户至上的思想,关注用户的移动需求。众所周知,用户的满意度是衡量图书馆网站好坏的一个非常重要的标准。因此,应该把用户当作上帝,认真调查用户的需求,对网站的外观、结构、内容、性能进行改进优化,尽量满足用户多方面的需求,提升网站的利用效果,尽力提高用户的满意度[①]。特别要注意的是,在当今移动互联网时代,互联网向移动端迁移,要在智能手机、平板电脑等移动设备上访问网站,要达到在任何时间、任何地点都能轻松浏览网站的目标。此外,可考虑开发对语音搜索、图像搜索更友好的 App,以便产生良好的用户体验。

---

① 姚一鸣.科学数据共享网站评估体系研究:以地球系统科学数据共享网为例[D].北京:中国科学院,2008.

第三,引入相关技术,提升网站的互动功能。互动是当今时代网站的非常重要因素。在图书馆网站上可使用抖音、微信、微博、人人网、豆瓣、优酷、QQ、RSS、Virtual Reality、Augmented Reality 等多种方式,加强图书馆与用户之间的联系,提升图书馆服务用户的水准。当然,用户也可进行深入的沟通交流,积极探讨彼此都感兴趣的主题。未来,可大规模采用 RDF、OWL、SWRL、SPARQL 等语义 web 技术,提升网站的智能化水平。

第四,引入个性化推荐系统,使内容更有针对性。可采用数据挖掘技术,把基于关联规则的推荐算法、基于内容的推荐算法、协同过滤推荐算法这三种算法相结合,从而通过网络对大家可能感兴趣的东西进行推荐,实现向有类似需求的用户精细化推荐。在未来物联网、语义网、大数据、云计算大环境下,网站会越来越移动化、智能化、个性化,从而提升用户良好的体验,满足用户的需求,符合用户的心愿,提升用户的满意度。

第三节　未来研究方向

一、主要观点

该研究的主要观点如下:

(1)树立"以人为本""以用户为中心"的信息资源管理理念,把用户满意度作为重要指标,追求网络信息资源的实用性。

(2)绩效评估不仅要考虑投入,更要考虑其结果与影响。不仅要重视定量指标的评估,而且也要重视定性指标的评估。通过评估—改进—再评估,循环往复,提高网络信息资源的产出和价值。

(3)评估要系统、全面。注重"评估体系"的思想,而不仅仅是指标体系的设定。绩效评估应同时关注外部绩效和内部绩效。为提高绩效评估工作的科学性和合理性,要在对网络信息资源分类的基础上,对不同的类别采用不同的绩效评估指标体系。采用定量研究(如计量学方法)和定性分析(如用户评估法)相结合的方法,对各种类型的网络信息资源进行多指标、多属性综合评估。

二、有待研究的问题

(1)该研究仅以网站为例进行网络信息资源绩效评估研究,其实网络信息资源种类非常多,该研究并未涉及像电子邮件、网络电话、微信、软件资源等用户自己产生的信息资源,也未涉及像电子字典、网上视频等信息资源。再者,也可对某种网络信息资源进行细化,侧重于从某一方面进行评估,比如可信性评估、权威性评估、新颖性评估等。

(2)关于构建自动评估系统,该研究未实现绩效评估自动化。若有条件,可考虑研发网站评估计算机支持系统。一方面可以提升评估工作的效率,另一方面可以提高评估工作的准确性①。当然,在自动评估的基础上,构建自动推荐系统,实现推荐自动化,效果会更好。

---

① 王一华.国内外网站评价研究综述[J].情报科学,2013,31(11):125-132.

第二章
学术影响力评价研究

第一节 学术影响力评价研究概述

一、国内外相关研究

科学的管理离不开科学的评价。自20世纪初美国开展科技评价以来,科技评价越来越受到世界各国有关组织重视。而中国的科技评价工作起步于20世纪90年代初,目前处在逐步规范化、逐步社会化的过程中。与本研究相关的内容主要集中在以下三个方面。

(一)科研机构评价

国外对其研究比较早,相对来说比较成熟。美国政府根据各联邦机构设定的任务目标和最终完成情况评价其绩效。英国大学科研评价主体运用统一的标准给予每个评价材料一个等级,并由此决定最终给予机构的评价结果等级。德国科学顾问委员会对高等院校和科研机构的结构、效率、财政和发展等方面的问题做出评价。日本政府也开展研究机构绩效评价。而Gangan Prathap提出用机构 h 指数评价机构科研实力[①]。除了传统文献计量评价,近年国外常采用DEA模型评价科研机构效率。

我国的科研机构评价工作起步较晚。中科院在20世纪末率先开展了研究所评价,但目前在全国还没有普遍开展科研机构评价,评价体系和评价方法还

---

① PRATHAP G. Hirsch-type indices for ranking institutions' scientific research output[J]. Current Science,2006,91(11):1439-1439.

需完善。国内科研机构评价的内容大多集中于对研究院所的科技实力和运行绩效等方面。评价的对象有的是科研机构整体表现,如邱均平等人对全球进入ESI学科排行的一千多所科研机构进行学科竞争力评价①。有的仅针对科研机构部分表现(如科技资源配置效率、学术成果、学术影响力)进行评价,如彭奇志对科研机构学术成果进行了评价分析②。科研机构评价涉及的因素很多,需要综合利用多种类型的指标进行评价。

(二)学术影响力评价

学术影响力评价是指针对文献、学者和科研机构等评价对象,评价其在学术领域的影响。国外代表性著作主要有 *Measuring Scholarly Impact:Methods and Practice* 和 *Beyond Bibliometrics:Harnessing Multidimensional Indicators of Scholarly Impact*。国内出版的代表性的著作有《中国人文社会科学期刊学术影响力报告》《中国人文社会科学图书学术影响力报告》《评价学:理论·方法·实践》等。学术影响力评价研究主要集中在文献影响力评价、学者影响力评价、学科学术影响力评价、机构影响力评价四个方面。其中,关于机构影响力评价,如刘颖利用 h 指数及类 h 指数评价我国省级公共图书馆的学术影响力③,陈仕吉等选择MNCS 指标和百分位数指标进行中国农大学术影响力评价④,金铁成从机构发文量、总被引频次、被引率、机构影响因子、机构 h 指数等方面对我国食品科学与工程学科的机构学术影响力进行比较研究等⑤。但以上研究未涉及高校科研机构学术影响力的动态综合评价。

(三)科研机构学术影响力评价

通过科研机构学术影响力评价,有利于发现走在各个领域前沿的学术机

---

① 邱均平,赵蓉英,王菲菲,等.世界一流大学与科研机构学科竞争力评价的做法、特色与结果分析[J].评价与管理,2012,10(2):18-24.

② 彭奇志.基于SCI的科研机构学术成果评估与实证分析[J].情报杂志,2008(9):88-90.

③ 刘颖.省级公共图书馆学术影响力评价研究[J].图书情报工作,2010(3):48-50,71.

④ 陈仕吉,史丽文,左文革.基于 ESI 的学术影响力指标测度方法与实证[J].图书情报工作,2013(2):97-102,123.

⑤ 金铁成.食品科学与工程学科机构学术影响力的比较研究:基于学位中心学科评估论文查询系统的统计分析[J].河南工业大学学报(社会科学版),2012,8(3):100-102,188.

构,也有利于机构学术水平的提高。有关研究学会,有国际科学计量学与信息计量学学会(ISSI)、国际排名专家委员会(IREG)。InCites数据库采用引文指标、学科指标和合作指标进行机构评价。有关论文如Péter Vinkler利用新复合指数评价科研团队或机构的产出数量和质量[1],杨国梁等从科研成果的产出数量、投入产出效率、质量三个方面对国际国立科研机构进行学术影响力评价[2],韦博洋等采用h指数族对黑河流域资源环境领域科研机构的影响力进行评价[3],张蓉婷从论文产出的角度采用主成分分析法对农业科研机构的学术影响力进行评价[4]。但以上研究未涉及高校科研机构学术影响力的动态综合评价。

综上所述,现有研究已经取得了一定成果,为建立完善的基于多类型产出的高校科研机构学术影响力评价奠定了基础,但仍然存在一些不足:

第一,国内外相关研究比较丰富,但切题研究较少。

第二,以上相关研究缺乏系统、深入的研究,往往是针对某种产出类型或利用某种单一指标进行科研机构学术影响力评价。

第三,以往研究是静态评价,而非动态评价,导致评价结果与实际脱节,间接导致学术机构缺乏有效的质量评价与控制。

二、研究意义

本研究致力于解决以下问题,拟构建基于多类型产出的高校科研机构学术影响力动态综合评价模型,并进行实证研究,提出提升学术机构学术影响力的策略,无论从理论还是实践上均具有重大的意义。

理论上,本研究融合了文献计量学、科学计量学,将科学数据作为评价的基石,采用动态综合评价,创新了科研机构学术影响力评价的方法,在学术评价领域具有重要的理论意义。

---

① VINKLER P. Composite scientometric indicators for evaluating publications of research institutes[J]. Scientometrics,2006,68(3):629–642.

② 杨国梁,LIU W B,李晓轩,等. 国际国立科研机构学术影响力评价方法研究[J]. 中国科技论坛,2010(6):137–142.

③ 韦博洋,王雪梅,张志强. 基于h指数族的科研机构评价及其改进:以黑海流域资源环境研究为例[J]. 图书情报工作,2014,58(17):112–118.

④ 张蓉婷. 基于论文产出的农业科研机构学术影响力评价[D]. 北京:中国农业科学院,2012.

实践中,除了通过本研究可优化科研机构的管理,激发科研机构的创新潜能外,可跟踪科研机构的学术影响力,还可将某机构的学术影响力与其他机构进行对比。这些均有助于推动机构创新改革,获得各种研究资助及提升科研水平。

三、研究内容

(一)研究对象

研究对象是高校科研机构的学术影响力。高校科研机构的学术影响力反映高校科研机构在某个时期内对其研究领域的影响范围和深度,主要表现形式有学术论文的发表、学术著作的撰写、文章被引用的情况、专利的数量与引用情况。高校科研机构的产出形式多样,其主要表现形式是论文、著作、专利。

(二)总体框架

本研究的总体框架如下:先进行前期研究,从而提出待研究问题,其次进行研究设计、制订研究计划,接着进行理论研究和实证研究,最后提出提升高校科研机构学术影响力的一些策略。其中,研究设计主要包括评价对象的确定、评价指标与评价模型的设计。评价数据采集拟采用的方法主要是文献计量学、科学计量学、网络计量学等。

1. 学术影响力评价的基础理论研究

要进行有效的评价,必须搞清评价的基础理论问题。对评价的理论研究是评价发展的内在要求。主要研究内容如下:

①通过研读大量的国内外有关文献,在界定产出类型范围的基础上,研究学术影响力的概念、学术影响效应的构成和范围;学术影响力评价的基本原则;国内外学术影响力评价指标体系;学术影响力评价的方法和模式。

②学术影响力评价的理论研究:研究有关理论如计量学理论、系统科学理论、比较与分类理论、价值理论、认识理论等,为学术影响力评价体系的构建打下基础。

2. 构建基于多类型产出的高校科研机构学术影响力动态评价模型

①确定构成评价的核心要素。通过文献调研、信息检索与内容分析,收集与筛选国内外有关影响因素,从而确定其中的核心要素。

②构建科学合理的测评指标体系。指标体系通常是指关于某一特定问题

的一系列相关指标的有机组合。合理选取具有重要影响的评价指标是指标体系能否具有可操作性和实际应用性的关键。在探讨产出类型数据获得方式的基础上,在参考柏林原则等原则的指导下,以质量为主导,构建基于多类型产出的高校科研机构学术影响力评价指标体系。指标体系采用科学研究成果客观定量统计。采用文献计量学研究法与网络计量学研究法对多类型产出的间接指标(如被引量、下载量)进行评价。

③在分类评价高校科研机构学术影响力评价时,引入时间权重,形成学术影响力动态综合评价模型,绘制学术机构学术影响力变动曲线,探讨各学术机构的学术影响力。

本研究拟引入时间权重,构建动态综合评价模型。既考虑了对科研机构进行指标维的综合,又考虑了时间因素的影响,对各个时点的数据进行集结,从动态的角度探讨各科研机构某个时段内的学术影响力发展状况。

通过 MATLAB 编程对采集的数据进行模型计算,得到时序动态综合评价值,体现了高校科研机构学术影响力动态性的特征,评价结果具有可比性。

3.进行实证研究,并通过绘制图形使研究结果可视化

以在高校选高等教育研究所为例进行实证研究,引入时间权重,生成学术机构学术影响力变动曲线,进行动态评价和过程性评价,考察评价对象在一段连续时间内的表现。通过评价指标在不同时间点的数值所构成的数列,再现学术机构学术影响力发展的过程与轨迹,综合反映学术机构学术影响力的变动方向和变动程度,以分析学术机构学术影响力发展变化的趋势。通过 MATLAB 编程对采集的数据进行模型计算,得到时序动态综合评价值。可视化图的绘制可借助 MATLAB 软件或 SPSS 软件。

4.提升高校科研机构学术影响力策略研究

针对高校科研机构学术影响力动态综合评价的结果,围绕提高科研人员高质量的成果产出这个根本,拟从人才建设、资金投入、激励机制、传播渠道、文化氛围等方面提出提升学术机构学术影响力的一些对策与建议。

(三)重点和难点

重点:高校科研机构学术影响力动态综合评价模型的构建。该构建是整个评价的基础,模型的完善程度决定评价质量,故为重点。

难点:高校科研机构学术影响力评价指标的选择、评价指标数据的获取以及数据的甄别筛选。因为这些内容复杂、难度大,故为难点。如数据的甄别筛

选是统计分析的难点。

(四)主要研究目标

主要研究目标是构建基于多类型产出的高校科研机构学术影响力动态综合评价模型,并以高校高等教育研究所为例进行实证研究,引入时间权重,绘制学术机构学术影响力变动曲线,进行动态评价和过程性评价。通过各高校科研机构学术影响力的对比,明确各高校科研机构的学术优劣势,从而提出提升高校科研机构学术影响力的一些策略。

四、思路方法

(一)基本思路

评价体系主要包括评价主体、评价客体、评价指标、评价模型。按照评价体系的逻辑结构,形成评价的基本思路,即逻辑上遵循"问题提出—理论基础—模型构建—实证研究—提升策略"的思路。

(二)研究方法

(1)文献调查分析法。用于全面掌握国内外研究情况,寻求对本研究的可借鉴之处。用于高校科研机构学术影响力指标的识别。

(2)文献计量学研究法、科学计量学研究法与网络计量学研究法。用于对科研机构多类型产出的间接指标进行评价。

(3)实证研究法。以高校高等教育方面的科研机构为例进行实证研究。

(三)可行性

国内外有关学术影响力评价以及机构评价的研究为本研究提供理论基础和实践参考,并为本研究提供有益借鉴。

研究思路是根据研究目标和研究内容设计的,有一定的科学依据,可以保证研究过程的科学性和合理性。

研究人员知识结构合理,研究能力较强,长期从事信息管理等领域的理论研究与实践工作,积累了丰富的经验和成果。拟采用的所有研究手段和技术,均为成员所熟悉和掌握。这为本研究的顺利实施奠定了基础。

可访问 SCIE、SSCI、EI、ESI、CSSCI、CCD、CSI、CSCD、MEDLINE、Dialog 等众多数据库。故本研究是可行的。

五、创新之处

在高校科研机构分类的基础上,学术机构的科研产出分为论文、著作等形式,采用文献计量学、科学计量学与网络计量学相结合的方法进行评价。

指标体系包含非网络学术影响力指标和网络学术影响力指标。既有现实世界中的非网络学术影响力指标(比如论文数量),又有在网络中的学术影响力指标(比如文献下载量)。

基于时间序列的高校科研机构学术影响力评价。在评价高校科研机构学术影响力时,引入时间权重,生成学术机构学术影响力变动曲线,从动态的角度探讨各学术机构的学术影响力。通过评价指标在不同时间点的数值所构成的数列,再现科研机构学术影响力发展的过程与轨迹,综合反映科研机构学术影响力的变动方向和变动程度,以分析科研机构学术影响力发展变化的趋势。

本研究融合了文献计量学、科学计量学与网络计量学等内容,将科学数据作为评价的基石,采用动态综合评价,拓展了科研机构学术影响力评价的方法。这也对推动机构创新改革、获得各种研究资助及提高机构的学术水平具有重要的意义。本研究可供政府决策部门、科研管理部门等使用。

第二节　学术影响力评价研究方法

一、高校科研机构的选择

我国科研机构可划分为基础研究类型、技术开发类型、多种研究类型等类型。高校科研机构种类众多。据 2019 年 3 月统计,清华大学共有 421 个科研机构。其中政府批准机构 160 个,清华大学自主批建机构 131 个,清华大学与校外独立法人单位联合共建机构 130 个。名称各异,如北京信息科学与技术国家研究中心、水沙科学与水利水电工程国家重点实验室、抗肿瘤蛋白质药物国家工程实验室、中美清洁汽车技术国际联合研究中心、应用力学教育部重点实验室、传统工艺与材料研究文化部重点实验室、数字内容防伪与安全取证重点实验室、清华大学建筑与城市研究所、清华大学原子分子纳米科学研究中心、清华大学国家形象传播研究中心、清华大学科学技术史暨古文献研究所、清华大学免疫学研究所、清华大学-丰田自动驾驶汽车人工智能技术联合研究中心、清华大学（精密仪器系）-中国航天科工集团第三研究院卫星技术与应用创新联合研究中心、清华大学（信息学院）-光载无限（北京）科技有限公司链网科技联合研究中心、清华大学-腾讯科技（深圳）有限公司互联网创新技术联合实验室、清华大学（化工系）-黄河三角洲京博化工研究院有限公司高性能高分子材料联合研究中心、清华大学（网络研究院）-中国电子科技集团公司电子科学研究院天地一体化信息网络联合实验室、清华大学-芝加哥大学经济与金融联合研究中心等。

考虑到科学性、可操作性、可比性等因素，下面以大学里的高等教育研究所为例，探讨基于多类型产出的高校科研机构学术影响力动态综合评价。

我国第一个高等教育研究机构是1978年成立的厦门大学高等教育科学研究室。后来，高等教育研究机构如雨后的春笋不断涌现。截至2015年4月，全国有各类高等教育研究机构近1300所。同样，考虑到科学性、可操作性、可比性等因素，以下面11个高校高等教育研究所为例进行研究，以便起到抛砖引玉的目的。代码、单位名称、网址见表2-1。

表2-1　单位名称、代码与网址

代码	单位名称	网址
Z1	北京师范大学高等教育研究所	http://fe.bnu.edu.cn/c-27-1459.htm
Z2	复旦大学高等教育研究所	http://www.ihe.fudan.edu.cn/2724/list.htm
Z3	中国地质大学高等教育研究所	http://gaojiao.cug.edu.cn/szdw.htm
Z4	南开大学高等教育研究所	http://zfxy.nankai.edu.cn/faculty/IHE
Z5	吉林大学高等教育研究所	http://gjs.jlu.edu.cn/szdw.htm
Z6	北京航空航天大学高等教育研究所	http://www.hss.buaa.edu.cn/szdw1/gdjyyjy.htm
Z7	安徽大学高等教育研究所	http://ihe.ahu.edu.cn/10658/list.htm
Z8	华中农业大学高等教育研究所	http://ggxy.hzau.edu.cn/szdw/gdjyyjs.htm
Z9	汕头大学高等教育科学研究所	http://gjs.stu.edu.cn/Page/e1377311-dd91-42d5-99ed-91fa5160d816
Z10	南京信息工程大学高等教育研究所	https://gjs.nuist.edu.cn/2513/list.htm
Z11	华东师范大学高等教育研究所	www.ihe.ecnu.edu.cn/

二、计算工具——MATLAB

MATLAB 的全称是 Matrix Laboratory。它是 Math Works 公司研发的一个数学软件。从 1984 年发布 1.0 版本开始,距今已经三十多年,目前较新版本是 MATLAB 9.6,即 MATLAB R2019a。一开始控制工程专业的人员使用这个软件,许多其他领域很快也使用了它。截至 2018 年,MATLAB 在全球拥有超过 300 万用户①。MATLAB 用户背景多样,如工程、科学和经济学等。

MATLAB 功能强大,擅长矩阵运算,在众多领域得到了广泛的应用。MATLAB 包含丰富的命令,其中,关于矩阵的常见命令有:Diag(建立和提取对角阵);Triu(提取矩阵的上三角部分);Tril(提取矩阵的下三角部分);Fliplr(矩阵作左右翻转);Flipud(矩阵作上下翻转);Reshape(改变矩阵大小);Det(计算矩阵行列式值);Orth(正交化);Eig(求特征值和特征向量);qz(广义特征值);Poly(求特征多项式);Svd(奇异值分解);Cond(计算矩阵条件数);Rank(计算矩阵秩);Trace(计算矩阵的迹);Norm(计算矩阵或向量范数);RcondLinpack(逆条件值估计);Funm(一般矩阵的计算);Sqrtm(矩阵开平方根);Logm(矩阵对数);Expm(矩阵指数)②。

三、数据的采集方法

为了探讨基于多类型产出的高校科研机构学术影响力动态综合评价,在参考国内外文献的基础上,考虑到科学性、可操作性、可比性等因素,对于大学里的高等教育研究所,采用五个指标:学术期刊论文数量、学术期刊论文被引量、期刊论文下载数量、图书数量、图书被引数量。

学术期刊论文数量指研究机构人员在学术性期刊发表的论文数量。学术期刊论文被引量指研究机构人员期刊论文被期刊论文、会议论文、博硕士学位论文引用的次数。期刊论文下载数量指研究机构人员期刊论文被知网数据库用户下载的次数。图书数量指研究机构人员出版的图书数量。图书被引数量

---

① The MathWorks. Company Overview[EB/OL]. [2021-01-11]. https://www.mathworks. com/content/dam/mathworks/tag-team/Objects/c/company-fact-sheet-8282v18.pdf.

② The MathWorks. matlab[EB/OL]. [2021-01-16]. https://www.mathworks.com/help/pdf_doc/matlab/.

指研究机构人员出版的图书被期刊论文、会议论文、博硕士学位论文引用的次数。

（一）有关学术期刊论文的检索方法

《中国学术期刊网络出版总库》（简称 CAJD）是国际上最大的连续动态更新的中国学术期刊全文数据库。点击知网期刊论文网址进入检索页面。比如，检索华东师范大学高等教育研究所 2011 年论文数量、被引数量、下载数量。在检索页面中，作者单位填写"华东师范大学高等教育研究所"，年份选择 2011 年到 2011 年。选择来源类别为"全部期刊"，检索并选中所有的文献。点击右下角"分析已选文献"，即可获得有关数据。

注意：

（1）检索另一年时，要相应地改变日期。

（2）要把原来的清除掉，再选中检索出来的所有期刊论文。

（3）各研究所论文数量、被引数量与下载数量见表2-2。

表2-2　各研究所论文数量、被引数量与下载数量

机构	指标	年份							
		2011	2012	2013	2014	2015	2016	2017	2018
北京师范大学高等教育研究所	论文数量	14	11	14	13	15	11	7	10
	被引数量	246	224	70	107	51	96	23	5
	下载数量	11345	14547	7634	8499	4079	8890	2698	3145
复旦大学高等教育研究所	论文数量	40	28	36	24	22	32	27	25
	被引数量	287	128	216	132	121	150	65	16
	下载数量	18355	7563	19454	8321	12454	12337	10784	7214
中国地质大学高等教育研究所	论文数量	22	16	22	9	7	13	2	6
	被引数量	196	85	128	89	24	43	10	0
	下载数量	9706	4170	8427	6621	2404	6059	1707	1763
南开大学高等教育研究所	论文数量	30	36	36	25	20	5	2	2
	被引数量	201	235	207	152	55	10	1	2
	下载数量	15390	13437	15539	8821	4035	1116	326	733

续表 2-2

机构	指标	年份							
		2011	2012	2013	2014	2015	2016	2017	2018
吉林大学高等教育研究所	论文数量	38	39	25	45	36	29	22	16
	被引数量	266	242	133	298	197	222	58	5
	下载数量	12864	14840	6845	21793	12903	14705	8324	3953
北京航空航天大学高等教育研究所	论文数量	42	30	36	43	35	39	26	13
	被引数量	356	890	171	247	327	172	64	13
	下载数量	21116	30217	12896	18838	20279	16412	9013	3910
安徽大学高等教育研究所	论文数量	12	13	25	20	20	32	40	27
	被引数量	51	61	42	36	65	56	56	18
	下载数量	3828	3971	3185	3203	4937	4558	5834	4150
华中农业大学高等教育研究所	论文数量	36	27	25	4	1	3	4	6
	被引数量	177	263	254	7	2	7	1	1
	下载数量	9157	12656	10995	453	79	727	999	1431
汕头大学高等教育科学研究所	论文数量	13	7	18	14	7	6	3	9
	被引数量	136	32	63	202	45	21	4	0
	下载数量	7091	2452	4247	7835	3171	1387	809	1724
南京信息工程大学高等教育研究所	论文数量	13	14	7	9	1	1	1	4
	被引数量	141	66	50	63	4	8	0	1
	下载数量	9101	3958	3437	3176	138	384	54	835
华东师范大学高等教育研究所	论文数量	41	52	54	27	28	27	41	41
	被引数量	554	405	345	276	124	101	104	46
	下载数量	28142	24548	22520	23420	15134	13427	20205	17532

当然,为了客观地、系统地、定量地揭示文献所含有的隐性内容,可以进行内容分析。下面,以华东师范大学高等教育研究所为例进行说明。检索结果表明,华东师范大学高等教育研究所2011—2018年发表了论文311篇。

1. 主题分布

经过数据清洗(data cleaning),按照主题出现次数由高到低排序,排在前列的有:研究生(37);高校教师(21);北美洲(19);美利坚合众国(19);研究生院(10);研究生教育(10);研究型大学(9);学术职业(9);中华人民共和国(8);高校内部(6);实证研究(6);研究者(6);大学教学(5);调查研究(5);师范生(5);毕业生(5);大不列颠及北爱尔兰联合王国(4);影响因素(4);教学质量(4);学术共同体(4);教育质量(4);学术自由(4);辩证唯物主义(4);学术权力(4)。(说明:括号内为出现次数。以下类同。)

2. 期刊

按照论文所发表的期刊出现次数由高到低排序,排在前列的有:《中国高教研究》(20);《高等教育研究》(19);《复旦教育论坛》(16);《教师教育研究》(13);《研究生教育研究》(11);《江苏高教》(9);《北京大学教育评论》(9);《教育发展研究》(8);《学位与研究生教育》(7);《教育研究》(7);《全球教育展望》(7);《中国高等教育评估》(7);《比较教育研究》(7);《黑龙江高教研究》(6);《探索与争鸣》(5)。

3. 关键词

按照期刊论文中关键词的出现次数由高到低排序,排在前列的有:高校教师(18);高校(20);研究生教育(11);高等教育(11);学术职业(7);日本(7);美国(7);教师教育(6);博士生(5);英国(4);研究型大学(4)。

4. 作者

按照作者发表期刊论文的篇数由高到低排序,排在前列的有:阎光才(48);徐国兴(23);荀渊(18);刘佳(17);韩映雄(17);谢安邦(14);陈大兴(13);张东海(9);岳英(9);娄杳菲(8);焦磊(7);李永刚(7);董向宇(7);刘文(6);张斌(6);张媛媛(5);威业国(5);侯定凯(5);闵韡(5);唐玉光(4);谢安邦(4);高新柱(4);旷群(4);徐永(4);付梦芸(4);旷群(4);高芳祎(4);王海英(3);童康(3);宋旭璞(3);陈琳(3);王海迪(3);张勇军(3);宋齐明(3);张斌(3);李志杰(3);刘文晓(3);李梅(3);马迁(3);刘宁宁(3)。

5. 基金

按照期刊论文所受资助的篇数由高到低排序,排在前列的有:国家自然科学基金(25);全国教育科学规划(17);跨世纪优秀人才培养计划(8);教育部留学回国人员科研启动基金(4);江苏省教育厅人文社会科学研究基金(3);中国博士后科学基金(2);国家社会科学基金(2)。

(二) 图书的检索方法

点击知网引文数据库网址,进入检索页面。比如,检索北京师范大学高等教育研究所2011—2018年出版图书的数量、被引数量。首先,找到该大学高等教育研究所的人员网址(http://fe. bnu. edu. cn/c-27-1459. htm)。然后,在知网引文数据库检索页面中,选择来源文献范围为"期刊库""学位论文库"和"会议论文库",被引文献类型选择"图书类型",被引作者填写"钟秉林",出版年份选择2011—2018年。点击检索,即可获得钟秉林的有关数据。这样,就可得到2011—2018年钟秉林出版图书数量以及被引数量。同样,把其他人填写在里面,即可得到其他人2011—2018年出版图书数量以及被引数量。显然,很容易得到该研究所2011—2018年出版图书数量以及被引数量。

注意:

(1)如果合著,看看是不是本研究所的人。不是,不用管他。如是,要去重(若两人合著1本,计数是1本)。

(2)因为人名会有同名的存在,所以图书要进行甄别筛选。通过京东、当当等多种途径进行甄别筛选。这些过程相当复杂,劳动强度大。

(3)各研究所图书数量与被引数量见表2-3。

表2-3　各研究所图书数量与被引次数

机构	指标	年份							
		2011	2012	2013	2014	2015	2016	2017	2018
北京师范大学高等教育研究所	图书数量	4	4	2	1	6	2	2	0
	被引次数	546	27	4	8	35	9	10	0
复旦大学高等教育研究所	图书数量	3	0	0	1	2	1	2	0
	被引次数	60	0	0	3	6	33	2	0
中国地质大学高等教育研究所	图书数量	2	2	5	3	2	2	1	0
	被引次数	19	6	35	19	6	5	1	0
南开大学高等教育研究所	图书数量	0	1	1	0	0	2	0	0
	被引次数	0	8	4	0	0	0	0	0
吉林大学高等教育研究所	图书数量	7	3	5	4	3	2	1	1
	被引次数	398	34	159	39	24	19	4	1

续表2-3

机构	指标	年份							
		2011	2012	2013	2014	2015	2016	2017	2018
北京航空航天大学高等教育研究所	图书数量	0	5	3	2	1	1	2	0
	被引次数	0	29	14	57	1	3	2	0
安徽大学高等教育研究所	图书数量	2	1	3	3	0	4	0	0
	被引次数	11	8	12	24	0	6	0	0
华中农业大学高等教育研究所	图书数量	0	0	5	2	1	0	0	0
	被引次数	0	0	21	10	2	0	0	0
汕头大学高等教育科学研究所	图书数量	2	2	2	0	1	0	1	0
	被引次数	21	17	99	0	2	0	1	0
南京信息工程大学高等教育研究所	图书数量	0	0	0	0	0	1	0	0
	被引次数	0	0	0	0	0	3	0	0
华东师范大学高等教育研究所	图书数量	6	2	8	2	0	3	2	0
	被引次数	136	8	87	18	0	23	3	0

以 x1 指代论文数量,x2 指代论文被引数量,x3 指代论文下载数量,x4 指代图书数量,x5 指代图书被引数量,统一进行整理,结果见表2-4。

表2-4 原始数据

机构	2011 年					2012 年				
	x1	x2	x3	x4	x5	x1	x2	x3	x4	x5
Z1	14	246	11345	4	546	11	224	14547	4	27
Z2	40	287	18355	3	60	28	128	7563	0	0
Z3	22	196	9706	2	19	16	85	4170	2	6
Z4	30	201	15390	0	0	36	235	13437	1	8
Z5	38	266	12864	7	398	39	242	14840	3	34
Z6	42	356	21116	0	0	30	890	30217	5	29
Z7	12	51	3828	2	11	13	61	3971	1	8

续表2-4

机构	2011 年					2012 年				
	x1	x2	x3	x4	x5	x1	x2	x3	x4	x5
Z8	36	177	9157	0	0	27	263	12656	0	0
Z9	13	136	7091	2	21	7	32	2452	2	17
Z10	13	141	9101	0	0	14	66	3958	0	0
Z11	41	554	28142	6	136	52	405	24548	2	8
机构	2013 年					2014 年				
	x1	x2	x3	x4	x5	x1	x2	x3	x4	x5
Z1	14	70	7634	2	4	13	107	8499	1	8
Z2	36	216	19454	0	0	24	132	8321	1	3
Z3	22	128	8427	5	35	9	89	6621	3	19
Z4	36	207	15539	1	4	25	152	8821	0	0
Z5	25	133	6845	5	159	45	298	21793	4	39
Z6	36	171	12896	3	14	43	247	18838	2	57
Z7	25	42	3185	3	12	20	36	3203	3	24
Z8	25	254	10995	5	21	4	7	453	2	10
Z9	18	63	4247	2	99	14	202	7835	0	0
Z10	7	50	3437	0	0	9	63	3176	0	0
Z11	54	345	22520	8	87	27	276	23420	2	18
机构	2015 年					2016 年				
	x1	x2	x3	x4	x5	x1	x2	x3	x4	x5
Z1	15	51	4079	6	35	11	96	8890	2	9
Z2	22	121	12454	2	6	32	150	12337	1	33
Z3	7	24	2404	2	6	13	43	6059	2	5
Z4	20	55	4035	0	0	5	10	1116	2	3
Z5	36	197	12903	3	24	29	222	14705	6	19
Z6	35	327	20279	1	1	39	172	16412	1	3
Z7	20	65	4937	0	0	32	56	4558	4	6

续表 2-4

机构	2015 年					2016 年				
	x1	x2	x3	x4	x5	x1	x2	x3	x4	x5
Z8	1	2	79	1	2	3	7	727	0	0
Z9	7	45	3171	1	2	6	21	1387	0	0
Z10	1	4	138	0	0	1	8	384	1	3
Z11	28	124	15134	0	0	27	101	13427	3	23

机构	2017 年					2018 年				
	x1	x2	x3	x4	x5	x1	x2	x3	x4	x5
Z1	7	23	2698	2	10	10	5	3145	0	0
Z2	27	65	10784	2	2	25	16	7214	0	0
Z3	2	10	1707	1	1	6	0	1763	0	0
Z4	2	1	326	0	0	2	2	733	0	0
Z5	22	58	8324	1	4	16	5	3953	1	1
Z6	26	64	9013	2	2	13	13	3910	0	0
Z7	40	56	5834	0	0	27	18	4150	0	0
Z8	4	1	999	0	0	6	1	1431	0	0
Z9	3	4	809	1	1	9	0	1724	0	0
Z10	1	0	54	0	0	4	1	835	0	0
Z11	41	104	20205	2	3	41	46	17532	0	0

四、评价思路

总体思路:首先采用纵横向拉开档次法得到各机构各时刻的评价值,然后通过"厚今薄古"法确定时间权重,从而,最终确定各机构在一段时间的综合评价值。

(一)数据类型的一致化处理

数据类型应通过恰当的变换统一变为极大型指标。

(二)数据无量纲化处理

对数据进行标准化处理以便消除不同量纲的影响。比如,

$$x_{ij}^{*}(t_k) = \frac{x_{ij(t_k)} - \bar{x}_j(t_k)}{s_i(t_k)}$$

其中,$\bar{x}_j(t_k)$、$s_i(t_k)$($j=1,2,\cdots,m;k=1,2,\cdots,N$)分别是第 j 项指标测量值的平均值(arithmetic mean)和标准差(standard deviation)。

(三)纵横向拉开档次法[1][2]

假设存在 n 个被评价机构 $S_1,S_2,\cdots,S_n$,m 个评价指标 $x_1,x_2,\cdots,x_m$,按照时间顺序 $t_1,t_2,\cdots,t_N$,收集到数据 $\{x_{ij}(t_k)\}$。如表 2-5 所示。

表 2-5　具有时间性的原始数据

被评价机构	t_1		t_2		$\cdots$	t_N	
	x_1		x_1			x_1	
	x_2	$\cdots$	x_2	$\cdots$	$\cdots$	x_2	$\cdots$
	x_m		x_m			x_m	
S_1	$x_{11}(t_1)$		$x_{11}(t_2)$			$x_{11}(t_N)$	
	$x_{12}(t_1)$	$\cdots$	$x_{12}(t_2)$	$\cdots$	$\cdots$	$x_{12}(t_N)$	$\cdots$
	$x_{1m}(t_1)$		$x_{1m}(t_2)$			$x_{1m}(t_N)$	
S_2	$x_{21}(t_1)$		$x_{21}(t_2)$			$x_{21}(t_N)$	
	$x_{22}(t_1)$	$\cdots$	$x_{22}(t_2)$	$\cdots$	$\cdots$	$x_{22}(t_N)$	$\cdots$
	$x_{2m}(t_1)$		$x_{2m}(t_2)$			$x_{2m}(t_N)$	
$\cdots$		$\cdots$		$\cdots$			$\cdots$
S_n	$x_{n1}(t_1)$		$x_{n1}(t_2)$			$x_{n1}(t_N)$	
	$x_{n2}(t_1)$	$\cdots$	$x_{n2}(t_2)$	$\cdots$	$\cdots$	$x_{n2}(t_N)$	$\cdots$
	$x_{nm}(t_1)$		$x_{nm}(t_2)$			$x_{nm}(t_N)$	

---

① 郭亚军.一种新的动态综合评价方法[J].管理科学学报,2002(2):49-54.

② 戚宇.装备制造业配套能力评价方法及应用:以沈阳市为例[D].沈阳:东北大学,2013.

对于时刻 t_k ,综合评价函数为

$$y_i(t_k) = \sum_{j=1}^{m} w_j \, x_{ij}(t_k)$$

其中,$k=1,2,\cdots,N$; $i=1,2,\cdots,n$。

确定权重系数 $w_j(j=1,2,\cdots,m)$ 的方法是在具有时间性的数据表 $\{x_{ij}(t_k)\}$ 上尽可能地表示出各评价对象之间的不同。而 $S_1,S_2,\cdots,S_n$ 在数据表 $\{x_{ij}(t_k)\}$ 上的这种整体性不同,采用 $y_i(t_k)$ 的总离差平方和来体现。

$$\delta^2 = \sum_{k=1}^{N} \sum_{i=1}^{n} (y_i(t_k) - \bar{y})^2$$

因为经过了数据的标准化处理,于是有:

$$\bar{y} = \frac{1}{N} \sum_{k=1}^{N} \left(\frac{1}{n} \sum_{i=1}^{n} \sum_{j=1}^{m} w_j x_{ij}(t_k) \right) = 0$$

$$\delta^2 = \sum_{k=1}^{N} \sum_{i=1}^{n} (y_i(t_k) - \bar{y})^2 = \sum_{k=1}^{N} \sum_{i=1}^{n} (y_i(t_k))^2 = w^T \sum_{k=1}^{N} H_k w = w^T H w$$

其中,$w=(w_1,w_2,\cdots,w_m)^T$; $H = \sum_{k=1}^{N} H_K$ 是 m x m 阶对称矩阵;

$H_K = A_k^T A_K \, (k=1,2,\cdots,N)$,且

$$A_k = \begin{bmatrix} x_{11}(t_k) \cdots & x_{1m}(t_k) \\ \cdots & \cdots \\ x_{n1}(t_k) \cdots & x_{nm}(t_k) \end{bmatrix}, k=1,2,\cdots,N$$

限定 $w^T w = 1$,矩阵 H 的最大特征值 $\lambda_{max}(H)$ 所对应的(标准)特征向量为 w, δ^2 取最大值。

把无量纲化后的 $X_{ij}(t_k)$ 和 w_j^* 带入公式,就可得到各机构各时刻的评价值。

$$y_i^*(t_k) = \sum_{j=1}^{m} w_j^{*T} x_{ij}(t_k)$$

为便于直观比较,可将 $y_i^*(t_k)$ 进行平移、放大处理。

(四)确定时间权重

拟采用"厚今薄古"法,就是说,离现在越近,权重越大。即在时间区间 $[t_1,t_N]$ 内,t_k 时刻的时间权重为[①]

① 陈国宏,李美娟.基于总体离差平方和最大的区域自主创新能力动态评价研究[J]. 研究与发展管理,2014,26(5):43—53.

$$h_k = k \Big/ \sum_{k=1}^{N} k \ , \mathrm{k} = 1,2,\cdots,\mathrm{N}$$

(五)确定总评价值

对于某被评价机构而言,把各时刻的时间权重与各时刻的评价值分别相乘后,然后把各部分相加,就可得到该机构在这一段时间内的总评价值。

第三节 学术影响力评价过程

在参考有关文献的基础上,通过在 Matlab(R2019a)编写程序的方式,进行高校科研机构学术影响力动态综合评价。因数据均是极大值型数据,所以数据类型的一致化处理可以省略。具体步骤如下。

一、无量纲化处理

原始数据进行标准化,标准化数据见表2-6。

表2-6 标准化数据

机构	2011 年					2012 年				
	Zx1	Zx2	Zx3	Zx4	Zx5	Zx1	Zx2	Zx3	Zx4	Zx5
Z1	-1.053	0.0646	-0.2763	0.665	2.3378	-0.9896	-0.0624	0.2798	1.3124	1.1734
Z2	0.9957	0.3714	0.7239	0.2586	-0.2578	0.2279	-0.4567	-0.4973	-1.0937	-1.0047
Z3	-0.4226	-0.3095	-0.5101	-0.1478	-0.4768	-0.6315	-0.6333	-0.8749	0.1094	-0.5207
Z4	0.2077	-0.2721	0.3008	-0.9606	-0.5783	0.8008	-0.0172	0.1563	-0.4922	-0.3593
Z5	0.8381	0.2142	-0.0595	1.8842	1.5474	1.0157	0.0116	0.3124	0.7109	1.738
Z6	1.1533	0.8876	1.1178	-0.9606	-0.5783	0.3711	2.6733	2.0234	1.914	1.3347
Z7	-1.2106	-1.3943	-1.3487	-0.1478	-0.5195	-0.8464	-0.7319	-0.897	-0.4922	-0.3593
Z8	0.6805	-0.4516	-0.5884	-0.9606	-0.5783	0.1563	0.0978	0.0694	-1.0937	-1.0047
Z9	-1.1318	-0.7583	-0.8832	-0.1478	-0.4661	-1.2761	-0.851	-1.0661	0.1094	0.3667
Z10	-1.1318	-0.7209	-0.5964	-0.9606	-0.5783	-0.7748	-0.7114	-0.8985	-1.0937	-1.0047
Z11	1.0745	2.3689	2.1202	1.4778	0.1481	1.9467	0.6811	1.3926	0.1094	-0.3593

续表 2-6

机构	2013 年					2014 年				
	Zx1	Zx2	Zx3	Zx4	Zx5	Zx1	Zx2	Zx3	Zx4	Zx5
Z1	−1.0164	−0.8559	−0.4355	−0.442	−0.678	−0.6079	−0.3995	−0.2047	−0.4673	−0.4488
Z2	0.6917	0.6563	1.379	−1.2524	−0.7543	0.2094	−0.1452	−0.2276	−0.4673	−0.7231
Z3	−0.3953	−0.2552	−0.3137	0.7735	−0.0867	−0.9051	−0.5826	−0.4464	1.0013	0.1546
Z4	0.6917	0.5631	0.778	−0.8472	−0.678	0.2837	0.0583	−0.1632	−1.2016	−0.8876
Z5	−0.1623	−0.2034	−0.5566	0.7735	2.2785	1.7696	1.5433	1.5064	1.7356	1.2516
Z6	0.6917	0.1902	0.3723	−0.0368	−0.4873	1.621	1.0246	1.126	0.267	2.239
Z7	−0.1623	−1.1459	−1.1184	−0.0368	−0.5254	−0.0878	−1.1217	−0.8863	1.0013	0.4288
Z8	−0.1623	1.0499	0.0805	0.7735	−0.3537	−1.2765	−1.4166	−1.2402	0.267	−0.3391
Z9	−0.7058	−0.9284	−0.9554	−0.442	1.134	−0.5336	0.5668	−0.2901	−1.2016	−0.8876
Z10	−1.5599	−1.0631	−1.0797	−1.2524	−0.7543	−0.9051	−0.847	−0.8898	−1.2016	−0.8876
Z11	2.0892	1.9924	1.8496	1.9891	0.9051	0.4323	1.3195	1.7158	0.267	0.0997
机构	2015 年					2016 年				
	Zx1	Zx2	Zx3	Zx4	Zx5	Zx1	Zx2	Zx3	Zx4	Zx5
Z1	−0.1963	−0.4244	−0.4663	2.5126	2.4115	−0.5031	0.2083	0.2635	0	−0.0421
Z2	0.3636	0.2954	0.7701	0.3015	−0.078	1.0062	0.936	0.8252	−0.559	2.1817
Z3	−0.8363	−0.7021	−0.7136	0.3015	−0.078	−0.3593	−0.506	−0.1978	0	−0.4128
Z4	0.2036	−0.3833	−0.4728	−0.804	−0.5931	−0.9343	−0.9507	−1.0033	0	−0.5981
Z5	1.4835	1.0769	0.8364	0.8543	1.4672	0.7906	1.9063	1.2111	2.2361	0.8845
Z6	1.4035	2.4137	1.9253	−0.2513	−0.5073	1.5093	1.2325	1.4892	−0.559	−0.5981
Z7	0.2036	−0.2804	−0.3396	−0.804	−0.5931	1.0062	−0.3308	−0.4424	1.118	−0.3201
Z8	−1.3163	−0.9283	−1.0568	−0.2513	−0.4214	−1.078	−0.9911	−1.0667	−1.118	−0.876
Z9	−0.8363	−0.4861	−0.6004	−0.2513	−0.4214	−0.8624	−0.8025	−0.9591	−1.118	−0.876
Z10	−1.3163	−0.9077	−1.0481	−0.804	−0.5931	−1.2218	−0.9777	−1.1226	−0.559	−0.5981
Z11	0.8436	0.3263	1.1658	−0.804	−0.5931	0.6468	0.2757	1.0028	0.559	1.2551

续表2-6

机构	2017 年					2018 年				
	Zx1	Zx2	Zx3	Zx4	Zx5	Zx1	Zx2	Zx3	Zx4	Zx5
Z1	−0.567	−0.3388	−0.455	1.118	2.6828	−0.3719	−0.3448	−0.223	−0.3015	−0.3015
Z2	0.7059	0.838	0.8473	1.118	−0.0308	0.8804	0.4575	0.6233	−0.3015	−0.3015
Z3	−0.8852	−0.703	−0.6146	0	−0.37	−0.7058	−0.7094	−0.5105	−0.3015	−0.3015
Z4	−0.8852	−0.9552	−0.837	−1.118	−0.7093	−1.0398	−0.5635	−0.7247	−0.3015	−0.3015
Z5	0.3876	0.6419	0.4511	0	0.6476	0.129	−0.3448	−0.055	3.0151	3.0151
Z6	0.6422	0.81	0.5621	1.118	−0.0308	−0.1214	0.2387	−0.0639	−0.3015	−0.3015
Z7	1.5332	0.5858	0.0501	−1.118	−0.7093	1.0474	0.6033	−0.014	−0.3015	−0.3015
Z8	−0.7579	−0.9552	−0.7286	−1.118	−0.7093	−0.7058	−0.6365	−0.5795	−0.3015	−0.3015
Z9	−0.8216	−0.8711	−0.7592	0	−0.37	−0.4554	−0.7094	−0.5186	−0.3015	−0.3015
Z10	−0.9489	−0.9832	−0.8808	−1.118	−0.7093	−0.8728	−0.6365	−0.7035	−0.3015	−0.3015
Z11	1.5968	1.9307	2.3646	1.118	0.3084	2.2162	2.6453	2.7693	−0.3015	−0.3015

经过计算,最大特征值是 246.1412。其对应的特征向量:[0.4903,0.5261, 0.5248,0.3438,0.2987]$^\mathrm{T}$。它就是权重系数向量。最后,归一化:[0.2246, 0.2409,0.2403,0.1574,0.1368]$^\mathrm{T}$。这样得到与矩阵 M 相对应的最大特征值及其所对应的(归一化了的)特征向量即权重系数向量。从而,得到与 M 相对应的最大特征值是 246.1412,与其所对应的(归一化了的)权重系数是[0.2246, 0.2409,0.2403,0.1574,0.1368]$^\mathrm{T}$。

二、各机构在不同时刻的评价值

对于某被评价机构而言,把各时刻的权重系数与各时刻相应指标的评价值分别相乘后,然后把各部分相加,就可得到该机构在这个时刻的评价值。各机构在不同时刻的评价值见表2-7。

表 2-7 各机构在不同时刻的评价值

机构	年份							
	2011	2012	2013	2014	2015	2016	2017	2018
Z1	0.1372	0.197	−0.7014	−0.4169	0.467	−0.0053	0.2247	−0.3089
Z2	0.4925	−0.4879	0.3445	−0.2151	0.3747	0.8602	0.7358	0.369
Z3	−0.3805	−0.5587	−0.1157	−0.2721	−0.4917	−0.3066	−0.5665	−0.5408
Z4	−0.1769	0.0867	0.2518	−0.272	−0.3679	−0.7618	−0.9031	−0.6321
Z5	0.7338	0.6556	0.2142	1.5756	1.1288	1.4008	0.4387	0.8198
Z6	0.5111	1.6974	0.2182	1.2298	1.2504	0.8239	0.6462	−0.0738
Z7	−1.0262	−0.7086	−0.6589	−0.2866	−0.3111	0.1722	0.2245	0.2885
Z8	−0.3276	−0.2343	0.3092	−0.9304	−0.8704	−1.033	−0.8484	−0.5398
Z9	−0.7361	−0.6804	−0.5262	−0.3636	−0.5464	−0.9133	−0.6274	−0.4865
Z10	−0.8015	−0.8709	−1.1662	−0.9317	−0.9739	−0.9495	−0.9346	−0.6071
Z11	1.5743	0.904	1.8306	0.8829	0.3405	0.7124	1.6101	1.7118

三、进行平移、放大处理

为便于直观比较,可将 $y_i^*(t_k)$ 进行平移、放大处理。具体到本研究,采用该机构在这个时刻的评价值加 2 后再乘以 10 的办法。平移和放大后结果见表 2-8。

表 2-8 平移和放大后结果

机构	年份							
	2011	2012	2013	2014	2015	2016	2017	2018
Z1	21.3716	21.9703	12.9857	15.8311	24.6698	19.9474	22.2470	16.9112
Z2	24.9248	15.1206	23.4450	17.849	23.7467	28.6024	27.3578	23.6901
Z3	16.1946	14.4134	18.8426	17.2788	15.0835	16.9340	14.3352	14.5921
Z4	18.2311	20.8665	22.5185	17.2797	16.3209	12.3822	10.9695	13.6786

续表 2-8

机构	年份							
	2011	2012	2013	2014	2015	2016	2017	2018
Z5	27.3380	26.5563	22.1425	35.7563	31.2879	34.0077	24.3868	28.1977
Z6	25.1115	36.9743	22.1818	32.2980	32.5041	28.2395	26.4619	19.2616
Z7	9.7379	12.9140	13.4106	17.1337	16.8887	21.7218	22.2452	22.8851
Z8	16.7235	17.6574	23.0915	10.6964	11.2959	9.6696	11.5158	14.6018
Z9	12.6386	13.1958	14.7380	16.3644	14.5360	10.8668	13.7256	15.1351
Z10	11.9850	11.2912	8.3379	10.6831	10.2614	10.5051	10.6538	13.9289
Z11	35.7435	29.0402	38.3058	28.8294	23.4050	27.1235	36.1014	37.1178

四、计算时间权重

2011—2018 年时间权重分别为 0.0278,0.0556,0.0833,0.1111,0.1389,0.1667,0.1944,0.2222。

五、各机构在统计区间的总评价值

对于某被评价机构而言,把各时刻的时间权重与各时刻的评价值分别相乘后,然后把各部分相加,就可得到该机构在这一段时间内的总评价值。

经计算,Z1—Z11 加权后的综合评价值分别是 19.4902,24.1186,15.688,14.9653,29.0744,26.8356,19.3862,13.2228,13.9929,11.185,32.041。

第四节 学术影响力评价结果分析

一、各机构在统计区间的变化

Z1 统计结果表明:2011 年数值是 21.3716,至 2013 年降至最低谷,数值是 12.9857,之后两年逐步上升,至 2015 年升至最高,数值是 24.6698,2015 年以后至 2018 年又略有下降。

Z2 统计结果表明:2011 年数值是 24.9248,至 2012 年降至最低谷,数值是 15.1206。之后,至 2016 年升至最高,数值是 28.6024,2016 年以后至 2018 年又略有下降。

Z3 统计结果表明:2011 年数值是 16.1946,至 2013 年升至最高,数值是 18.8426,之后四年总趋势是下降,至 2017 年降至最低谷,数值是 14.3352,2018 年又略有上升。

Z4 统计结果表明:2011 年数值是 18.2311,至 2013 年升至最高,数值是 22.5185,之后四年逐步下降,至 2017 年降至最低谷,数值是 10.9695,2018 年又略有上升。

Z5 统计结果表明:2011 年数值是 27.3380,至 2013 年降至最低谷,数值是 22.1425,之后上升,至 2014 年升至最高,数值是 35.7563。随后,总体下降,2017 年降为 24.3868。2018 年又略有上升,数值是 28.1977。

Z6 统计结果表明:2011 年数值是 25.1115,至 2012 年升至最高,数值是 36.9743,2013 年降至最低谷,数值是 22.1818,之后两年逐步上升,2015 年升为 32.5041。之后至 2018 年又逐步下降,2018 年变为 19.2616。

Z7 统计结果表明:2011 年是最低谷,数值是 9.7379,至 2014 年逐步上升,2015 年略有下降,2016—2018 年又逐年上升,2018 年升至最高,数值是 22.8851。

Z8 统计结果表明:2011 年数值是 16.7235,至 2013 年升至最高,数值是 23.0915,之后三年总体下降,2016 年降至最低谷,数值是 9.6696,之后两年又逐步上升。

Z9 统计结果表明:2011 年数值是 12.6386,之后三年逐步上升,至 2014 年升至最高,数值是 16.3644。以后两年又略有下降,至 2016 年降至最低谷,数值是 10.8668,之后两年又逐步上升,2018 年达到 15.1351。

Z10 统计结果表明:2011 年数值是 11.9850,至 2013 年降至最低谷,数值是 8.3379。随后上升至 10.6831,之后三年表现平稳,但至 2018 年升至最高,数值达到 13.9289。

Z11 统计结果表明:2011 年数值是 35.7435,2012 年有所下降,而 2013 年又升至最高,数值是 38.3058,之后两年逐步下降,2015 年降至最低谷,数值为 23.4050。之后又逐步上升,到 2018 年达到 37.1178。

二、不同年份各机构的评价值

2011 年各机构的评价值:得分前三名的是 Z11、Z5、Z6,它们的得分分别是 35.7435、27.3380、25.1115。得分处于中间的是 Z2、Z1、Z4、Z8、Z3,它们的得分分别是 24.9248、21.3716、18.2311、16.7235、16.1946。得分最后三名的是 Z9、Z10、Z7,它们的得分分别是 12.6386、11.9850、9.7379。

2012 年各机构的评价值:得分前三名的是 Z6、Z11、Z5,它们的得分分别是 36.9743、29.0402、26.5563。得分处于中间的是 Z1、Z4、Z8、Z2、Z3,它们的得分分别是 21.9703、20.8665、17.6574、15.1206、14.4134。得分最后三名的是 Z9、Z7、Z10,它们的得分分别是 13.1958、12.9140、11.2912。

2013 年各机构的评价值:得分前三名的是 Z11、Z2、Z8,它们的得分分别是 38.3058、23.4450、23.0915。得分处于中间的是 Z4、Z6、Z5、Z3、Z9,它们的得分分别是 22.5185、22.1818、22.1425、18.8426、14.738。得分最后三名的是 Z7、Z1、Z10,它们的得分分别是 13.4106、12.9857、8.3379。

2014 年各机构的评价值:得分前三名的是 Z5、Z6、Z11,它们的得分分别是 35.7563、32.2980、28.8294。得分处于中间的是 Z2、Z4、Z3、Z7、Z9,它们的得分分别是 17.8490、17.2797、17.2788、17.1337、16.3644。得分最后三名的是 Z1、Z8、Z10,它们的得分分别是 15.8311、10.6964、10.6831。

2015 年各机构的评价值:得分前三名的是 Z6、Z5、Z1,它们的得分分别是 32.5041、31.2879、24.6698。得分处于中间的是 Z2、Z11、Z7、Z4、Z3,它们的得分分别是 23.7467、23.4050、16.8887、16.3209、15.0835。得分最后三名的是 Z9、Z8、Z10,它们的得分分别是 14.5360、11.2959、10.2614。

2016 年各机构的评价值:得分前三名的是 Z5、Z2、Z6,它们的得分分别是 34.0077、28.6024、28.2395。得分处于中间的是 Z11、Z7、Z1、Z3、Z4,它们的得分分别是 27.1235、21.7218、19.9474、16.9340、12.3822。得分最后三名的是 Z9、Z10、Z8,它们的得分分别是 10.8668、10.5051、9.6696。

2017 年各机构的评价值:得分前三名的是 Z11、Z2、Z6,它们的得分分别是 36.1014、27.3578、26.4619。得分处于中间的是 Z5、Z1、Z7、Z3、Z9,它们的得分分别是 24.3868、22.2470、22.2452、14.3352、13.7256。得分最后三名的是 Z8、Z4、Z10,它们的得分分别是 11.5158、10.9695、10.6538。

2018 年各机构的评价值:得分前三名的是 Z11、Z5、Z2,它们的得分分别是

37.1178、28.1977、23.6901。得分处于中间的是 Z7、Z6、Z1、Z9、Z8,它们的得分分别是 22.8851、19.2616、16.9112、15.1351、14.6018。得分最后三名的是 Z3、Z10、Z4,它们的得分分别是 14.5921、13.9289、13.6786。

三、各机构评价排名稳定性分析

方差(variance)能准确地反映出数据的离散程度,因此,它是应用非常广泛的离散程度测度值。在参考有关文献的基础上[①],采用方差衡量各机构评价排名的稳定性。通过计算得出 2011—2018 年各机构排名的方差(见表 2-9),分析其排名的变化情况,从而反映各机构 8 年间的发展情况。

表 2-9　2011—2018 年各机构评价值排序

机构	各年份排名								方差
	2011	2012	2013	2014	2015	2016	2017	2018	
Z1	5	4	10	9	3	6	5	6	5.7143
Z2	4	7	2	4	4	2	2	3	2.8571
Z3	8	8	7	6	8	7	7	9	0.8571
Z4	6	5	4	5	7	8	10	11	6.2857
Z5	2	3	6	1	2	1	4	2	2.8393
Z6	3	1	5	2	1	3	3	5	2.4107
Z7	11	10	9	7	6	5	6	4	6.2143
Z8	7	6	3	10	10	11	9	8	6.8571
Z9	9	9	8	8	9	9	8	7	0.5536
Z10	10	11	11	11	11	10	11	10	0.2679
Z11	1	2	1	3	5	4	1	1	2.5000

依据方差 S^2 的变化范围并结合树状图(见图 2-1),可把各机构排名变化分为三种类型:稳定型($0 \leqslant S^2 \leqslant 2$)、波动型($2 < S^2 \leqslant 4$)和跳跃型($S^2 > 4$)。具体

①　陈国宏,康艺苹,李美娟.区域科技创新能力动态评价:基于改进的"纵横向"拉开档次评价法[J].技术经济,2015,34(10):17-23.

情况:属于稳定型的机构有 Z3,Z9,Z10;属于波动型的机构有 Z2,Z5,Z6,Z11;属于跳跃型的机构有 Z1,Z4,Z7,Z8。

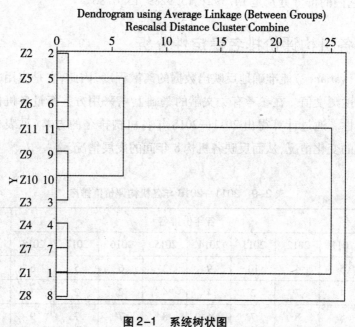

图2-1 系统树状图

四、各机构总评价值聚类分析

各机构的总评价值与总排名见表2-10。

表2-10 各机构的总评价值与总排名

机构	总评价值	总排名
Z1	19.4902	5
Z2	24.1186	4
Z3	15.6880	7
Z4	14.9653	8
Z5	29.0744	2
Z6	26.8356	3

机构	总评价值	总排名
Z7	19.3862	6
Z8	13.2228	10
Z9	13.9929	9
Z10	11.1850	11
Z11	32.0410	1

对总评价值聚类拟采用系统聚类法(Hierarchical Cluster),因为快速聚类法(K-means Cluster)对离群值(outlier)非常敏感。

方法:组间连接聚类法(Between-groups linkage)。

结果:参考系统树状图(见图2-2),各机构学术影响力综合评价可分为四类:优秀型(Z11)、良好型(Z2,Z5,Z6)、一般型(Z1,Z7)、欠佳型(Z3,Z4,Z8,Z9,Z10)。

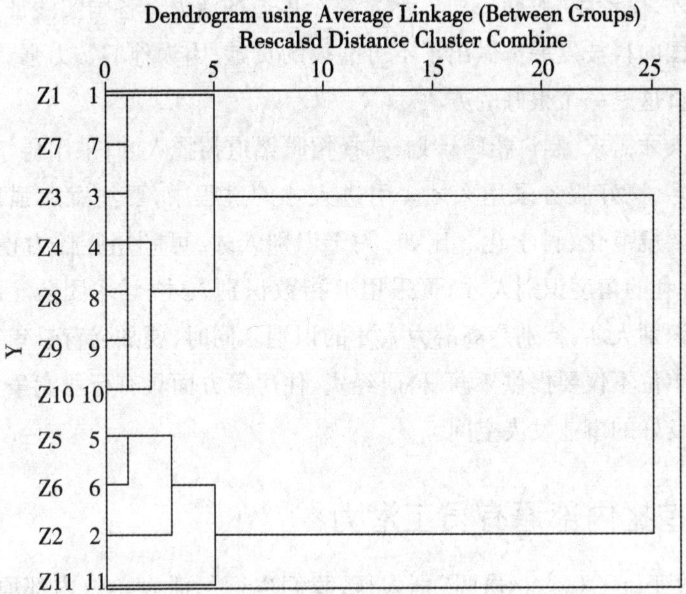

图2-2　系统树状图

第五节　提高学术影响力的对策

提高科研机构学术影响力的核心或关键是提高科研人员高质量的成果产出。当然,扩大高质量科研成果的学术影响力也离不开一定的媒体支持。在这个思想指导下,提高科研机构学术影响力可采取的办法主要有以下七种。

一、制订科研发展计划

各科研机构要整体构思布局,精心制订短期、中期、长期的科研发展计划。毕竟,计划描绘蓝图。这样,目标明确了,行动就会有的放矢、精准发力,效果就会好得多。

二、引进高层次人才

引进高层次人才,对提升单位科研水平具有立竿见影的效果。而且,引进高层次人才,可产生"鲇鱼"效应,激发整个单位的活力。各国实践证明,高层次人才为各国的科技发展都做出了不可磨灭的贡献,因为他们实力强,素质高,潜力大,因此,这是一个很好的方法。

分析人才需求,制订招聘计划,选择招聘渠道招揽人才,采用科学的评价标准识别人才,搞好服务录用人才。引进人才的过程中,要注意加强顶层设计。人才引进要规范化、科学化。比如,关于识别人才,可利用胜任力模型识别人才,可从专利的角度识别人才,可采用 P 指数识别人才、学术团队。因此,要从多种途径识别人才,特别是高潜力人才的识别。同时,要加强背景审查。此外,人才引进单位不仅要提供年薪、科研经费、住房等方面具有行业竞争力的待遇,还要提供良好的事业发展空间。

三、挖掘内部原有员工潜力

(1)改变员工观念。强调"别人行,我们也行",激发单位内部原有员工不服输的心理。从而使他们改变自己原有的思想观念,多学习多研究以更新自己的知识,用新思路看待问题,用新方法解决问题,经过一段时间的积累就能够不断开拓创新。

（2）定期或不定期地汇报研究结果。请单位科研能力强的人定期汇报研究结果，以便大家通过互相切磋，取长补短，不断提高研究水平，尽快取得高水平成果。

（3）采用走出去、请进来的方式提高学术水平。一方面，让职工尽量多地外出交流学习，尽量参加有关业务培训，多参加学术研讨会、专题讲座、学术年会等。另一方面，邀请国内外知名学者"传经送宝"，举办学术研讨会、专题讲座。

（4）制定奖励制度，让成果与奖金挂钩，推进成果转化。

（5）鼓励进修，提高科研实力。积极鼓励科研人员攻读硕士、博士学位，继续深造，并给予适当的补助。支持员工到国内外一流院校和科研单位学习与培训。

（6）加强学术合作，努力解决具有挑战性和有意义的问题。通过与其他高校、科研院所、企业、政府等机构合作，对提高产出、提升质量具有积极的促进作用[1]。需要指出的是，同学科可以合作，跨学科也可以合作，争取在各方面都出现颠覆性创新，在科研中培养新生长点。大的课题集中组织人员，明确分工、一起合作攻关。可建立科研群，便于及时讨论解决工作中遇到的问题，互相支持。

（7）科研机构自设研究课题，培养科研后备力量[2]。

四、加大科研资金投入

科研资金的投入对科研机构的发展影响巨大。资金用于软件及硬件上。软件方面为多给获得成绩的员工奖励，硬件上是加强实验室建设，多改进现有的工作条件，比如仪器设备等[3]。

（1）开源。采用多种方式、多种渠道争取科研经费。积极申请纵向课题、横向课题，努力实现成果转化，这些都会带来科研资金。

（2）节流。节流做好了，也相当于科研资金增加了。做好科研经费的利用和管理，确保"好钢用在刀刃上"，避免出现"跑冒滴漏"的现象。

---

①　赵君,廖建桥.科研合作研究综述[J].科学管理研究,2013,31(2):117-120.

②　赵锦英.挖掘科研潜力是提高科研水平的重要一环[J].广州师院学报(社会科学版),2000(6):92-94.

③　刘璐璐,苟军平.高校做好海外高级人才引进工作的对策研究[J].中国电力教育,2009(24):29-31.

五、优化人才激励机制

（1）树典型。结合具体领域，树立典型人物，可发挥其模范带头作用。比如，学习"学术之星""科研标兵"。这样，赶有目标，学有方向了。在科研典型的影响下，在学科带头人、科研骨干的带动下，形成你追我赶的良好局面。

（2）给"桃子"。要给予人才高薪酬、高待遇，给他们兑现高的工资、提供高的职位，让他们有高的生活水平，尽量满足他们的其他需求，比如住房问题、子女入学问题等。这样，他们没有后顾之忧，能以更饱满的热情投入科研工作中，工作效率会更高，成果会更多，质量会更好。通过不懈的努力，他们一般都能取得好成绩。采用竞争机制和合理分配机制。要按照科研贡献给予奖励，重能力，重成果，要多劳多得，形成动态考评制度。精神奖励比如取得成绩要当面表扬、大会表扬，激发职工的上进心，物质奖励比如奖金、奖品等当然更不能缺乏。这样，就能鼓励先进的员工，使大家能够争先争优，提高科研积极主动性。

（3）压担子。科研实践是培育人才、提升科研人才创新能力的好途径。要善于给科研人员特别是中青年科研骨干交任务、压担子，让他们挑大梁，敢于给予机会参与到项目中，在干中学，在学中干。这样，他们成长会更快一些。比如，除了给予新入职的年轻人科研启动基金支持外，还创造机会让他们申请或承担大型项目，使他们得到锻炼和提高。

六、扩展学术传播渠道

"酒香不怕巷子深"已经不适合新时代的要求，对高质量学术成果进行多形式多渠道的宣传推介是必要的。

（1）除了利用传统的传播渠道（如会议、报告）外，还应注意利用网络，利用微信、微博等社交媒体，提高科研成果的可见度。

（2）科研人员的成果除了发表在传统的期刊上外，还可发表在 OA（Open Access）期刊上，提高学术论文的下载量、阅读量。如果再能采用 OSID（Open Science Identity，开放科学识别码），提供作者语音介绍、作者在线问答、学术交流圈、开放的科学数据与内容等功能,将会大大地提高学术论文影响力①。

(3)在论文发表前,可在中国科技论文在线(http://www.paper.edu.cn/)、arXiv(http://arxiv.org/)、Social Science Research Network(https://www.ssrn.com)、Munich Personal RePEc Archive(https://mpra.ub.uni-muenchen.de/)等预印本网站公开,既避免了别人抢先发表,又增加了自己学术研究的"出镜率"。

(4)在版权许可的情况下,在自己的网站、机构知识库(Institution Repository,简称 IR)公开自己的成果。

(5)将科研成果信息新闻化、科研成果信息科普化、科研成果信息碎片化,拓展科研信息的传播链,革新学术传播路径②。

七、打造崇尚创新的文化氛围

科研需要激励创新、宽容失败的文化环境③,主要有以下几个要求。

从理念上,强调以人为本、敢于标新立异、勇于大胆质疑、激励创新、宽容失败、开放包容,注意提升员工创新意识,培养创新型思维。这样,会逐步形成崇尚创新、团结向上的文化氛围。

从制度上,要大力支持创新。比如,对由于首创失败但具有潜力的项目给予支持④;完善以创新性科研成果为核心评价标准的人才绩效考核评价体系⑤。改革老的看资历等论资排辈的陋习,构建新型职称评定办法。

从环境上,打造自由、宽松、创意的工作环境。通过这样的环境,使高水平的人才培养、高质量科研成果的产出做到大道无形、润物无声。尽管社会各界都希望有突出的成就,但科学探索不会一蹴而就,取得科研成果需要一定的时

---

① 晓雪."OSID 开放科学识别码"打造新的期刊影响力[EB/OL].(2018-10-25)[2021-11-15].http://www.cbbr.com.cn/article/124889.html.

② 夏登武.新媒体时代科技学术期刊信息传播的路径拓展[J].中国科技期刊研究,2012,23(1):129-132.

③ 吴爱华,侯永峰,郝杰.完善高层次创新型人才培养机制[J].中国高教研究,2017(12):44-48.

④ 金胜男,高芸,戴维平,等.科技创新呼唤科技创新文化[J].上海农业学报,2006(3):84-86.

⑤ 关于深化项目评审、人才评价、机构评估改革的意见[EB/OL].(2018-07-03)[2021-11-26].http://www.gov.cn/zhengce/2018-07/03/content_5303251.htm.

间积累,需要呕心沥血的付出。因此,搞科研要以人为本,要坚持可持续发展,保证在不影响身体健康的情况下,尽力拼搏,取得令人满意的成绩。

总之,科研机构要千方百计提高科研人员高质量的成果产出这个根本,再辅以扩展学术传播渠道,就可大大提高科研机构学术影响力。具体措施主要有:制订科研发展计划、引进高层次人才、挖掘内部原有员工潜力、加大科研资金投入、优化人才激励机制、扩展学术传播渠道、打造崇尚创新的文化氛围。这样,就会激发科研人员的内在动力,拓宽学术研究视野,提升学术研究能力,最终走向学术影响力良性循环的路子。

第三章
虚假信息治理研究

第一节　虚假信息治理概况

虚假信息会带来严重的后果,比如有关新冠肺炎的虚假信息。约翰·霍普金斯大学系统科学与工程中心开发出近乎实时更新的新冠肺炎(COVID-19)病例全球地图。截止到 2021 年 4 月 17 日 22 点,全球死亡人数高达 3008043,确诊人数已达 140413735。随着新冠肺炎疫情的全球大流行,有关疫情的虚假信息也呈现蔓延之势。COVID-19 错误信息形式众多,涉及起源、传播途径、症状、治疗方法等多方面。特别需要强调的是,关于治疗方法的错误建议会带来严重后果。

国外采用提高意识、监控、问责、制裁等方式应对虚假信息[①]。比如,联合国机构构建了世卫组织流行病信息网络,使可靠的流行病信息和建议触手可及,当前显示为 COVID-19 公共卫生突发事件。亚马逊、脸书、谷歌和推特等大科技公司主要采用突出显示最佳信息,对不良的信息进行提示以及尽量避免错误信息出现等措施[②]。新冠病毒虚假信息跟踪中心 NewsGuard 正在跟踪这些虚假信息的传播。Lazer 等在《科学》上呼吁加强跨学科研究,以便减缓假新闻蔓延

---

① FUNKE D, FLAMINI D. A guide to anti-misinformation actions around the world[EB/OL]. [2022-03-01]. https://www.poynter.org/ifcn/anti-misinformation-actions/#us.

② WADDELL K. Fight against coronavirus misinformation shows what big tech can do when it really tries[EB/OL]. [2022-03-16]. https://www.consumerreports.org/consumer-protection/fight-against-coronavirus-misinformation-shows-what-big-tech-can-do/.

并解决其潜在的问题①。美国博物馆和图书馆服务协会指出,危急时刻图书馆是避难所。在危急关头,图书馆纷纷挺身而出,采用多种措施抗击新冠肺炎虚假信息。

在 CNKI 以"虚假信息+虚假新闻"与"图书馆"组合进行检索,得到相关性比较强的文献 8 篇。其中涉及图书馆打击虚假信息,但未涉及新冠肺炎疫情的有 6 篇。针对新冠疫情期间进行虚假信息治理的论文仅有 2 篇。1 篇仅对国内图书馆行业进行调研,未涉及国外图书馆的情况。而另 1 篇仅对美国一些图书馆在虚假新闻防范中的干预作用进行研究,未涉及国外其他国家图书馆的情况。

综上所述,目前缺乏以广阔的视野研究国外图书馆界抗击新冠肺炎虚假信息的措施。

为了进行相应的研究,利用 Google 浏览器以及 Web of Science Core Collection、EBSCO、Scopus 数据库进行网络检索、文献调研,检索采用"false information" OR "fake news" OR "disinformation" OR "misinformation"与 "Coronavirus Disease 2019" OR "COVID-19" OR "2019 novel coronavirus" OR "2019-nCoV"以及 library 组合,目的在于找到国外图书馆界抗击新冠肺炎虚假信息的措施以便供参考借鉴。

第二节　虚假信息治理实践

虚假信息是社会的一个大问题,没有一个简单的解决方案。在这虚假信息乱飞的时代,具有保存人类文化遗产、开发信息资源、参与社会教育等职能的图书馆将起到重要的作用。图书馆拥有丰富的资源和训练有素的员工,可为用户提供如何判断信息可信度的资源和培训。图书馆服务覆盖面广,人们信赖图书馆。国外图书馆界抗击新冠肺炎虚假信息的具体实践如下。

一、揭穿虚假新闻

美国图书馆协会(ALA)推出了"大流行防范"网页,提供了有关疾病大流行

① LAZER D, BAUM M, BENKLER Y, et al. The science of fake news[J]. Science, 2018, 359(6380):1094-1096.

的准备信息,包括针对图书馆的建议以及有关大流行教育、预防和准备的通用资源①。ALA 还推出了网页"图书馆回应:针对 COVID-19 的仇外心理和假新闻",除提供有关冠状病毒事实的精选资源外,还提供了一些很好的反击假新闻的资源②。比如,新闻卫士技术公司的新冠病毒错误信息跟踪中心 NewsGuard 列出了美国、英国、法国、意大利和德国发布有关该病毒的重大虚假信息的站点 233 个,点击这些站点名称可以了解该站点的可靠性得分,也可以免费安装浏览器扩展程序,对网站进行评级并给出可靠性得分③。英国图书馆信息专业协会建议,如果担心可能传播的有关 COVID-19 的错误信息,请参考 NewsGuard 的新冠病毒错误信息跟踪器提供的信息。伦敦南岸大学图书馆收集了世界各地很多有关 COVID-19 的错误信息资源,以便人们明辨是非。

二、提供可靠的信息来源

兰辛社区学院图书馆提供关于冠状病毒的可靠资源,包括兰辛社区学院和密歇根信息以及国家和国际资源。除了重要网站的链接外,还包括心理健康、互联网接入、有趣的虚拟资源以及视频资源。加州大学洛杉矶分校法律图书馆提供指向有关法律信息资源的链接以及这些资源的摘要,从而对新型冠状病毒做出法律上的回应。北卡罗来纳大学教堂山分校健康科学图书馆与北卡罗来纳州地区健康教育中心合作制作了 COVID-19 资源指南。该指南内容极其丰富,包括一般信息,卫生保健专业人员专栏,美国疾病控制与预防中心 COVID-19 信息微站,来自 Twitter、RSS 订阅、新闻报道、研究论文等其他来源信息以及支持资源等五部分。

高校图书馆疾病大流行资源页面列出了世卫组织、美国疾病预防控制中心和联邦紧急事务管理局的一些资源,既有事实的分享,又有虚假信息的澄清。国家医学图书馆网络的公共图书馆 COVID-19 指南包括与美国疾病预防控制

---

① ALA. Pandemic preparedness [EB/OL]. [2022-05-01]. http://www. ala. org/tools/atoz/pandemic-preparedness.

② ALA. Libraries respond:combating xenophobia and fake news in light of COVID-19[EB/OL]. [2022-05-01]. http://www. ala. org/advocacy/libraries-respond-combating-xenophobia-and-fake-news-light-covid-19.

③ NewsGuard Technologies Inc. Coronavirus misinformation tracking center [EB/OL]. [2022-05-06]. https://www. newsguardtech. com/coronavirus-misinformation-tracking-center/.

中心、世界卫生组织和美国国立卫生研究院的有关链接。阿肯色大学医学院图书馆针对公众、卫生专业人员、教育者、图书馆员、研究人员分门别类提供有关COVID-19信息。此外,还提供一些法律信息和参考信息。内华达大学拉斯韦加斯分校图书馆制作的冠状病毒指南主要包括大众信息、针对医疗保健人员的信息、种族主义和仇外心理、针对在拉斯韦加斯地区的家庭的危机支持、如何保持健康并应对COVID-19压力源的建议。阿肯色大学图书馆的COVID-19数据资源包含校园信息资源、定期更新的数据可视化、COVID-19开放研究数据集挑战、科学数据来源、州和地方冠状病毒信息、政府和教育信息等。杜克大学医学中心图书馆推荐了Google开发的COVID-19 Explorer。该工具使用神经网络理解自然语言,帮助研究人员在CORD-19中进行搜索,以便在大量科学论文中找到有关信息,从而更快地开展研究。

三、推荐有关书籍

国外图书馆推荐了有关书籍,以便读者了解有关病毒、公共卫生和流行病学、虚假新闻、批判性思维的信息。

伊利诺伊州立大学图书馆推荐的图书有《假新闻:了解数字时代的媒体和错误信息》《后真相、假新闻:病毒式的现代性和高等教育》《虚假新闻、宣传和老生常谈的谎言:如何在数字时代找到值得信赖的信息》《谎言现场指南:信息时代的批判性思维》《真相崩塌:关于事实与分析在美国公共生活中日渐式微之初步探讨》《新闻素养:帮助师生解读假新闻》[①]。华盛顿大学图书馆推荐的图书有《太阳和月亮》《幻觉帝国》《谎言:恶作剧、空话、剽窃、赝品、后真相和假新闻的兴起》《模糊:如何知道信息过载时代的真相》《在线寻找可靠信息》《媒体素养》《真相很重要》[②]。俄勒冈大学图书馆推荐的图书有《新闻素养》《普拉格媒体素养手册》《评估媒体偏见》[③]。塔兰特县学院图书馆推荐的图书有《信息

① Illinois State University Library. Fake news:promoting online civic reasoning and media literacy[EB/OL].[2022-04-12]. https://guides. library. illinoisstate. edu/fake_news/Research#s-lg-box-wrapper-19808470.

② University of Washington Libraries. Fake news[EB/OL].[2022-05-27]. https://guides. lib. uw. edu/research/news/fake-news.

③ University of Oregon Libraries. Fake news and information literacy[EB/OL].[2022-05-12]. https://researchguides. uoregon. edu/fakenews/literacy.

素养教学》《实用批判性思维指南》《对课程的批判性思考》。雪兰多大学图书馆推荐的图书有《批判性思维》《批判性思维工具包》。

四、开展教育培训

开展通过传授个人技能来抗击虚假信息的课程、游戏和活动。

(一)识别的方法

国际图联(IFLA)为帮助人们识别假新闻而提出八条建议:考虑信息源,了解其任务和目的;阅读标题以外的内容,以了解整个故事;检查作者,看他们是否真实可信;评估论据,以确保链接来源支持论点;检查发布日期,查看故事是否最近发生;查询它是不是个玩笑,以确定它是否旨在讽刺;查看自己的偏见,看它们是否影响自己的判断力;咨询图书馆员或事实检查站点,帮助识别假新闻[①]。

加利福尼亚州立大学奇科分校的梅里亚姆图书馆开发的 CRAAP 测试是一组评估标准,可以应用于网站、文章和其他信息源,以帮助读者确定信息是否可靠。CRAAP 代表信息的及时性(currency)、相关性(relevance)、权威性(authority)、准确性(accuracy)、目的性(purpose)[②]。

图书馆推荐了一些有效识别虚假信息的方法。比如,识别假新闻的 10 条技巧:怀疑头条新闻;仔细查看 URL;检查来源;注意格式异常;检查照片;检查日期;检查证据;查看其他报告;判断故事是否在开玩笑;判断故事是否故意犯错[③]。发现假新闻和故事的 4 条提示:验证发布者的信誉;注意信息质量和及时性;检查来源和引用;咨询专业人士。用 ESCAPE 方法应对假新闻[④]:ESCAPE 课程计划的首字母缩写词代表 Evidence、Source、Context、Audience、Purpose、Execution,是指证据、来源、上下文、受众、目的、执行。SIFT 四招:检查以前的工

---

① IFLA. How to spot fake news[EB/OL]. [2022-05-17]. https://www.ifla.org/publications/node/11174.

② Meriam Library. Evaluating information-applying the CRAAP test[EB/OL]. [2022-03-11]. https://library. csuchico. edu/sites/default/files/craap-test. pdf.

③ CARSON J. Fake news:What exactly is it – and how can you spot it[EB/OL]. [2022-03-11]. https://www. telegraph. co. uk/technology/0/fake-news-exactly-has-really-had-influence/.

④ NewseumED. E. S. C. A. P. E. Junk news[EB/OL]. [2022-04-16]. https://newseumed. org/tools/lesson-plan/escape-junk-news.

作,看看是否有人已经对声明进行了事实核实或提供了研究综合信息;追踪声明的来源;进行横向阅读,阅读他人对声明来源的评论;追溯到原始上下文①。

此外,还有 Andy Carvin 和 Graham Brookie 提出与冠状病毒错误信息作斗争的方法:考虑信息源,并考虑信息分享的动机;检查自己的偏见;在分享之前,思考是否会对他人有建设性;有焦虑很正常而且也很重要;要有勇气,但也要有同情心。

(二)课程

丹佛公共图书馆推出了在线课程——如何发现假新闻,以便有关人员学习评估新闻故事可信度的方法,并了解从多个可靠来源获取信息的重要性。有的图书馆提供 Checkology 虚拟教室链接②。该虚拟教室是一个基于浏览器的平台。Checkology 课程和练习分为四个不同的新闻素养主题和技能集:过滤新闻和信息,行使公民自由,浏览信息环境以及学习如何知道该相信什么。通过课程,为学生提供了评估和解释信息以及确定他们可以信任的工具。其他还有判断 COVID-19 虚假信息的测验;CORA(在线研究任务社区);公民在线推理(提供免费的课程,可帮助学生评估在线信息);事实检查课程;First Draft 的课程——太多的信息:如何在冠状病毒信息中区分有害信息与有益信息。

(三)游戏

游戏是一种抗击假新闻很好的教育形式。印第安纳大学东分校和其他图书馆提供的游戏主要有 *Fake It to Make It*(通过使玩家了解虚假新闻的编写方式和分发方式,以及他们为什么散布虚假新闻,从而提高人们虚假新闻意识);*Bad News*(借鉴了心理接种的理论,让玩家制作虚假新闻,以刺激产生针对错误信息的"心理抗体",使他们在暴露于真实的错误信息时具有认知免疫力);*Factitious*(测试玩家的虚假新闻判断能力。根据玩家的滑动方式,*Factitious* 会提供反馈:滑动是否正确,文章是否引用了可以检查的来源,故事是否包含来自可靠来源的引文);*Fake News*! *the Game*(通过四轮培训、测试与反馈,帮助用户识别虚假新闻故事);*Newsfeed Defenders*(玩家加入一个虚构的社交媒体网站,重

① CAULFIELD M. Web literacy for student fact-checkers[EB/OL]. [2022-05-16]. https://webliteracy.pressbooks.com/.

② The News Literacy Project. Can your students tell the difference between fact and fiction [EB/OL]. [2022-05-12]. https://get.checkology.org/.

点关注新闻信息,并应对来自访客和网站策展人的挑战。通过识别可疑帖子的游戏,教玩家如何在当今的环境中检测和忽略虚假信息);*News Hero*(游戏分为三个级别,每个级别都告知玩家如何区分事实和虚构);*Troll Factory*(展示了在社交媒体上进行信息操纵的各种方式,目的是说明人们应如何利用假新闻、情感内容和社交媒体机器人来影响情绪、观点和决策);*Fakey*(它首先呈现具有假新闻、阴谋论等特征的新闻故事,然后要求用户选择共享、隐藏或检查该信息,以便为他们提供识别真假信息的体验,从而获得媒体素养);等等①。

(四)研究虚假信息的组织

了解一些虚假信息研究组织,可为教育培训提供一些实际的素材。哈佛大学图书馆和其他图书馆提供的虚假信息研究组织主要有初稿新闻(First Draft)、Tow 数字新闻中心(Tow Center for Digital Journalism)、伯克曼·克莱因互联网与社会中心(Berkman Klein Center for Internet & Society)、波因特研究所(Poynter Institute)、尼曼基金会(Nieman Foundation)、新闻素养公益项目组(News Literacy Project)、石溪大学新闻学院新闻素养中心(Center for News Literacy at Stony Brook University)。

五、利用工具

可利用插件、网站等工具抗击虚假信息。

(一)浏览器插件

可考虑安装浏览器插件以评估新闻站点的内容。以下是哈佛大学图书馆、缅因大学图书馆推荐的插件:(1)官方媒体偏见事实检查图标(Media Bias Fact Check Icon)。当读者在浏览页面时,该扩展程序将在右上角显示一定颜色的图标,表明当前页面的政治偏见②。(2)伪造者掩盖的事实(FakerFact)。采用一种机器学习算法评估信息的目的和客观性③。(3)新闻卫士(NewsGuard)。当读者浏览在线新闻时,新闻卫士会给出红色或绿色的图标并给出站点得分(可

---

① IUE Library. Fake news: resources [EB/OL]. [2022 - 03 - 21]. http://iue. libguides. com/fakenews/resources.

② FADEN J C. Official media bias fact check icon[EB/OL]. [2022 - 03 - 16]. http://suo. im/5Nkd1P.

③ FakerFact Team. Faker Fact[EB/OL]. [2022 - 03 - 20]. https://www. fakerfact. org/.

靠性得分为 0~100 分),以帮助读者确定网站是否值得信赖①。(4)开放的头脑(Open Mind)。它可以分析用户阅读的新闻文章并为用户标记这些文章中的偏见,旨在打击假新闻的泛滥以及增加读者对不同观点的了解②。

(二)网站

1. 预测假新闻站点的网站

卡托巴学院图书馆和圣路易斯社区学院图书馆推荐了斯坦福大学开发的一种人工智能工具,即 Fake News Detector AI。该工具以 55 种不同的指标作为决策依据,分析网站的内容、写作风格、布局、顶级域名、关键字的使用、受欢迎程度以及其他许多因素,而神经网络则通过组合不同的因素来预测是不是虚假新闻站点。如果得出的数字高于一定的阈值,则该站点被认为极可能是假新闻站点,并且网页显示红色,否则被归类为真实新闻站点,并且网页显示绿色③。

2. 可靠的新闻事实检查网站

可靠的新闻媒体一般遵循准确性、公正性、独立性、问责制等原则。图书馆推荐的可靠新闻事实检查网站主要有:FactCheck. org(宾夕法尼亚大学安嫩堡公共政策研究中心的网站,进行事实核查,目的是监控美国政治中的事实准确性),PolitiFact(它检查有新闻价值和重要的声明,并将这些声明判为"真实""大多数真实""半正确""大多数虚假""虚假"等类型),Snopes. com(对热门话题进行广泛事实核查),WP Fact Checker(检查美国主要政治人物所说事实的准确性,以便减少美国政治中的欺骗和混乱),Fullfact(事实检查网站,英国独立的事实核查慈善机构,检查政治家、公共机构和新闻工作者的观点以及在线病毒式传播内容的真假)。

3. 评估信息源偏差的网站

图书馆推荐了一些评估信息源偏差的网站。比如,源头媒体公司创建并定期更新媒体偏差图表。该图表将新闻来源按事实和调查报告的准确性、新闻报

---

① NewsGuard Technologies Inc. The internet trust tool[EB/OL]. [2022-05-20]. https://www.newsguardtech. com/.

② Devpost. Open mind[EB/OL]. [2022-04-12]. https://devpost. com/software/open-mind-rp60o2.

③ DORMEHL L. A 19-year-old Stanford student has created a 'fake news detector AI' [EB/OL]. [2022-03-21]. https://www. digitaltrends. com/cool-tech/fake-news-detector-ai/.

道的立场两个维度进行分类①。AllSides 为单个故事提供多个角度,以帮助用户避免新闻中的偏见。媒体偏见评级可参见 AllSides 媒体的偏见评价或媒体偏差/事实检查网站。了解自己以及在相关主题上的立场,可从经济、社会、教育、福利等八个方面评价自己的偏见②。消除偏差的主要策略有改变决策者(包括考虑替代方案、预先承诺、积极开放的心态等)和改变环境③。

第三节　虚假信息治理研究的重要启示

国外图书馆抗击虚假信息的经验,可为我们提供一些有益的启示。

一、增强虚假信息防范意识,坚守信息伦理规范

对各种疫情信息要保持清醒的头脑,在接受之前,要思考它是真的吗,提高虚假信息防范意识。坚守信息伦理规范,不造谣、不信谣、不传谣。要向公众普及有关法律知识,让公众明白:编造、故意传播虚假的疫情信息,情节严重的话,可能会以编造、故意传播虚假信息罪处罚,也可能以寻衅滋事罪定罪处罚,还可能以煽动分裂国家罪或者煽动颠覆国家政权罪处罚④。

二、加强虚假信息教育培训,核心是批判性思维的培养

1. 加强多种形式的虚假信息教育培训,教育效果要科学评估

在疫情防控期间,清华大学图书馆、北京师范大学图书馆等通过积极宣传 IFA 发布的识别假新闻方法,抗击有关假新闻。国内信息素养教育大多是开设

---

① Cornell University Library. Fake news, propaganda, and bad information: learning to critically evaluate media sources[EB/OL]. [2022-05-20]. https://guides.library.cornell.edu/evaluate_news/source_bias.

② AllSides. Discover your bias [EB/OL]. [2022-05-26]. https://www.allsides.com/rate-own-bias#self-rate.

③ BODEN E. Keeping up with… Debiasing and fake news[EB/OL]. [2022-05-22]. http://www.ala.org/acrl/publications/keeping_up_with/debiasing.

④ 最高人民法院、最高人民检察院、公安部、司法部.关于依法惩治妨害新型冠状病毒感染肺炎疫情防控违法犯罪的意见[EB/OL]. (2020-02-10)[2022-05-26]. http://suo.im/5Uaqfu.

文献检索课,侧重培养学生的信息资源获取能力①。图书馆要把虚假信息教育培训纳入信息素养教育中。要重视信息资源的评价能力的培养,注意区分信息来源中的事实和观点,突出虚假信息识别方法的教育。美国大学图书馆以徽章系统、慕课、数字故事等多种形式开展元素养教育②。借鉴国外经验,可融合线上与线下教育方式,拓展课程、讲座等教育形式,课堂教学与体验式学习共存。针对国内缺乏公众信息素养教育评估的现状③,还应制定出一个教育效果评估标准以便于科学评估。

2. 虚假信息教育培训的核心是批判性思维的培养,应贯穿教育培训的始终

谣言的基本规律是它与事件的重要性、模糊性成正比,而与公众的批判能力成反比④。教育专家彼得·法乔内(Peter Facione)认为,"教育只不过就是学会思考"。"治疗"信息"疫情"最好的"药物"是批判性思维。应注重批判性思维的培养,贯穿信息素养教育培训始终。

美国哲学协会认为,"理想的批判性思想家习惯性地好奇,见多识广,相信理性,思想开明,能开明、灵活、公正地评价,诚实面对个人偏见,审慎做出判断,愿意重新考虑,明确问题所在,在复杂问题上有条理,勤于寻找相关信息,能合理选择标准,专注于调查,并坚持不懈地寻求与调查主题和环境所允许的尽可能精确的结果"⑤。教师不仅要教给学生如何思考的技能,还要让学生知道思考什么并且多问为什么⑥。训练批判性思维的方法主要有苏格拉底对话法、跨学科方法、案例法⑦。其中,苏格拉底教学是培养批判性思维的古老且功能强大的

---

① 阚忱忱,田稷.美国高校创新性信息素养教育模式的探析:以华盛顿大学"本科生图书馆资源研究奖励计划"为例[J].图书馆学研究,2012(8):23-26.

② 张丹.美国大学图书馆的元素养教育的进展及其启示[J].大学图书馆学报,2016(2):103-110.

③ 黄如花,冯婕,黄雨婷,等.公众信息素养教育:全球进展及我国的对策[J].中国图书馆学报,2020,46(3):50-72.

④ CHORUS A. The basic law of rumor[J]. The Journal of Abnormal and Social Psychology,1953,48(2):313-314.

⑤ American Philosophical Association. Critical thinking:a statement of expert consensus for purposes of educational assessment and instruction[EB/OL]. [2022-05-06]. https://eric. ed. gov/? id=ED315423.

⑥ 钱颖一.批判性思维与创造性思维教育:理念与实践[J].清华大学教育研究,2018,39(4):1-16.

⑦ 马培培.美国大学批判性思维教学解析[J].外国教育研究,2016,43(1):30-38.

策略。在苏格拉底教学中,专注于向学生提问而不是回答,不断地对问题进行探究。在作业设计上最好采用批判性思维概念。比如,要求学生检索和比较同一主题的两个信息及其来源。尽管主题相同,来自一本时尚杂志和一本学术期刊的文献,一般在许多方面会有不同。这样,可以帮助学生了解作者的背景、意图和信息可能产生的影响,并可以突出显示不同信息源之间的差异。此外,比较和评估它们的参考文献,从而引导学生思考来源质量对文章权威性的影响①。

三、充分利用与开发工具,增强虚假信息识别能力

图书馆要善于借助科技的力量,向疫情谣言难关进攻,应该充分利用有关工具抗击疫情虚假信息。比如,验证工具有 Captain Fact；ClaimBuster；Climate Feedback；CrossCheck；Digital Polarization Initiative；Dirt Protocol；Duke Videofactchecking Tool；Emergent. Info；Exifdata；Exiftool；FactCheck. org；Factchecking；The Factual；Fotoforensics；Get – Metadata Viewer；Glorious Contextubot；Lead Stories FactChecker；MediaBugs；Metapicz；Our. News；PolitiFact；Polygraph(BBG)；Rbutr；Reveal Image Verification Assistant；Share the Facts Widget；Snopes；Surfsafe；Trive Verify；TV News Fact Check；Verification Tool；YouTube Data Viewer – Citizen Evidence Lab)；等等②。Bellingcat 调查工具包和 FirstDraft 基本工具包也有很多的验证工具。同时,也可根据我国国情开发一些工具,增强虚假信息识别能力,抗击疫情虚假信息。

四、推荐有关阅读资料,提高抗击虚假信息水平

推荐有关抗击疫情、虚假信息研究和批判性思维的阅读资料,进一步提高抗击虚假信息水平。除参考国外有关资料外,阅读资料还可参考广东省委党校图书馆推出的抗疫专题图书:《未来的灾难》《人类瘟疫报告:非常时刻的人类生存之战》《改变人类社会的二十种瘟疫》《瘟疫正在蔓延》《SARS 挑战中国——SARS 时疫对中国改革与发展的影响》《新中国的疫病流行与社会应对(1949——

---

① CALDWELL J. Designing assignments to develop information literacy skills [EB/OL]. [2022–05–20]. https://users. drew. edu/ ~ jcaldwel/assign. html.

② RAND Corporation. Fighting Disinformation Online [EB/OL]. [2022–03–01]. https://www. rand. org/research/projects/truth–decay/fighting–disinformation. html.

1959)》《血疫——埃博拉的故事》等。还可参考西南科技大学图书馆推荐的《新型冠状病毒感染的肺炎公众防护指南》《疫苗的史诗：从天花之猖到疫苗之殇》《极度威胁》《病毒星球》《学会提问》等图书。

除推荐上述资料外，还可推荐如下阅读资料：《新媒体判读力：用科学思维让假新闻无所遁形》《虚假信息识别36招》《批判性思维工具》《批判性思维》《批判性思维原理和方法——走向新的认知和实践》。

第四章
视觉研究方法研究

第一节 视觉研究方法概述

一、起源

视觉研究是人类最古老的理解外部世界的形式之一。人类依靠视觉来理解物质世界,并根据观察结果预测未来的事件。后来,随着 1839 年相机的诞生,视觉研究方法作为一种科学的研究方法更加活跃起来。社会科学以雅各布·里伊斯(1890)、弗朗西斯·本杰明·约翰斯顿(1966)和刘易斯·海因(1909)的早期摄影项目对文化进行视觉研究而著称。通过展示可见的东西,他们的摄影作品明确呼吁进行社会变革。约翰·科里尔(John Collier)早在 1967 年出版了《视觉人类学:摄影作为一种研究方法》(*Visual anthropology: Photography as a research method*)①。随着技术发展,出现数字图像、地理信息系统、社交媒体和照片共享渠道,极大地提升了视觉研究人员产生、收集和展示数据的潜力。

二、含义

视觉研究方法是一种定性研究方法,它依赖于使用视觉元素(比如照片、地图、视频、素描、油画和雕塑)来产生和表现知识。按照研究对象参与与否,视觉

---

① POLLAK A. Visual research in LIS:complementary and alternative methods[J]. Library & Information Science Research,2017,39(2):98-106.

方法可分为非参与式视觉方法、参与式视觉方法。非参与式视觉方法是研究人员使用静止或运动图像以可视化的形式记录要研究的物体、人物或位置,无须参与者进行可视化记录。而参与式视觉方法则是研究人员鼓励参与者拍摄所研究的主题的各方面。学术期刊主要有《视觉研究》(*Visual Studies*)、《视觉人类学》(*Visual Anthropology*)、《视觉人类学评论》(*Visual Anthropology Review*);学术组织主要有国际视觉社会学协会(International Visual Sociology Association)、国际传播协会的视觉传播研究部和国际视觉素养协会(IVLA)[①]。

三、视觉研究综合框架

视觉研究框架围绕视觉材料的来源和主题、研究重点和设计、最终形式和目的三个主题而构建。图 4-1 是视觉研究综合框架(改编自 *The SAGE Handbook of Visual Research Methods*)。

① MARGOLIS E, PAUWELS L. The SAGE handbook of visual research methods [M]. London:SAGE Publications,2011.

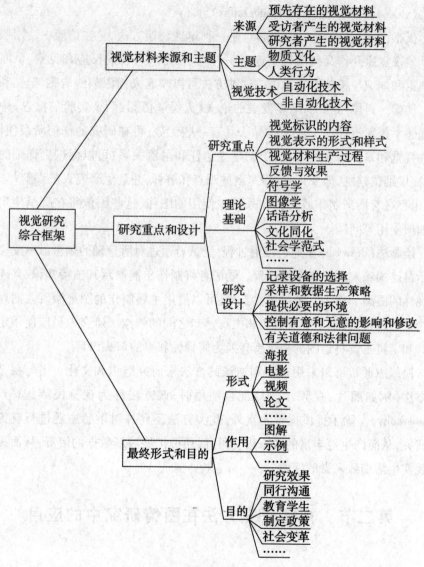

图4-1　视觉研究综合框架

四、主要的视觉研究方法

　　视觉研究方法包括一系列方法,这些方法将诸如照片、绘图、地图、视频等视觉元素纳入研究的过程。主要的视觉方法有摄影诱导法(photo-elicitation)、绘画法(drawing)、视觉民族志(visual ethnography)、影像发声(photo voice)、视频法（videography）、图像学（iconography）等。

摄影诱导法（photo-elicitation）是一种定性访谈方法,是在访谈中使用照片或其他视觉媒介作为刺激物引起口头讨论,获得参与者的反应和见解,从而产生数据和知识。镜头不会说谎。这种方法可以唤起人们深刻的情感、记忆和想法。约翰·科里尔在1957年发表的论文《人类学摄影:两个实验的报告》中首次描述了摄影诱导法。摄影诱导法具有一些优势:可在研究的任何阶段使用;允许视觉和口头语言的结合;协助建立信任和融洽关系;可以促进更详细的访谈;提供细微差别,激发记忆,带来新的观点和解释,并避免研究人员误解[①]。不过,也存在着谁来制作或选择在采访中使用的图像,这些图像将在哪里使用以及如何使用等问题。

绘画法（drawing）是通过投射过程,受试者通过对所呈现的刺激做出反应来揭示自己的私人世界和个性过程。受访者将制作出能展示其独特知识、兴趣和主观性的图画。作为一种描述性工具,可以使用主题制作的图来激发人们对特定构想的理解,跨越了客观现实和主观感知之间的鸿沟。研究人员应使用定性工具和定量工具将绘图的视觉感转换为解释性叙事的口头语言。

民族志通常可以采用观察和访谈的方法来研究组织和文化。当与视觉研究方法（例如照片、视频、绘画）配合使用时,该方法称为视觉民族志（visual ethnography）。除了提供视觉元素外,此类方法还允许对敏感主题进行有价值的研究,从而产生更丰富的数据集。再者,还可扩展对新数据的解释,从而提供对现实生活细致入微的探索。

第二节　视觉研究方法在图情研究中的应用

一、国外研究

利用Web of Science核心合集数据库,以（visual OR photo OR image OR video OR film OR graphic OR artistic）与（method OR approach）相组合进行检索。

---

① HURWORTH R. Photo-interviewing for research[EB/OL]. Social Research Update. [2022-01-21]. http://sru. soc. surrey. ac. uk/SRU40. pdf.

限定文献类型为 ARTICLE,类别为 INFORMATION SCIENCE LIBRARY SCIENCE,在 SCI-EXPANDED、SSCI 和 A&HCI 中检索,然后除去一些不相关的文献,对文献进行分析。内容主要可分为以下四类。

1. 探索用户信息行为

用户信息行为就是人们如何在不同的情境中寻找、管理和使用信息。而视觉研究方法可以使记忆更加鲜明,捕捉难以言喻的内容,使难以接触的人群参与研究过程,可为研究人员提供机会,使他们能够真正洞察用户信息行为。Keller 使用照片日记(photo-diaries)记录 12 名本科生 3 天的阅读行为,然后进行个人照片采访。探索学生在阅读印刷文本或屏幕文本之间进行选择时所采用的决策过程,从而了解大学生的阅读习惯①。Marshall、Burns 和 Briden 使用视觉民族志对罗切斯特大学图书馆学生的信息行为进行了为期两年的研究,目的在于改善图书馆的参考服务、设施和网页以便更好地满足学生的需求②。Hartel 对攻读信息或博物馆研究硕士学位的学生利用素描和书写方法,对他们绘制的 293 张信息图进行了研究,结果表明信息素描画可说明信息行为③。Louvier、Innocenti 使用信息映射的棋盘游戏确定英国英格兰东北部一小群寻求庇护者和难民的信息习惯④。

2. 探讨图书馆的利用以及对图书馆员的看法

探索用户对图书馆的利用,对于重新设计适应用户的现代图书馆至关重要。探讨用户对图书馆员的看法,对于了解馆员作用以改善图书馆的支持服务意义非凡。而视觉研究方法可使研究人员和图书馆员了解现代图书馆的生态,从而更好地利用图书馆和改善服务水平。Given、Archibald 采用视觉流量扫描方法(一种传统观测方法与地理信息系统可视化技术相结合的方法)评估图书

① KELLER A. In print or on screen? Investigating the reading habits of undergraduate students using photo-diaries and photo-interviews[J]. Libri,2012,62(1):1-18.

② MARSHALL A,BURNS V,BRIDEN J. Know your students[J]. Library Journal,2007,132 (18):26-29.

③ JENNA H. Information behaviour illustrated[EB/OL]. [2022-01-22]. http://informationr. net/ir/19-4/isic/isic11. html#. YGxIS8TgSX0.

④ LOUVIER K L,INNOCENTI P. The information mapping board game:a collaborative investigation of asylum seekers and refugees' information practices in England,UK[EB/OL]. [2022-01-22]. http://www. informationr. net/ir/24-1/isic2018/isic1835. html.

馆空间。视觉分析的结果可以与问卷调查或访谈等其他方法结合,以便更好地为图书馆政策和空间规划决策提供依据①。Tewell 使用影像发声(一种将摄影、采访和小组讨论相结合的参与性方法),要求具有边缘化背景的 11 名大学生记录他们在日常活动中如何寻求信息,从而提出改善边缘学生咨询服务的措施②。澳大利亚迪肯大学 5 名图书馆员采用基于艺术的视觉方法收集该校学者和图书馆同事关于图书馆员认识的定性数据③。

3. 评估研究的价值与质量

评估研究的价值与质量是视觉研究方法应用在图书馆学情报学研究中的组成部分。Cox 和 Benson 重新审视了 Tracy 的判断研究质量的标准:值得关注的主题、足够地严谨、真实、可信度、反响、重大贡献、道德问题和有意义的连贯性。以影像发声和意象地图(Mental Mapping)作为视觉研究方法的例子,探讨它们在多大程度上可以根据这些标准提高研究质量④。Feng 为了探讨参与者驱动的摄影诱导法如何对访谈研究结果做出贡献,将该法嵌入定性访谈研究中,并使用活动跟踪技术考察人们的日常生活健康信息行为。研究结果表明:该法产生了丰富、独特、有意义的数据,而这些数据很难通过常规的定性访谈收集。该法还帮助参与者回忆,可以在访谈过程中引起解释、反思,从而丰富研究结果⑤。

Drew、Duncan 和 Sawyer 在研究青少年慢性疾病自我管理过程中,以深度访谈的形式对 68 名参与者询问了视觉叙事的价值。研究结果表明:其价值在于

① GIVEN L M, ARCHIBALD H. Visual traffic sweeps (VTS): a research method for mapping user activities in the library space[J]. Library & Information Science Research,2015,37(2):100-108.

② TEWELL E. Reframing reference for marginalized students a participatory visual study[J]. Reference & User Services Quarterly,2019,58(3):162-176.

③ MOREY R L, CLERC J L, MINNS M, et al. Visualizing academic librarians: an arts-informed inquiry[J]. Journal of Academic Librarianship,2018,44(6):833-844.

④ ANDREW C,MELANIE B. Visual methods and quality in information behaviour research: the cases of photovoice and mental mapping[EB/OL]. [2022-02-03]. http://informationr. net/ir/22-2/paper749. html.

⑤ Feng Y. The enhanced participant-driven photo elicitation method for everyday life health information behaviour research[J]. Aslib Proceedings,2019,71(6):720-738.

增加积极性,让人心情愉快,增强自我理解,促进表达、沟通和重点关注①。

4.利用分析技术

视觉研究方法常采用眼动追踪技术、内容分析法、绘画技术进行分析。比如,Chae 与 Lee 通过使用眼动追踪技术分析消费者视觉注意力,研究在线购物环境中品牌如何影响消费者的决策质量②。为了了解在 Twitter 环境交流实践中如何使用图像,Yoon 与 Chung 收集了 1428 条与波士顿马拉松爆炸相关的 Twitter 消息并进行了内容分析③。Denham 使用参与者的绘画来了解 9~14 岁的年轻人如何理解计算机的概念④。11 名中学生通过绘画参与了网络搜索引擎的界面设计。他们根据自己的需求和知识结构为网络搜索引擎创建了原型,从内容空间、特定空间、通用空间、指令空间和其他空间对原型进行了分析,并从功能和视觉设计的角度探讨了界面用途,从而提高了界面的可用性⑤。

二、国内研究

在 CNKI 中主题采用"视觉方法""视觉研究方法""摄影法""照片引谈法"等检索,在排除掉不相关的文献后,发现 9 篇代表性文献。李越、董希远利用视觉方法研究了秦皇岛港港口文脉在旅游景观设计中的表达⑥。何慧妍、王敏采用视觉方法结合内容分析、符号学及情绪评价解读了广州市恩宁路微改造空间

① DREW S, DUNCAN R, SAWYER S. Visual storytelling: a beneficial but challenging method for health research with young people[J]. Qualitative Health Research, 2010, 20(12): 1677-1688.

② CHAE S W, LEE K C. Exploring the effect of the human brand on consumers' decision quality in online shopping: an eye-tracking approach[J]. Online Information Review, 2013, 37(1): 83-100.

③ Yoon, JungWon; Chung, EunKyung. Image use in social network communication: a case study of tweets on the Boston marathon bombing[EB/OL]. [2022-02-03]. http://informationr. net/ir/21-1/paper708. html#. YGxGHMTgSX0.

④ DENHAM P. Nine to fourteen-year-old children's conception of computers using drawings [J]. Behaviour & Information Technology, 1993, 12(6): 346-358.

⑤ BILAL D. Draw and tell: children as designers of web interfaces[J]. Proceedings of the American Society for Information Science and Technology, 2005, 40(1): 135-141.

⑥ 李越,董希远.基于 Visual Methodologies 分析的港口文脉在旅游景观设计中的表达: 以秦皇岛港为例[J].度假旅游,2019(3):53-55.

的感知构筑①。王敏等以认知地图、照片拍摄的形式并进行眼动实验,分析了广州花城广场的开敞空间感知②。王敏、江冰婷、朱竑以广州红专厂为例利用游客自助摄影、照片评定和眼动轨迹追踪等方法分析了工业遗产旅游地空间感知③。

视觉研究方法在国内图书馆学情报学研究中应用寥寥无几。李秦、郑宏、杨文建采用图片诱导访谈构建了高校图书馆服务场景模型的框架④。该篇是一篇视觉研究方法在国内图书馆学情报学研究中应用的研究性论文。其他还有实际采用视觉研究方法的读书图研究,比如王波的《〈观书沉吟轴〉与〈春闺倦读图〉:中国古代最美读书图研究》。

第三节 视觉研究方法应用注意事项

一、有必要在国内图情研究中引入视觉研究方法

俗话说,一图胜千言。视觉研究方法开始在图书馆与信息科学(Library and Information Science,简称 LIS)学科中获得发展并变得越来越重要。尽管有关视觉研究方法在国外图书馆学情报学研究中应用较广,但是国内该领域应用相对比较缺乏。因此,有必要在国内图书馆学情报学研究中加大引入视觉研究方法力度,把它作为研究的补充方法,甚至替代方法。要充分认识到视觉研究方法具有的优势:

首先,视觉研究方法增强了数据的丰富性。它促进潜意识和隐性知识的表达,产生了不同类型的数据,可以改善研究领域的数据收集。

其次,视觉研究方法促进了研究人员与参与者之间的融洽关系。它有助于建立研究人员与参与者之间的信任关系,有利于弥合沟通的障碍,可使研究人

---

① 何慧妍,王敏.基于视觉方法的历史街区"微改造"空间感知研究[J].世界地理研究,2019,28(4):189-200.

② 王敏,王盈蓄,黄海燕,等.基于眼动实验方法的城市开敞空间视觉研究:广州花城广场案例[J].热带地理,2018,38(6):741-750.

③ 王敏,江冰婷,朱竑.基于视觉研究方法的工业遗产旅游地空间感知探讨:广州红专厂案例[J].旅游学刊,2017,32(10):28-38.

④ 李秦,郑宏,杨文建.基于图片诱导法的高校图书馆服务场景模型与研究设计构想[J].图书馆建设,2015(10):84-88.

员获得使用其他方法无法获得的见解。

最后,视觉研究方法可以使研究人员更好地传播他们的研究成果。特别是在传达仅靠文字可能无法充分体现的研究结果的时候,优势更明显。

二、实施视觉研究方法的一般步骤

(1)确定研究问题:一个好的研究问题必须科学、明确。

(2)做个文献综述:文献综述可以帮助判断是否能通过自己的研究填补空白。

(3)设计研究:确定合适的视觉研究方法、研究步骤、质量控制等。

(4)收集数据:数据收集的形式将取决于研究方法。每种研究方法都使用一种或多种技术来收集数据。

(5)分析数据:采用内容分析法(content analysis)、图像学(iconography)、符号学(semiotics)、修辞学(rhetoric)等方法或原理分析数据。

(6)产生发现:在分析数据的基础上,得到研究结果,找到新发现。

(7)撰写报告:一般报告包含引言、方法、结果、讨论等内容。

三、注意视觉研究方法的伦理问题

视觉研究方法的伦理问题主要在于知情同意、匿名、视觉材料版权三方面。

研究人员应努力保护所研究对象的权利、隐私、尊严和福祉;研究应(尽可能)基于自愿,知情同意;除非参与者选择身份公开,否则,个人信息应予以保密;在公开和传播中应告知参与者可以确保匿名和保密的程度以及数据的潜在重用情况[①]。理论上,视觉研究应告知参与者研究的目的和研究过程,并让其了解研究的用途。参加者须自愿同意参加研究。不过,有时候并不容易做到。比如,在公共活动中进行摄影时,几乎不可能获得每个研究对象的同意。

遇到伦理问题,人们常持下面的几种立场[②]:

结果立场:道德决定应基于特定行动的后果。持该立场的人会权衡形势,

---

①　WILES R,PROSSER J,BAGNOLI A,et al. Visual ethics:ethical issues in visual research [EB/OL].[2022-02-06]. http://eprints. ncrm. ac. uk/421/.

②　ISRAEL M,HAY I. Research ethics for social scientists[M]. London:Sage Publications, 2006.

并选择可以带来最有益结果的行动方案。

道德立场:认为不应优先考虑研究目的,而认为无论后果如何,都应基于道德上的决定。

关怀立场:道德决定要在基于关怀、同情心和以使个人或群体受益的愿望的基础上做出。

对待伦理问题,关键是要遵守"损害最小化"原则,尽量保护隐私和尊重知识产权。比如,关于视觉材料版权,签署使用同意书是获得同意传播视觉材料的常用方法。

四、视觉方法应与非视觉方法相结合

视觉方法不会纯粹是视觉的,它们通常将视觉与文字相结合。视觉方法很少单独使用。例如,在视觉民族志田野调查中需要进行访谈和观察。在对语言进行符号学分析时,需要分析文本和图像。视觉也不会与其他感官体验(例如听觉)完全隔离开。例如,视频并非纯粹是视觉的,而是视听的。因此,有必要采用视觉方法与非视觉方法相结合的方式进行研究。

五、加强评估

亚利桑那州立大学教授 Sarah Tracy 为高质量定性研究提供了八个通用指标:有价值的话题(worthy topic)、严谨(rich rigor)、真实(sincerity)、可信度(credibility)、反响(resonance)、重大贡献(significant contribution)、道德(ethics)以及有意义的连贯性(meaningful coherence)①。我们可以借鉴这些关键质量指标对研究质量进行评估。

---

① TRACY S. Qualitative quality:eight 'big-tent' criteria for excellent qualitative research [J]. Qualitative Inquiry,2010,16(10):837-851.

第五章
专利分析研究

第一节 重要的相关专利

一、图书馆领域国内授权专利

在 Incopat 专利工具中,检索范围限定在中国大陆、中国香港、中国台湾、中国澳门,选择"已授权专利",采用"标题+申请时间"的方式进行检索(检索时间2022-06-18)。检索表达式为:

(TI=["图书馆" OR "图书" OR "借阅" OR "图书管理" OR "读者" OR "图书架" OR "还书" OR "书架" OR "书籍" OR "借还书" OR "借阅者" OR "图书信息" OR "图书管理员" OR "书名" OR "图书管理人员" OR "阅读" OR "阅览" OR "阅读者" OR "移动书架" OR "藏书" OR "书架体" OR "固定书"] NOT TIAB=["阅读框" OR "摘要"]) AND(AD=[20160101 TO 20220618])。最后,把检索结果按照合享价值度降序排列,获得前80条图书馆领域国内授权重要专利(见表5-1)。

表5-1 图书馆领域国内授权重要专利

序号	标题	申请人	公开(公告)号	公开(公告)日
1	一种电子阅读装置和语音阅读加载方法	广州阿里巴巴文学信息技术有限公司	CN105869446B	2018/9/25

续表 5-1

序号	标题	申请人	公开(公告)号	公开(公告)日
2	一种 PDLC 显示器和 PDLC 电子阅读器	中节能万润股份有限公司	CN106125387B	2019/7/30
3	一种图书管理用 RFID 扫描装置	江苏文瑞智能科技有限公司	CN106355125B	2019/1/15
4	易拆装扣接式书架	江西金虎保险设备集团有限公司	CN106724113B	2020/2/28
5	一种用于文化传媒图书批发的装车设备	湖州风雷文化传媒有限公司	CN107128839B	2019/3/1
6	基于图像处理语义分析的阅读环境音效增强系统及方法	哈尔滨工业大学深圳研究生院;楼云江	CN107169430B	2020/12/1
7	一种智能书架管控系统及方法	江西金虎保险设备集团有限公司	CN107169545B	2020/8/28
8	基于电子书的阅读打卡方法、电子设备及计算机存储介质	掌阅科技股份有限公司	CN107180090B	2018/5/25
9	电子阅读管理方法、装置和终端设备	阿里巴巴(中国)有限公司	CN107527186B	2021/11/26
10	多功能阅读辅助眼镜	新昌县镜岭镇梅芹水果种植园	CN107831602B	2019/4/26
11	电子阅读器的解锁方法、电子设备及计算机存储介质	掌阅科技股份有限公司	CN107831986B	2018/12/21
12	一种清理书架装置	诸暨市宏益机械厂	CN107855322B	2020/6/5
13	用于向阅读器提供射频应答器的篡改环状态的方法	EM 微电子马林有限公司	CN108021835B	2020/12/8
14	用于 RFID 阅读器的天线和用于发送和/或接收 RFID 信号的方法	西克股份公司	CN108511891B	2021/1/8

续表 5-1

序号	标题	申请人	公开(公告)号	公开(公告)日
15	书籍封面显示方法、电子设备及计算机存储介质	掌阅科技股份有限公司	CN108845968B	2019/3/15
16	用于图书馆搬运书籍的装置	鲁东大学	CN108945044B	2021/3/2
17	机器阅读模型训练方法及装置、问答方法及装置	众安信息技术服务有限公司	CN108959396B	2021/8/17
18	一种书架	江西金虎保险设备集团有限公司	CN109090855B	2020/4/21
19	电子书籍显示方法及装置	腾讯科技(北京)有限公司	CN109189879B	2020/11/6
20	用于读取光码的光电代码阅读器和方法	西克股份公司	CN109255271B	2022/1/21
21	一种书架	泉州市欣百亚智能科技有限公司	CN109463911B	2020/11/27
22	书架页面的展示方法、电子设备及计算机存储介质	掌阅科技股份有限公司	CN109558559B	2019/12/31
23	版面分析方法、阅读辅助设备、电路及介质	上海肇观电子科技有限公司	CN109934209B	2019/7/30
24	文字检测方法、阅读辅助设备、电路及介质	上海肇观电子科技有限公司	CN110032994B	2019/9/20
25	一种图书信息辨识装置	枣庄学院	CN111161487B	2021/6/15
26	一种基于图书信息的图书分类装置	枣庄学院	CN111301919B	2021/3/12
27	一种用于图书馆的图书自动存取装置和存取方法	武汉理工大学	CN111762487B	2021/3/5
28	一种基于 RFID 技术的自动式图书智能盘点机器人	南京大学	CN105512593B	2018/5/22
29	一种基于 RFID 技术的自动式图书智能盘点上架机器人	南京大学	CN105522583B	2017/10/31

续表 5-1

序号	标题	申请人	公开(公告)号	公开(公告)日
30	一种倾斜挡板书架	邹耿彪	CN105534068B	2017/12/12
31	一种便于应用扩展的 ETC 阅读器及其工作方法	天津中兴智联科技有限公司	CN105551101B	2017/8/29
32	一种转动挡板书架	邹耿彪	CN105581525B	2019/3/12
33	用于档案或图书存取管理的档案库	宁波朝平智能科技有限公司	CN105584773B	2017/12/12
34	声表面波无线传感器阅读装置及实现方法	劲行(苏州)智能科技有限公司	CN105608400B	2018/5/22
35	书籍档案扫描装置	福州锐创工业设计有限公司	CN105635517B	2018/7/6
36	基于属性加密的云存储数字图书馆的访问控制系统及其访问控制方法	西安电子科技大学	CN105681355B	2019/2/1
37	无级型可上下调节放书隔板高度的书架	江苏建筑职业技术学院	CN105708169B	2017/11/10
38	一种基于 RFID 技术的图书馆机器人智能 3D 导航上架系统	南京大学	CN105718975B	2018/8/31
39	基于 Android 的图书交换系统设计方法	杭州电子科技大学	CN105721281B	2018/11/2
40	一种专用于精装书籍书背的上胶装置	绍兴市越生彩印有限公司	CN105730044B	2018/8/31
41	一种基于图书的概念-描述词知识网络的构建方法	浙江大学	CN105808768B	2019/3/26
42	一种靠背充气式智能阅读椅	无锡职业技术学院	CN105815957B	2018/7/27
43	一种自动滚屏阅读方法及移动终端	维沃移动通信有限公司	CN105824410B	2017/9/15
44	一种图书回收再利用系统	江苏海事职业技术学院	CN105825580B	2018/8/31

续表 5-1

序号	标题	申请人	公开(公告)号	公开(公告)日
45	一种用于 DPM 码阅读器的双镜头图像采集与处理装置	广东旭龙物联科技股份有限公司	CN105844197B	2018/3/2
46	基于 ibeacon 的图书自助导引与借阅系统及方法	华北理工大学	CN105844576B	2021/11/30
47	一种基于图书目录的专题自动生成方法	浙江大学	CN105893485B	2019/2/12
48	一种阅读互动方法和装置	网易(杭州)网络有限公司	CN105893487B	2019/3/12
49	自适应书架	湖南工程学院	CN105901995B	2018/1/16
50	一种文档阅读方法及终端	OPPO 广东移动通信有限公司	CN105912672B	2019/8/2
51	一种书籍自动码放装置	池州学院	CN105923309B	2018/5/22
52	一种在电子设备上模拟文档阅读方式的实现方法	锐达互动科技股份有限公司	CN105955599B	2019/6/7
53	一种书籍档案页面扫描的方法及辅助装置	江西伊贝基科技有限公司	CN105959506B	2019/1/8
54	一种书籍档案扫描补光方法及装置	江西伊贝基科技有限公司	CN105959507B	2019/1/8
55	组合可折叠凳的棱柱形旋转书架	江苏建筑职业技术学院	CN105996490B	2017/12/15
56	基于 RFID 的 RSSI 信号值的图书放置姿态识别方法	南京大学	CN106022404B	2018/4/3
57	电子版图书发放的方法及装置	北京安讯奔科技有限责任公司	CN106022880B	2019/8/30
58	基于网络平台的图书自动化借还控制系统	四川建筑职业技术学院	CN106023485B	2018/3/2
59	一种幼儿教育电子图书	深圳市中幼国际教育科技有限公司	CN106023676B	2019/2/15

续表 5-1

序号	标题	申请人	公开(公告)号	公开(公告)日
60	一种书籍档案扫描过程的自动对中方法及装置	江西伊贝基科技有限公司	CN106027843B	2019/1/8
61	自动适应于书籍档案的扫描辅助工装	江西伊贝基科技有限公司	CN106027846B	2019/2/26
62	一种图书馆自动还书机器人及其还书系统	西安交通大学	CN106032196B	2018/3/2
63	用于图书 ATM 机的图书抓取机械手装置	钦州学院	CN106041974B	2019/4/9
64	提高用户阅读电子书体验的方法、装置及系统	北京京东尚科信息技术有限公司;北京京东世纪贸易有限公司	CN106055219B	2019/5/3
65	一种便携式自动扫描书籍仪器	哈尔滨工程大学	CN106060309B	2019/6/14
66	一种用于夹取书籍的装置	重庆文理学院	CN106064736B	2018/7/6
67	一种取出并搬运图书的装置	重庆文理学院	CN106064737B	2018/6/26
68	一种书库专用书架	高小翎	CN106073213B	2018/9/11
69	一种基于行业分析的图书推荐方法及装置	北京奇虎科技有限公司;奇智软件(北京)有限公司	CN106095867B	2019/8/23
70	一种数字图书的版面分析方法	浙江大学	CN106096592B	2019/5/24
71	盲文阅读器	苏州万磓电子有限公司	CN106097834B	2020/7/24
72	书籍档案的揉书方法及装置	江西伊贝基科技有限公司	CN106113985B	2017/12/15
73	一种基于特征提取的图书检索方法	昆明理工大学	CN106126626B	2019/6/11
74	一种可移动智能书架及其使用方法	江西远大保险设备实业集团有限公司	CN106136613B	2018/3/27

续表 5-1

序号	标题	申请人	公开(公告)号	公开(公告)日
75	一种便于封面脱离的书籍档案封面固定方法及锁固装置	江西伊贝基科技有限公司	CN106142883B	2017/12/15
76	一种采用真空固定书籍档案封面的方法及锁固装置	江西伊贝基科技有限公司	CN106142884B	2018/7/24
77	书籍档案翻页过程中防止书页粘带的方法	江西伊贝基科技有限公司	CN106142886B	2017/10/24
78	可适应不同书籍档案形状的翻书臂升降机构	江西伊贝基科技有限公司	CN106142887B	2017/12/15
79	一种图书取放机器人	哈工大机器人集团(广州)知识产权投资控股有限公司哈尔滨分公司	CN106181985B	2018/8/31
80	一种面向高校图书馆的图书个性化推荐方法和系统	华中科技大学	CN106202184B	2019/5/31

二、档案领域国内授权专利

在 Incopat 专利工具中,检索范围限定在中国大陆、中国香港、中国台湾、中国澳门,选择"已授权专利",采用"标题+申请时间"的方式进行检索(检索时间2022-06-18)。检索表达式为:

(TI=["档案管理" OR "档案资料" OR "档案柜" OR "档案架" OR "档案文件" OR "档案管理人员" OR "档案存储" OR "财务档案柜" OR "档案隔板"]OR TI=["档案馆" OR "档案室"])AND(AD=[20160101 TO 20220618])。最后,把检索结果按照合享价值度降序排列,获得前 80 条档案领域国内授权重要专利(见表 5-2)。

表 5-2 档案领域国内授权重要专利

序号	标题	申请人	公开(公告)号	公开(公告)日
1	档案存储装置	郑州航空工业管理学院	CN106617766B	2017/10/13
2	二维码智能化档案柜和档案管理系统	广州市幼儿师范学校	CN106919971B	2020/7/17
3	一种安全保险档案柜	郑州航空工业管理学院	CN107668969B	2019/6/7
4	一种基于区块链技术的数字档案管理方法及系统	中国科学院合肥物质科学研究院	CN107947922B	2020/7/21
5	一种方便存取的档案柜	义乌市牛尔科技有限公司	CN109846221B	2020/11/6
6	多假设目标跟踪系统中的两层航迹档案管理方法	南京理工大学	CN105717506B	2018/10/12
7	一种智能档案架管理控制系统及控制方法	孙长美	CN105740921B	2018/6/26
8	大学生就业指导用档案柜	河南职业技术学院	CN105831998B	2018/3/23
9	管理专用档案柜	郑州航空工业管理学院	CN105831999B	2018/1/19
10	一种智能式纸介质档案管理装置	青岛安正网络科技有限公司	CN105901964B	2017/12/8
11	一种智能式档案管理装置	田蕾	CN106263651B	2018/10/30
12	一种档案管理系统	重庆市质量和标准化研究院	CN106327722B	2019/3/26
13	一种新型档案架以及带有该档案架的智能档案柜	湖州锦晔文化用品有限公司	CN106343760B	2019/4/5
14	档案管理系统	宁波远志立方能源科技有限公司	CN106490858B	2019/1/18
15	一种基于档案管理系统的电子文件归档方法	国网安徽省电力有限公司;安徽继远软件有限公司;国网信息通信产业集团有限公司;国家电网有限公司	CN106528794B	2020/6/26

续表5-2

序号	标题	申请人	公开(公告)号	公开(公告)日
16	档案存储装置和档案存储方法	用友网络科技股份有限公司	CN106557583B	2020/7/3
17	带有机密高保障、实时跟踪功能的情报材料档案存储箱	郑州航空工业管理学院	CN106761163B	2017/11/17
18	一种电子档案文件形成方法及系统	重庆傲雄在线信息技术有限公司	CN106815716B	2018/4/10
19	图书档案文件夹	郑州航空工业管理学院	CN106859076B	2017/11/7
20	一种方便档案管理的收藏装置	新沂市德源电子有限公司	CN107095467B	2019/2/1
21	一种档案管理系统及档案袋	湖北工程学院	CN107104957B	2020/6/30
22	干部档案管理装置	杭州京胜航星科技有限公司	CN107183950B	2019/6/18
23	一种分区可调式档案柜	邯郸学院	CN107280275B	2018/12/25
24	一种档案柜装置	浦江县杰浩进出口有限公司	CN107568954B	2018/10/16
25	一种具有防潮功能档案存储柜	广东汇金智能科技有限公司	CN107594934B	2019/8/16
26	一种带指示键的定位到本的档案柜	江苏长诚档案设备有限公司	CN107625303B	2020/5/15
27	一种档案管理方法及装置	枣庄学院	CN107647636B	2020/9/1
28	全自动档案文件扫描机器人	山西三友和智慧信息技术股份有限公司;令狐彬;潘晓光	CN107666545B	2020/3/31
29	高等院校学生档案管理柜	郑州航空工业管理学院	CN107736742B	2018/9/11
30	群组档案管理系统与方法	巽风数位工程有限公司	CN107968763B	2020/10/23
31	一种档案管理装订装置	张立峰	CN108015849B	2021/2/5
32	用于尘肺鉴定的患者档案管理系统和方法	重庆市职业病防治院(重庆市第六人民医院)	CN108231203B	2020/11/24

续表 5-2

序号	标题	申请人	公开(公告)号	公开(公告)日
33	一种档案室环境检测控制系统及方法	浙江水利水电学院	CN108375111B	2020/6/5
34	一种密集档案柜	山东里能鲁西矿业有限公司	CN108402713B	2019/11/5
35	一种档案室内空气净化装置及方法	浙江水利水电学院	CN108413489B	2020/9/15
36	便携式档案柜搬离装置	董训峰	CN108657720B	2020/12/4
37	一种高校学生信息档案管理收集装置	荣朝艳	CN108903247B	2021/10/26
38	一种办公室用方便拼接的档案柜	江西金虎保险设备集团有限公司	CN109090852B	2021/7/30
39	方便取放高处资料的档案柜	宁波远志立方能源科技有限公司	CN109124086B	2020/7/28
40	基于CP-ABE的医疗档案管理方法、装置、设备及存储介质	深圳大学	CN109583232B	2022/3/18
41	一种高校教学档案管理装置	阜阳师范大学	CN109700209B	2021/2/5
42	一种自动分类存取档案柜	济宁市传染病医院	CN109820350B	2021/2/12
43	一种档案柜消防装置	段凯旋	CN109954242B	2022/3/18
44	一种档案存储柜	北京黎明文仪家具有限公司	CN110074562B	2020/12/8
45	一种档案管理系统	齐鲁师范学院	CN110150869B	2021/7/13
46	一种档案管理存放装置	胡艳	CN110179259B	2021/5/28
47	一种纸件档案管理系统	青岛大学	CN110584344B	2021/6/4
48	一种抽屉式自动开合档案柜及自动开合方法	江西白莲智能科技集团有限公司	CN110840101B	2021/5/28
49	一种便于取件的档案柜	江西世安科技发展有限公司	CN110897376B	2021/7/6

续表 5-2

序号	标题	申请人	公开(公告)号	公开(公告)日
50	一种便于文件保存的多功能档案柜	中国人民解放军总医院第三医学中心	CN111358197B	2021/6/8
51	从工频信号中提取特征信号的方法、系统和档案管理方法	威胜信息技术股份有限公司	CN111487456B	2021/11/16
52	基于文件分割与特征提取的档案管理系统及方法	浙江海洋大学	CN111680198B	2021/5/11
53	一种基于人工智能可分类的档案管理装置	郑州工业应用技术学院	CN111685502B	2022/4/19
54	一种数字档案管理柜装置	韩山师范学院	CN111820628B	2022/4/15
55	一种电子档案管理方法	国网黑龙江省电力有限公司电力科学研究院；国家电网有限公司	CN112329669B	2021/11/16
56	一种知识产权工作用档案柜	江西光正金属设备集团有限公司	CN112641243B	2022/4/19
57	一种多功能防潮档案柜装置	重庆宏岭工程咨询有限公司	CN112641247B	2022/4/19
58	一种多功能英语培训档案资料存放展示系统及其展示方法	哈尔滨职业技术学院	CN112956877B	2021/9/28
59	一种档案架以及带有该档案架的智能档案柜	湖州锦晔文化用品有限公司	CN106343761B	2019/4/5
60	一种智能档案柜及其使用方法	湖州锦晔文化用品有限公司	CN106361009B	2019/4/5
61	一种新型档案框以及带有该档案框的智能档案柜	湖州锦晔文化用品有限公司	CN106361010B	2019/4/5
62	一种档案框以及带有该档案框的智能档案柜	湖州锦晔文化用品有限公司	CN106377087B	2019/4/5
63	一种基于大容量蓝光光盘库的档案存储系统	中国华录集团有限公司	CN106653063B	2018/9/28

续表 5-2

序号	标题	申请人	公开(公告)号	公开(公告)日
64	一种人力资源档案柜	青岛澳立奇科技股份有限公司	CN107672983B	2019/6/4
65	一种档案管理的方法、装置、设备和存储介质	北京锐安科技有限公司	CN107704620B	2020/12/1
66	学生教育档案管理系统	重庆工程职业技术学院	CN107928182B	2019/7/16
67	一种档案室用防潮建筑材料及制备方法	浙江水利水电学院	CN108412114B	2020/7/31
68	一种便携式档案柜搬离装置	嘉兴恒益安全服务股份有限公司	CN108502437B	2020/12/18
69	便携式档案柜搬离装置	扬州市生态科技新城润业中小企业服务中心有限公司	CN108529125B	2020/12/11
70	便携式档案柜搬离装置及其使用方法	董训峰	CN108609340B	2019/11/12
71	一种智能化图书档案管理系统	吴凯	CN109008297B	2020/11/13
72	一种家庭成员健康档案管理方法	北京大医未然生物科技有限公司	CN109147950B	2019/7/16
73	档案柜	宁波远志立方能源科技有限公司	CN109276049B	2020/10/27
74	一种档案管理用档案袋	浙江五梅开酒业有限公司	CN109774342B	2021/5/18
75	具有 RFID 智能档案管理系统的档案柜及智能档案管理方法	北京国金源富科技有限公司	CN109805634B	2021/3/9
76	档案管理机器人	厦门驿创数字科技有限公司	CN109866233B	2021/2/19
77	一种健康档案管理系统	嘉里(北京)健康科技有限公司	CN110010215B	2021/3/30

序号	标题	申请人	公开(公告)号	公开(公告)日
78	一种会计专用档案架	江西金虎保险设备集团有限公司	CN110089855B	2021/5/4
79	一种智能式医疗档案管理存储柜	李春霞	CN110115433B	2021/1/12
80	一种英语教学用档案存放智能化档案柜	河南工业职业技术学院	CN110200417B	2021/6/15

第二节　专利分析研究现状

一、国内研究现状

欲了解国内研究现状,可利用知网进行检索。检索条件设置为篇名:专利分析(精确),再选择核心期刊。即检索式为:(题名="专利分析")AND(核心期刊="Y")OR(CSSCI期刊="Y"),检索范围为核心期刊。这样共得到中文文献622篇。下面从以下几方面对检索结果进行分析。

(一)年度分布

经检索可知,题名中含有专利分析的核心期刊论文最早发表在1992年,是杨有金、宋世和和方再根发表在《现代引信》上的《近20年近炸引信专利分析(1970—1991)》。从1992年到2022年的这30年总的发展趋势是上升,大体可以分为三个阶段:第一阶段是初步发展阶段,在1992到2005年每年都有1~6篇关于专利分析的核心期刊论文发表;第二阶段是快速发展期,2006年的12篇,在2013年迅速升到69篇;第三阶段是稳步发展阶段,从2014年到2022年都有39到56篇关于专利分析的核心期刊论文,这说明从事这方面研究的人员还是相当多的。

(二)主题分布

经检索可知,题名中含有专利分析的核心期刊论文中,研究主题主要是发展趋势,出现高达69次;其次是专利分析方法和技术创新,分别是15次和14

次;发明专利、比较研究、石墨烯、Innography、新能源汽车都出现了 8 次,说明有部分学者正在研究这方面的问题;锂离子电池和专利分析系统都出现了 6 次,说明这也是某些学者的研究领域;LED、智能电视、文献计量、实证研究都出现了 5 次,说明研究这些方面的学者已经有了一些科研成果。出现次数在 5 次以下的研究主题均不再一一说明。

(三)学科分布

经检索可知,题名中含有专利分析的核心期刊论文中,属于科学研究管理方面的论文有 260 篇,图书情报与数字图书馆方面的论文有 79 篇,工业经济方面的论文有 66 篇,电信技术方面的有 51 篇,有机化工方面的有 40 篇,电力工业方面的有 36 篇,计算机软件及计算机应用方面的有 33 篇,这是题名中含有专利分析的核心期刊论文中主要涉及的学科。其他还涉及药学(27 篇)、汽车工业(27 篇)、企业经济(24 篇)、轻工业手工业(22 篇)、无机化工(20 篇)、自动化技术(17 篇)、金属学及金属工艺(16 篇)、材料科学(15 篇)、无线电电子学(14 篇)、环境科学与资源利用(13 篇)、中药学(12 篇)、高等教育(10 篇)、工业通用技术及设备(10 篇)。10 篇以下的学科领域不再一一说明。

(四)期刊分布

经检索可知,题名中含有专利分析的核心期刊论文主要发表在《情报杂志》(49 篇)、《图书情报工作》(13 篇)、《情报理论与实践》(12 篇)、《情报科学》(12 篇)、《中草药》(8 篇)、《科学学研究》(5 篇),这六种杂志是发表这类论文的主阵地;其次发表 3~4 篇的有《图书馆杂志》(4 篇)、《科研管理》(4 篇)、《科学学与科学技术管理》(4 篇)、《图书馆论坛》(3 篇);发表 1~2 篇的有《中国中药杂志》(2 篇)、《科学通报》(1 篇)、《图书馆学研究》(1 篇)、《中国农业大学学报》(1 篇)、《中国软科学》(1 篇)、《高电压技术》(1 篇)、《地理研究》(1 篇)、《草业科学》(1 篇)、《统计研究》(1 篇)、《钢铁》(1 篇)。

(五)作者分布

经检索可知,题名中含有专利分析的核心期刊论文发表最多的作者是黄鲁成,发表了 10 篇;其次是赵蕴华、圣冬冬、谌凯,均发表了 9 篇;发表 6 篇以上的作者还有林志坚(8 篇)、郑佳(8 篇)、吴巧玲(8 篇)、魏凤(8 篇)、翟东升(6 篇)、王海涛(6 篇),说明他们也为专利分析的研究做出了较大的贡献。张婷、王忠明、张冬梅、欧阳昭连、刘玉琴、马文君、周洪、奚惠宁、施颖杰等作者对专利分析也有一定研究,均发表了 5 篇相关论文。

(六)机构分布

经检索可知,题名中含有专利分析的核心期刊发文量最多的机构是国家知识产权局专利局,达 94 篇;发文量在 15 篇以上的还有中国科学技术信息研究所(26 篇)、中国科学院武汉文献情报中心(19 篇)、北京工业大学(18 篇)、国家知识产权局(15 篇);发文量在 10~14 篇的有吉林大学(14 篇)、中国科学院大学(12 篇)、河北工业大学(11 篇)、北京理工大学(10 篇)、华中科技大学(10 篇)、江苏大学(10 篇);发文量在 7~9 篇的有浙江省科学技术情报研究所(9 篇)、吉林省科技信息研究所(9 篇)、上海市航天信息研究所(9 篇)、南京理工大学(9 篇)、中国科学院文献情报中心(8 篇)、中国医学科学院医学信息研究所(8 篇)、华南理工大学(7 篇)、武汉大学(7 篇)、景德镇陶瓷大学(7 篇)。发文量在 7 篇以下的机构不再一一列举。

(七)基金分布

经检索可知,题名中含有专利分析的核心期刊论文大部分都有基金资助,资助最多的是国家自然科学基金和国家社会科学基金,分别资助 69 篇和 36 篇;其次是国家重点研发计划和国家科技支撑计划,分别资助 13 篇和 8 篇;资助 4~6 篇的有国家软科学研究计划(资助 6 篇)、国家高技术研究发展计划(863 计划)(资助 6 篇)、浙江省软科学研究计划项目(资助 6 篇)、北京市自然科学基金(资助 5 篇)、教育部人文社会科学研究项目(资助 4 篇);资助 3 篇的有中国科学院"西部之光"人才培养计划、中国博士后科学基金、中央高校基本科研业务费专项资金项目、湖南省自然科学基金项目、国家科技基础条件平台建设项目、吉林省软科学研究计划、广东省科技计划、引进国际先进水利科学技术计划项目(水利部 948 计划)。资助 1~2 篇的基金不再一一说明。

(八)研究热点

在一定程度上,题名中词汇出现频率和关键词出现频率可体现研究的热点。于是,将题名和关键词导入微词云分词工具(https://fenci. weiciyun. com/cn/? ut=wcyfenci)。然后,选择出现最多的前 100 个词制作词云,见图 5-1。

由图 5-1 可以看出,专利出现次数最多,达 1386 次;其次是分析,出现次数为 1110 次;技术、发展趋势、技术创新出现频次也很高,分别为 421 次、275 次、106 次;其他出现频率比较高(51~93 次)的词还有产业(93 次)、信息(84 次)、

对策(58 次)、领域(56 次)、竞争(51 次);出现 30～42 次的还有材料(42 次)、
电视(39 次)、布局(38 次)、中国(35 次)、企业(33 次)、系统(31 次)、中国专利
(30 次)、智能(30 次);出现次数在 20～29 次的是现状(29 次)、全球(29 次)、
分析方法(28 次)、数据库(27 次)、地图(27 次)、计量(26 次)、视频(25 次)、预
测(24 次)、锂电池(24 次)、中药(23 次)、战略(23 次)、陶瓷(22 次)、发明专利
(22 次)、平台(21 次)、药物(20 次)、生物(20 次)。出现次数在 20 次以下的词
就不再一一列举。

图 5-1　国内专利分析研究词云

　　由词云分析可知,技术、发展趋势、技术创新、产业、信息、对策、领域、竞争、
布局、材料、电视、智能、系统、分析方法、数据库、地图、视频、锂电池、中药、陶瓷
等是专利分析的研究热点。按照引用频次从高到低排序,前 10 名高被引论文
是:《专利分析方法研究》(235 次)、《基于专利分析的行业技术创新研究:分析
框架》(168 次)、《从发明专利看无铅压电陶瓷的研究与发展》(138 次)、《基于
专利分析的 RFID 技术预测和专利战略研究——从技术生命周期角度》(136
次)、《专利分析法及其在企业竞争对手分析中的应用》(133 次)、《企业战略与
竞争分析方法之一——专利分析法》(128 次)、《铌酸盐系无铅压电陶瓷的研究
与进展》(111 次)、《专利分析及其在情报研究中的应用》(106 次)、《专利分析
评价指标体系的设计与构建》(104 次)、《基于专利分析的产品技术成熟度预测
技术及其软件开发》(96 次)。

二、国外研究现状

欲了解国外研究现状可检索 Web of Science 核心合集。选择 Web of Science 核心合集,TI =("Patent * analysis"),出版日期限定为"2003-01-01 to 2023-01-01",共检索到 344 篇文献。

(一)年度分布

检索结果表明,2021 年发表的论文最多,为 42 篇,占总数的 12.209%;其次是 2015 年和 2020 年,分别发表了 28 篇和 27 篇,分别占总数的 8.140% 和 7.849%;2018 年发表了 25 篇,占总数的 7.267%;2012 年、2014 年和 2019 年均发表了 24 篇,各占总数的 6.977%。发表论文在 15~22 篇的年份有:2017 年(22 篇),2011 年(19 篇),2016 年(16 篇),2022 年(16 篇),2008 年(15 篇),2009 年(15 篇),2013 年(15 篇)。发表 10 篇以下的年份不再一一说明。

(二)作者分布

检索结果表明,这些论文作者中发文最多的是 Lee S(12 篇)和 Zheng J(11 篇),分别占总发文量的 3.488% 和 3.198%;其次是 Chen DZ(10 篇)和 Jun S(10 篇),均占总数的 2.907%;而 Huang M H、Lei X P、Trappey A J、Zhao Y H 都发表了 9 篇,均占总数的 2.616%;发表 5~8 篇的作者有 Zhang X(8 篇)、Lee C(7 篇)、Zhao Z Y(7 篇)、Kim C(6 篇)、Moehrle M G(6 篇)、Park S(6 篇)、Zhang Z Y(6 篇)、Kim K(5 篇)、Liu X(5 篇)、Park Y(5 篇)、Petruzzelli A M(5 篇)、Trappey C V(5 篇)、Yang X(5 篇)、Yoon B(5 篇)。发表 5 篇以下的作者很多,不再一一说明。

(三)期刊分布

检索结果表明,发文数最多的期刊为 *SCIENTOMETRICS*,共发文 21 篇,占总数的 6.105%;其次是 *SUSTAINABILITY*,发文 19 篇,占总数的 5.523%;*TECH-NOLOGICAL FORECASTING AND SOCIAL CHANGE* 发表了 17 篇,占总数的 4.942%;*PORTLAND INTERNATIONAL CONFERENCE ON MANAGEMENT OF ENGINEERING AND TECHNOLOGY* 发表了 12 篇;发表论文为 4~7 篇的有 *APPLIED SCIENCES BASEL*(7 篇),*TECHNOLOGY ANALYSIS STRATEGIC MAN-AGEMENT*(7 篇),*ABSTRACTS OF PAPERS OF THE AMERICAN CHEMICAL SOCIETY*(6 篇),*ADVANCED ENGINEERING INFORMATICS*(5 篇),*MMUNICA-*

TIONS IN COMPUTER AND INFORMATION SCIENCE(5 篇),*ADVANCED MATE-
RIALS RESEARCH*(4 篇),*EXPERT SYSTEMS WITH APPLICATIONS*(4 篇),*IN-
TERNATIONAL JOURNAL OF HYDROGEN ENERGY*(4 篇),*PROCEEDINGS OF
PICMET 09 – TECHNOLOGY MANAGEMENT IN THE AGE OF FUNDAMENTAL
CHANGE*(4 篇),*RESEARCH POLICY*(4 篇),*WORLD PATENTINFORMATION*(4
篇)。发文数为 3 篇或 3 篇以下的期刊太多,不再一一说明。

(四)机构分布

检索结果表明,发文数最多的机构是 KOREA UNIVERSITY,共发文 13 篇,
占总数的 3.779%;其次是 INST SCI TECH INFORMAT CHINA 和 NATIONAL
TAIWAN UNIVERSITY,均发文 12 篇,各占总数的 3.488%;NATIONAL TSING
HUA UNIVERSITY 发文为 11 篇,占总数的 3.198%;发文数在 6～9 篇的机构有
CHEONGJU UNIVERSITY(9 篇),HUAZHONG UNIVERSITY OF SCIENCE
TECHNOLOGY(9 篇),SEOUL NATIONAL UNIVERSITY SNU(9 篇),FENG
CHIA UNIVERSITY(8 篇),AJOU UNIVERSITY(7 篇),BEIJING INSTITUTE OF
TECHNOLOGY(7 篇),KOREA INSTITUTE OF SCIENCE TECHNOLOGY INFOR-
MATION KISTI(7 篇),NATIONAL TAIPEI UNIVERSITY OF TECHNOLOGY(7
篇),NATIONAL YANG MING CHIAO TUNG UNIVERSITY(6 篇),UNIVERSITY
OF BREMEN(6 篇),UNIVERSITY OF CAMBRIDGE(6 篇),UNIVERSITY OF
MANCHESTER(6 篇)。发文量为 5 篇或 5 篇以下的机构较多,在此不再一一
说明。

(五)学科分布

检索结果表明,发文最多的为 Management,共发 44 篇,占总数的 12.791%;
其次是 Engineering Electrical Electronic,共 42 篇,占总数的 12.209%;Operations
Research Management Science 发文 38 篇,占总数的 11.047%;Computer Science In-
terdisciplinary Applications 发文 36 篇,占总数的 10.465%;Business 和 Information
Science Library Science 均发文 35 篇,均占总数的 10.174%;发文在 21～31 篇的学
科是 Environmental Sciences(31 篇),Engineering Industrial(30 篇),Green
Sustainable Science Technology(29 篇),Computer Science Artificial Intelligence(28
篇),Energy Fuels(25 篇),Engineering Multidisciplinary(25 篇),Computer Science
Theory Methods(24 篇),Environmental Studies(23 篇),Computer Science Infor-

mation Systems(22篇),Materials Science Multidisciplinary(21篇)。发文量为20篇或20篇以下的类别较多,在此不再一一说明。

（六）研究热点

在一定程度上,题名中词汇出现频率和关键词出现频率可体现研究的热点。于是,将题名和关键词导入微词云分词工具(https://fenci.weiciyun.com/cn/?ut=wcyfenci)。然后,人工合并单复数词和词义相近的词,选择出现最多的前100个词制作词云,见图5-2。

图5-2　国外专利分析研究词云

由图5-2可知:patent出现的频次最多,为655次。其次是analysis,出现的频次为576次。technology出现的频次为365。出现频次在40～86次的有:innovation为86次,trend为54次,network为52次,development为51次,industry为50次,base为48次,China为40次,research为40次。出现频次在20～36次之间的有:system出现36次,data出现32次,mapping出现32次,intelligence出现31次,mining出现30次,model、R&D和study均出现29次,collaboration出现28次,forecasting出现27次,energy、knowledge、strategy均出现了26次,case出现25次,competition出现24次,method、text均出现23次,management出现22次,business、novelty均出现21次,application、bibliometric、clustering均出现20次。出现频次在11～19次的有:emerging和product均出现19次,approach、identifying和semantic均出现18次,international、invention、

keyword 和 sustainability 均出现 17 次,cell、evolution、opportunity 和 roadmap 均出现 16 次,citation 出现 15 次,convergence、process 和 wind 均出现 14 次,artificial、battery、environment、field、learning、perspective、smart、solar、vehicle 均出现 13 次,dynamic、electric、evidence、identification、market、science、search 均出现 12 次,hydrogen、prediction、property、review 均出现 11 次。出现次数为 10 次及 10 次以下的不再一一列举。

可见,technology、innovation、trend、network、industry、China、system、data、mapping、intelligence、mining、model 等为国际专利分析的研究热点。按照引用频次从高到低排序,前 10 名高被引论文是:"Forecasting emerging technologies:Use of bibliometrics and patent analysis"(605 次)、"Text mining techniques for patent analysis"(446 次)、"The impact of technological relatedness, prior ties, and geographical distance on university-industry collaborations:A joint-patent analysis"(256 次)、"Exploitative and exploratory innovations in knowledge network and collaboration network:A patent analysis in the technological field of nano-energy"(223 次)、"Understanding the development trends of low-carbon energy technologies:A patent analysis"(195 次)、"Visualization of patent analysis for emerging technology"(178 次)、"Business planning based on technological capabilities:Patent analysis for technology-driven roadmapping"(148 次)、"Characterizing the policy mix and its impact on eco-innovation:A patent analysis of energy-efficient technologies"(139 次)、"Longitudinal patent analysis for nanoscale science and engineering:Country, institution and technology field"(133 次)、"Using patent data for technology forecasting:China RFID patent analysis"(115 次)。

第三节　专利分析实证研究

本节以某大学为例进行专利分析。

某大学进入世界一流大学建设序列,提出进一步加强科技创新工作。而专利是体现创新的重要指标。所以,采用 Innography 等专利检索分析系统,对该大学(1985—2017 年)的现有专利数量、高强度专利数量、专利热点、专利转化情况等方面进行总结、分析,期望通过提供基础数据和分析结果,从专利角度掌握学校的科技创新状况,帮助学校师生更有效地进行技术创新和专利授权,同时为学校的科研管理提供信息支持。为配合学校"双一流"建设,图书馆以"全国专利文献服务网点"获批为契机,将大力开展专利信息服务,覆盖立项、研发、成果产权化、技术产业化等阶段,为研发创新、科技决策以及科研成果保护和转化提供支持,为创新创业、服务地方经济发展做出贡献。

一、检索工具与方法

利用 Innography 专利检索分析系统、中国国家知识产权局专利检索与服务系统等工具的专利检索功能、高强度专利判断功能、专利申请趋势分析功能、专利技术点文本聚类分析功能、专利权受让分析功能、发明人统计功能、批量专利数据导出功能、专利全文下载功能等制作了本专利分析简洁版。

检索分析的方法。首先,为了使检索结果更全面,要明确地定下分析对象的不同时期名称以及外文表达方式。然后,为了保证数据的准确性,要针对不同的检索平台撰写相应的检索式。

二、该大学专利检索结果与分析

(一)专利检索结果

专利检索结果显示:专利申请总量为 4341 件;专利授权量为 3046 件,授权专利比例是 70.17%;有效专利量为 2116 件,有效专利比例为 48.74%。受让专利检索结果汇总显示:转出专利量为 91 件;转进专利量为 35 件。

(二)专利宏观分析

1. 三种专利类型构成

中国专利共有三种类型:发明、实用新型、外观设计。该大学的专利申请三种类型均有涉及。在 4341 件申请专利中,发明专利申请 2470 件,占总申请量的 56.90%;实用新型专利申请 1808 件,占总申请量的 41.65%;外观设计专利申请 63 件,占总申请量的 1.45%。可见学校的专利申请以发明和实用新型为主。

2. 专利申请量年度趋势分析

将 4278 件专利申请(不包含中国外观设计专利申请 63 件)按照申请年份(Filing Year)进行统计。结果表明,该大学专利申请从 1985 年开始,起始时间较早,说明了该大学较早就拥有了专利保护的意识。1985—2002 年,该大学的专利申请量处于比较低的水平,这与当时的综合环境有关,每年的申请量都在20件以内,2003年达到了37件;从2004年到2009年专利申请量呈现出一个小幅度的增长趋势,从2004年申请量仅有23件,发展到2009年申请量达到了116件;而从2010年开始至2014年,该大学的专利年申请量达到一个快速增长阶段,平均年增长率达到了22.87%,到2014年专利年申请量达到了465件;2015年之后,该大学的专利申请量出现了井喷式的发展,2015年比2014年的申请量急速增长了80.22%;2016年申请量达到历史年申请量最大值1039件,2016年比2015年的申请量增长了23.99%。由于2017年申请的专利有很多还未公开,统计数据暂不列入趋势分析之中。该大学最近几年,专利申请量增幅非常明显,较大程度上得益于学校的快速发展和近些年学校与科研团队对知识产权的重视。从该趋势发展来看,预计该大学在未来几年内仍会保持快速增长。在关注专利数量的同时,也要重视专利申请的质量,做好专利查新和专利分析工作。

要对专利的申请国别进行统计,经过检索可了解该大学专利申请国别分布。研究表明:该大学专利申请显然大部分来自我国,高达4254件。有11件专利是通过WIPO(世界知识产权组织)申请的,而且在美国有6件专利申请,日本有4件专利申请,欧洲有2件专利申请,韩国有1件专利申请。表5-3是PCT(《专利合作条约》)及其他国外专利申请汇总。建议该大学对重要技术做好国外专利布局。

表5-3 PCT及其他国外专利申请汇总

序号	公开(公告)号	专利标题	发明人
1	WO2009009951A1	2'-氟-4'-取代-核苷类似物制备及其应用	常俊标
2	WO2009003357A1	一种利用聚合物结晶实现碳纳米管修饰的方法	许群;张智伟;陈志民
3	WO2017118101A1	一种能够提高医用镁及镁合金表面耐蚀性和生物相容性的涂层及其制备方法	关绍康;梅迪;冯雅珊;朱世杰;王俊;王利国;王艳华

续表 5-3

序号	公开(公告)号	专利标题	发明人
4	WO2014063601A1	诱导肿瘤特异性免疫的疫苗及其应用	王尧河;王鹏举;杜攀;王盛典;黎小珠;高冬玲;袁明;尼克莱蒙
5	WO2012031539A1	嘧啶核苷衍生物、合成方法及其在制备抗肿瘤、抗病毒药物中的应用	常俊标;安浩云;余学军;郭晓河
6	WO2014180272A1	视网膜神经细胞层体外分离制备的方法	彭广华
7	WO2015007181A1	5-溴-2-(α-羟基戊基)苯甲酸钠盐的不同晶型及其制备方法	常俊标;宋传君
8	WO2015192813A1	双电源光伏逆变器及其控制方法	张宇翔;郭敏;岳学东
9	WO2007082475A1	新对映贝壳杉烯类二萜化合物及其衍生物、其制备方法和用途	刘宏民;朱文臣;朱成功;王庆端;可钰;刘振中;闫学斌;张建业;屈红丽
10	WO2012051941A1	15-苄亚基-14-脱氧-11,12-脱氢穿心莲内酯衍生物在抗肿瘤药物中的用途	戴桂馥;徐海伟;刘宏民;董瑞静;闫丽君;朱丽平;李伟义;蒋志雯;王亚楠;巫凤娟
11	WO2013004171A1	穿心莲内酯 C15 位取代系列衍生物在制备抗乙型肝炎药物中的应用	戴桂馥;徐海伟;蒋志雯;刘宏民;王亚楠;李伟义;巫凤娟;等等
12	US8835615B2	2'-氟-4'-取代-核苷类似物制备及其应用	常俊标
13	US9422321B2	嘧啶核苷衍生物、合成方法及其在制备抗肿瘤、抗病毒药物中的应用	常俊标;安浩云;余学军;郭晓河
14	US20140187627A1	穿心莲内酯 C15 位取代系列衍生物在制备抗乙型肝炎药物中的应用	戴桂馥;徐海伟;蒋志雯;刘宏民;王亚楠;李伟义;巫凤娟;等等

续表 5-3

序号	公开(公告)号	专利标题	发明人
15	US9198894B2	15-苄亚基-14-脱氧-11,12-脱氢穿心莲内酯衍生物在抗肿瘤药物中的用途	戴桂馥;徐海伟;刘宏民;董瑞静;闫丽君;朱丽平;李伟义;蒋志雯;王亚楠;巫凤娟
16	US8084430B2	新对映贝壳杉烯类二萜化合物及其衍生物、其制备方法和用途	刘宏民;朱文臣;朱成功;王庆端;可钰;刘振中;闫学斌;张建业;屈红丽
17	US20160168069A1	5-溴-2-(α-羟基戊基)苯甲酸钠盐的不同晶型及其制备方法	常俊标;宋传君
18	JP2010533659A	2'-氟-4'-取代-核苷类似物制备及其应用	常俊标
19	JP4981067B2	新对映贝壳杉烯类二萜化合物及其衍生物、其制备方法和用途	刘宏民;朱文臣;朱成功;王庆端;可钰;刘振中;闫学斌;张建业;屈红丽
20	JP5837935B2	15-苄亚基-14-脱氧-11,12-脱氢穿心莲内酯衍生物的药物用途	戴桂馥;徐海伟;刘宏民;董瑞静;闫丽君;朱丽平;李伟义;蒋志雯;王亚楠;巫凤娟
21	JP5923167B2	穿心莲内酯 C15 位取代系列衍生物在制备抗乙型肝炎药物中的应用	戴桂馥;徐海伟;蒋志雯;刘宏民;王亚楠;李伟义;巫凤娟;等等
22	EP2615101A1	嘧啶核苷衍生物、合成方法及其在制备抗肿瘤、抗病毒药物中的应用	常俊标;安浩云;余学军;郭晓河
23	EP2177527B1	2'-氟-4'-取代-核苷类似物制备及其应用	常俊标
24	KR20100102089A	2'-氟-4'-取代-核苷类似物制备及其应用	常俊标

该大学国外专利申请共 24 件,其中 PCT 国际专利申请 11 件(PCT 申请仅为多国同族专利的申请提供方便,并不授权),美国专利有 6 件(4 件已授权,2

件还处于实审状态),日本专利有 4 件(3 件已授权,1 件被驳回),欧洲专利有 2 件(1 件已授权,1 件还处于实审状态),韩国专利有 1 件(被驳回)。排名前三的发明人分别是常俊标 10 件、刘宏民 9 件和巫凤娟 6 件。

该大学 PCT 国际专利申请一共 11 件。一般我们会在需要对技术进行多国保护的时候进行世界专利申请,在申请公开后的一定时间内(优先权日往后的 30 个月内),通过 WIPO 向需要进行保护的国家或者地区进行专利申请。经分析发现,该大学有 4 件国际专利申请(WO2014063601A1、WO2009003357A1、WO2015192813A1、WO2014180272A1)出现异常,这些专利都是该大学以中国的同族专利为优先权进行申请,但是该大学并没有在规定的时间内(上述的 30 个月内)向有关指定国提交开始国家阶段的请求。

对该大学授权专利进行有效限定得到有效专利 2116 件。统计分析这些有效专利的申请年份,可以看出该大学 1998 年以前几乎无有效专利,1999—2006 年的有效专利也较少,2007 年以后由于专利授权时间还较短,所以专利维持较好,但从 2007—2015 年均有部分专利失效,这说明该大学近年来比较注重专利的申请,但对授权专利的维持还有所欠缺,从而导致部分专利因为未缴纳年费成为无效专利,而 2016 年的有效专利维持得非常好。建议该大学在后续专利里继续加强维护意识和工作,对专利质量、价值进行评估,找出高质量、高价值的专利,对它们进行重点维护。

3. 该大学专利技术热点分析

目前全球专利机构均认可与使用国际专利分类(IPC)。IPC 根据所申请专利的技术领域,按照部、大类、小类、主组、分组五级分类对专利进行归类。将 4278(不包含中国外观设计专利申请 63 件)件专利申请按照 IPC 进行统计分析,如表 5-4 所示。

表 5-4　该大学发明热点 VS 全球研发热点

序号	IPC 小类及释义	专利数量	学校专利热门领域	全球专利热门领域
1	G01N(借助于测定材料的化学或物理性质来测试或分析材料)	184	高	低

续表 5-4

序号	IPC 小类及释义	专利数量	学校专利热门领域	全球专利热门领域
2	C04B(石灰;氧化镁;矿渣;水泥;其组合物,例如砂浆、混凝土或类似的建筑材料;人造石;陶瓷;耐火材料;天然石的处理)	143	高	低
3	B01J(化学或物理方法,例如,催化作用、胶体化学;其有关设备)	130	高	低
4	C02F(水、废水、污水或污泥的处理生产装置的水运容器的特殊设备入 B63J;为防止水的腐蚀用的添加物质入 C23F;放射性废液的处理入 G21F9/04)	129	低	低
5	C07D(杂环化合物)	121	低	高
6	A61K(医用、牙科用或梳妆用的配制品)	112	低	高
7	E01D(桥梁)	99	低	低
8	A61B(诊断;外科;鉴定)	94	低	低

表 5-4 列举了该大学发明热点和全球研究热点。该表列出了排名前 8 的 IPC 小类以及专利量,同时还标出了全球研究热点情况。

从表 5-4 可得到以下结论:

(1)该大学专利发明创造主要集中在物理(G 部)。

(2)该大学热门研究领域排名前三的是:第一个领域为 G01N(借助于测定材料的化学或物理性质来测试或分析材料);第二个领域是 C04B(石灰;氧化镁;矿渣;水泥;其组合物,例如砂浆、混凝土或类似的建筑材料;人造石;陶瓷;耐火材料;天然石的处理);第三个领域为 B01J(化学或物理方法,例如,催化作用、胶体化学;其有关设备)。这些排名前 3 的专利申请量均在 130 件以上。然而,这 3 个研究领域在全球的研究热点排位中相对靠后。

为了更明确该大学专利的技术构成和技术覆盖状况,明确该大学的重点科研领域,对专利进行 IPC 技术构成分析,如表 5-5 所示。

表 5-5 专利 IPC 构成情况

IPC(部)	专利申请量	授权比例	有效比例
G(物理)	522	64.37%	47.70%
B(作业;运输)	776	78.99%	56.57%
C(化学;冶金)	1239	59.48%	39.79%
A(人类生活必需)	667	75.86%	51.87%
F(机械工程;照明;加热)	375	77.33%	57.60%
E(固体建筑物)	391	76.47%	62.66%
H(电学)	269	64.68%	40.52%
D(纺织;造纸)	38	73.68%	65.79%

结合表 5-5,该大学的专利在 A(人类生活必需)、B(作业;运输)、C(化学;冶金)领域所占的比重较大,专利数量分别为 667 件、776 件和 1239 件,其中这三个领域的申请量占专利申请总量的比例达到 62.69%。另外,该大学在 E(固体建筑物)、F(机械工程;照明;加热)、G(物理)、H(电学)、D(纺织;造纸)领域也有所涉及。其中 E(固体建筑物)、F(机械工程;照明;加热)、D(纺织;造纸)领域有效比例都高于 55%,分别是 62.66%、57.60% 和 65.79%。其他各领域的有效专利比例较低,均在 30% 至 55%。这一结果说明学校对于有些授予专利权的专利没有注重专利的维持,致使某些专利因为未缴纳年费而丧失了专利权。此外,建议重视那些实审过程中的专利,跟踪其审查进程,防止因过长的答复期或低质量的答复意见导致不能获得授权。

下面分别选取该大学排名靠前的四个小类——G01N(借助于测定材料的化学或物理性质来测试或分析材料),C04B(电数字数据处理),B01J(化学或物理方法,例如,催化作用、胶体化学;其有关设备),C02F(水、废水、污水或污泥的处理),进行聚类分析。

(1)G01N 领域。借助于测定材料的化学或物理性质来测试或分析材料(一般的材料组分的分离入 B01D,B01J,B03,B07;完全列入其他单个小类中)。

对筛选得到该领域相关的专利进行文本聚类。结果表明,在此 IPC 领域,历年来该大学在锚夹具、试验机、高温、凹槽、夹片的研究较多。

（2）C04B 领域（石灰；氧化镁；矿渣；水泥；其组合物,例如砂浆、混凝土或类似的建筑材料；人造石；陶瓷；耐火材料；天然石的处理）。

对该领域进行文本聚类分析。结果表明,在此 IPC 领域,历年来该大学在二氯氧化锆、石灰、激光合成、低碳等方向的研究较多。

（3）B01J 领域（化学或物理方法,例如,催化作用、胶体化学；其有关设备）。

对该领域进行文本聚类分析。结果表明,在此 IPC 领域,历年来该大学在金属钉、三嗪键合信号凝胶、原材料和反应釜等方向的研究较多。

（4）C02F 领域（水、废水、污水或污泥的处理生产装置的水运容器的特殊设备入 B63J；为防止水的腐蚀用的添加物质入 C23F；放射性废液的处理入）。

对该领域进行文本聚类分析。结果表明,在此 IPC 领域,历年来该大学在地下水流、厌氧反应器、河槽、床体和低温等方面的研究较多。

4.该大学专利发明人分析——本校活跃的学科发明人

根据专利发明人进行分析,结果表明:该大学拥有较多专利申请量,活跃发明人有刘宏民（100 件）,张振中（87 件）和高丹盈（85 件）。刘宏民和张振中都来自药学院,表明该大学药学院的知识产权意识和专利申请量都处于该大学的前列。通过进一步分析发现,在专利申请量排名前十的发明人中（见表 5-6）,2 位发明人来自水利与环境学院,2 位来自材料科学与工程学院,2 位来自化工与能源学院,力学与工程科学学院、土木工程学院各有 1 位发明人。

表 5-6 该大学专利申请活跃的前十位发明人

排名	发明人	所属学院	科研方向
1	刘宏民	药学院	药物设计与合成
2	张振中	药学院	药物色谱分析
3	高丹盈	水利与环境学院	新型建筑复合材料及其结构性能的理论与应用研究
4	魏建东	水利与环境学院	桥梁工程
5	张锐	材料科学与工程学院	无机复合材料,尤其致力于 SiC 复合材料性能和界面理论研究
6	魏新利	化工与能源学院	生物质能利用、低温余热制冷、低温余热发电、高效热泵直接地板辐射采暖等资源能源转化及高效利用

续表5-6

排名	发明人	所属学院	科研方向
7	吴金星	化工与能源学院	换热设备强化传热及CAD/CAE技术,工业过程装备及热力系统节能技术,工业能耗监测、审计、咨询和培训,能源管理体系建设和清洁生产审核
8	赵军	力学与工程科学学院	工程材料和结构的力学行为及应用、工程结构抗震性能分析、纤维复合材料增强与加固混凝土结构、工程结构耐久性、建筑废弃物的资源化利用
9	王海龙	材料科学与工程学院	复合材料的研究与开发
10	李杰	土木工程学院	桥梁结构理论及力学行为研究

注:1.以上学院数据仅供参考;2.有些学者,比如某院士尽管专利申请量高达100多件,其中高强度专利高达22件(见表5-7),但由于到该大学的时间有限,以该大学名义申请的专利数量有限而未能进入上面的排行榜中。

表5-7 某院士的高强度专利

公开(公告)号	专利标题	专利强度/%	被引次数
CN101703965B	一种铝土矿柱式浮选方法	75	4
CN101543738B	强制混合调浆设备及方法	71	9
CN101773873B	一种煤泥分选方法与设备	69	5
CN103120907B	多段强制混合调浆设备	65	5
CN104815748B	一种炼焦中煤两段破磨浮选工艺	64	1
CN102274802B	一种煤炭深度净化系统及方法	63	7
CN105219968B	一种酸浸-沉淀浮选联合回收赤泥中钛和铁的方法	62	1
CN102773168B	一种褐煤反浮选药剂组合使用方法	58	4
CN102430481B	一种高灰难选煤泥的分选工艺	57	11
CN102211054B	重介质液固流化床分选粗煤泥工艺	57	14
CN103991919B	一种煤粉作煤液化废水和印染废水吸附剂的使用方法	54	2
CN102773153B	一种褐煤分选工艺	53	6

续表 5-7

公开(公告)号	专利标题	专利强度/%	被引次数
CN102553708B	一种高灰高水易泥化褐煤洗选工艺	51	5
CN102728455B	高中间密度物含量的难选煤泥重选浮选联合分选工艺	51	6
CN101850293B	脱泥型液固流化床粗煤泥分选分级装置	43	3
CN102275985B	太阳能电池光阳极用二氧化钛基纳米晶的低温合成方法	42	4
CN102605333B	高温环境下具有高激光损伤阈值氧化钽薄膜的制备方法	41	3
CN102500426B	低温两步法制备复合锐钛矿型二氧化钛可见光催化剂	40	4
CN101391236B	多产品液固流化床分选分级设备及方法	40	5
CN103087796B	褐煤振动热压脱水提质工艺及系统	35	2
CN205146121U	一种细粒物料调浆设备	33	1
CN103145301B	一种焦化废水处理工艺	33	3

5. 该大学专利转让与许可分析

对该大学专利的转让情况进行统计,结果发现该大学转出专利共 91 件,转入专利共 33 件。对转出和转入的专利进行统计,详细情况见表 5-8、5-9 所示。

表 5-8　该大学转出专利情况

序号	当前专利权人	公开(公告)号	专利标题	发明人	专利强度/%
1	知和环保科技有限公司	CN103992015B	一种改善生化剩余污泥脱水性能的工艺	李海松;代吉华	29
2	知和环保科技有限公司	CN103992010B	一种酒糟与酿酒废水联合处理工艺	李海松;代吉华;梁家伟;刘旭亚;阎登科;武彦巍;刘飞飞	7

续表 5-8

序号	当前专利权人	公开(公告)号	专利标题	发明人	专利强度/%
3	知和环保科技有限公司	CN104003513B	一种好氧颗粒污泥反应池-生物膜污水处理系统	李海松;代吉华	5
4	洛阳博创重科有限公司	CN103015535B	一种 H 型柱弱轴方向与 H 型梁刚接结构及其制作方法	张俊峰;王建强;楚留声;曾福英	66
5	郑州大学;河南君和环保科技有限公司	CN104016430B	一种页岩气开采废水处理工艺	买文宁;代吉华;刘英杰;武彦巍;梁家伟;刘飞飞;王海娟;孙培彬;唐启;任飞飞	31
6	郑州大学;河南君和环保科技有限公司	CN104085968B	一种絮凝剂及其制备方法	李海松;杜家绪;毛圣捷;牛波波;郜白璐;高维超;张健;唐启;万东锦;买文宁;王岩	29
7	新郑市宝德高技术有限公司	CN103993190B	一种电磁搅拌制备铝钛碳锶细化剂的方法	赵红亮;赵开新;孙启宴;翁康荣;陈文博;张洋	4
8	佛山市顺德区骐奥塑料实业有限公司	CN104016903B	硫代双烯镍配合物及其制备方法和用途	刘应良;曹少魁;张真如;许慎刚	9
9	郑州大学;知和环保科技有限公司	CN104003589B	一种气提双重利用溶解氧的污水处理工艺	李海松;万俊峰;董焕成;代吉华;张健;毛圣捷;买文宁;王岩	6
10	南京苏瑞科技实业有限公司	CN103400466B	基于并行温度测量的地铁站火灾探测及火灾功率预测方法	钟委;梁天水;吕金金;李兆周;纪杰	6

续表 5-8

序号	当前专利权人	公开(公告)号	专利标题	发明人	专利强度/%
11	郑州大学;华北水利水电大学	CN104792611A	混凝土受压破坏应力-应变全曲线测试装置	汤寄予;高丹盈;赵军;齐新华;张巍;徐俊娟;陈瑞龙;朱倩	7
12	康龙化成(北京)新药技术股份有限公司	CN102746335B	一种手性膦氧化物的制备方法	宋毛平;郝新奇;龚军芳;牛俊龙;吕静	10
13	郑州超英干燥设备科技有限公司	CN102809253B	两相流膨胀机	王海峰;宋鹏飞	60
14	康龙化成(北京)新药技术股份有限公司	CN102746343B	手性双咪唑啉钳形铑化合物及其制备和不对称催化应用	宋毛平;王涛;龚军芳;牛俊龙;郝新奇	30
15	郑州源致和环保科技有限公司	CN103864242B	一种滤芯和含有该滤芯的净水杯	高镜清;巴坤;孙伟南;李逸;贺露露;唐浩;朱松锋;邹超;张瑞芹	46
16	洛阳双瑞特种装备有限公司	CN102979214B	硅流体速度锁定器	李恒跃;张文光;顾海龙;杨卫锋;姜文英	17
17	郑州大学综合设计研究院有限公司;关罡	CN103289774B	一种利用湿牛粪制取的清洁生物质燃料及其制备方法	关罡;郭其峰;韩东方	42
18	郑州大学;中原工学院	CN103495415B	一种制备高价态锰掺杂二氧化钛的方法	胡俊华;王理杰;张彩丽;张茜;张鹏;邵国胜	8
19	郑州大学;中铁十二局集团有限公司;中铁十二局集团第二工程有限公司	CN104020669A	纵向地震动输入下大型渡槽减震半主动控制装置及方法	黄亮;王博;徐伟;张威;闵博	4

续表 5-8

序号	当前专利权人	公开(公告)号	专利标题	发明人	专利强度/%
20	南平市烟草公司邵武分公司；郑州大学	CN103146600B	防治烟草青枯病拮抗菌及其应用	谢廷鑫；李红丽；曾强；李小龙；卢阿虔；王岩	24
21	郑州爱己爱牧生物技术有限公司	CN102861122B	一种兽用北芪五加颗粒的制备工艺	吴春丽；马慧艳；蒋月明；杭晔；李杰明；魏慧杰；张红亮；孙海顺；梁永喜；寇群欢；张长青；袁之润	9
22	郑州大学；中铁十二局集团有限公司；中铁十二局集团第二工程有限公司	CN103926836A	一种渡槽结构在随机荷载作用下的减震控制方法	黄亮；王博；徐伟；张威；刘朋飞	1
23	南乐郑大生物科技有限公司	CN102925365B	一株深绿木霉菌株及其在制备纤维素酶方面的应用	戴桂馥；吴健；刘允攀；师会勤；高明夫；房晓敏；潘静	25
24	漯河樱花包装材料有限公司	CN102659720B	3,3-双[(甲基)丙烯酸甲酯基]氧杂环丁烷化合物及其制备方法	郭凯；陈金周；黄灵阁；赵晓；王雪；牛明军；李新法	7
25	河南亚临界生物技术有限公司；郑州大学河南中烟工业有限责任公司	CN103555422A	一种利用亚临界萃取技术提取烟草中质体色素的方法	庞会利；秦广雍；祁鲲；王文领；马宇平	7

续表 5-8

序号	当前专利权人	公开(公告)号	专利标题	发明人	专利强度/%
26	河南省亚临界生物技术有限公司;郑州大学河南中烟工业有限责任公司	CN103462215A	一种使用亚临界干洗技术提高低次烟叶使用价值的方法	秦广雍;谷令彪;庞会利;祁鲲;罗登山;夏正林	6
27	邢传宏	CN102583732B	一种高效厌氧反应装置	邢传宏;王素兰;崔燕平	7
28	北京锤特生物科技有限公司	CN102260712B	溶肿瘤能力增强的B型人腺病毒Ad11突变体的构建和应用	王尧河;姜国忠;黄汉熙;曹风雨;尼克莱蒙	16
29	江苏君明高新科技有限公司	CN102509779B	稀土改性石墨烯及制备方法	贾晓林;刘新保;杨晓彤;种波;郭小腾;王春枫;陈晨	11
30	濮阳蔚林化工股份有限公司	CN102167686B	一种催化分子氧氧化制备 2,2'-二硫联二苯并噻唑的方法	杨贯羽;闫灿灿;牛广文;焦豫斌	39
31	郑州源致和环保科技有限公司	CN102432079B	净水滤芯的制作方法	高镜清;陈少华;王鹏;王志斌;张瑞芹	20
32	南乐郑大生物科技有限公司	CN102220385B	一种去除糖液中发酵抑制物和色素的方法	吴健;戴桂馥;刘孝臣;刘絮	31
33	郑州大学;郑州市第一建筑工程集团有限公司	CN102022010B	用纤维混凝土板加固钢筋混凝土梁的方法	赵军;高丹盈;段利民;周明军;常红星;江学成;雷霆;李遐;陈勇浩;冯玲;马鑫	32
34	康龙化成(北京)新药技术有限公司	CN102391356B	D环为二氢吡喃环的甾体氮苷类似物及其制备、应用	黄利华;刘宏民;王艳广;郑永飞;赵兵	10

续表 5-8

序号	当前专利权人	公开(公告)号	专利标题	发明人	专利强度/%
35	北京锤特生物科技有限公司	CN102174479B	靶向性治疗人肿瘤的溶肿瘤腺病毒及其应用	王尧河;姜国忠;王鹏举;高冬玲;尼克莱蒙	17
36	郑州大学;广东普润环保科技有限公司	CN102277730B	聚苯硫醚基强酸离子交换纤维的制备方法	原思国;李仙蕊;吕邢鑫;代立波;黄佳佳;周冬菊;赵林秀;周从章	11
37	郑州大学;河南蓝江环保科技有限公司	CN102351377B	发酵类制药废水集成处理方法	买文宁;李海松;贾晓凤;代吉华;王敏;梁家伟;武彦巍;刘飞飞	20
38	江苏沣沅医疗器械有限公司	CN102220529B	一种可生物降解血管支架用 Mg-Zn-Y-Nd 镁合金及其制备方法	关绍康;王俊;王利国;朱世杰;王彬;胡俊华;吴琼	62
39	郑州恩普特设备诊断工程有限公司	CN102069449B	动平衡仪性能检验装置	张琳娜;刘武发;韩捷;郑鹏;赵凤霞;李锋	8
40	郑州源致和环保科技有限公司	CN202400912U	包含净水滤芯的净水器	高镜清;陈少华;王鹏;王志斌;张瑞芹	15
41	康龙化成(北京)新药技术有限公司	CN101735223B	哌嗪酮并氮杂环化合物及合成方法	宋毛平;贾敏强;王涛;郝新奇;龚军芳;赵雪梅	10
42	上海隆耀生物科技有限公司	CN101948508B	PIWIL2 抗肿瘤 CTL 表位肽及其应用	高艳锋;翟明霞;刘伟;祁元明;吕虹;吴亚红;代恰;康巧珍	9
43	浙江奥翔药业股份有限公司	CN101402565B	卤代 2-(a-羟基戊基)苯甲酸盐及其制法和用途	常俊标;王威;王强;谢晶曦	55

续表5-8

序号	当前专利权人	公开（公告）号	专利标题	发明人	专利强度/%
44	机械科学研究总院先进制造技术研究中心；郑州大学齐鲁特钢有限公司	CN101956144B	一种制备马氏体加铁素体塑料模具钢的热处理方法	陈蕴博；左秀荣；王淼辉；葛学元；李勇；王振伟；杨晓	16
45	上海隆耀生物科技有限公司	CN101870725B	MAGE-4 抗肿瘤 CTL 表位肽及其应用	祁元明；吴宗胤；高艳锋；吕虹；刘伟；吴亚红；李璐	23
46	机械科学研究总院先进制造技术研究中心；郑州大学齐鲁特钢有限公司	CN101956136B	一种马氏体加粒状贝氏体塑料模具钢及其制备方法	陈蕴博；左秀荣；王淼辉；葛学元；李勇；王振伟；杨晓	28
47	湖南省科建市政工程有限公司	CN102010068B	双层复合型人工浮岛	高镜清；杨小超；胡现彪；张东阳；付长营；王志斌；张瑞芹	55
48	郑州大学；广东普润环保科技有限公司	CN102051811B	聚苯硫醚基强碱离子交换纤维的制备方法	原思国；黄佳佳；白玲玲；张鑫；周从章；李仙蕊；赵林秀	62
49	湖南省科建市政工程有限公司	CN102060374B	一种复合生物填料的制备方法	高镜清；陈洁；王志斌；张瑞芹；燕启社；鲍可茜	28
50	湖南省科建市政工程有限公司	CN102070243B	一种硅酸盐复合填料的制作方法	高镜清；陈洁；王志斌；张瑞芹；燕启社；鲍可茜	4
51	康龙化成（北京）新药技术有限公司	CN101220058B	手性和非手性 PCN 钳形钯化合物及合成方法和用途	宋毛平；龚军芳；张彦辉；张本尚	33

续表 5-8

序号	当前专利权人	公开(公告)号	专利标题	发明人	专利强度/%
52	郑州恩普特设备诊断工程有限公司	CN101556200B	基于全矢谱的柔性转子动平衡方法	雷文平;韩捷;陈宏;孙俊杰;董辛旻	70
53	河南金鹏实业有限公司	CN101854534B	一种 H.264 快速帧间模式选择方法	周兵;王宗敏;黄雪莉	42
54	河南金鹏实业有限公司	CN101854535B	嵌入式视频编码器量化方法	苏士美;周兵;王宗敏	9
55	张艾琳	CN101768266B	一种半芳香尼龙的制备方法	刘民英;赵清香;付鹏;李召朋;王玉东	64
56	安徽科技学院	CN101548796B	烟草加湿管路装置的防水凝方法和装置	孟令启;孟梦;陈杰平;张春雨;陈庆榆;陈丰;曾其良;李忠芳;李昭悦	9
57	康龙化成(北京)新药技术有限公司	CN101632941B	一种分子氧选择氧化醇制备醛或酮的催化剂及其应用	杨贯羽;宋毛平;薛华珍;朱卫民;王炜	19
58	王复明	CN101261265B	水泥混凝土路面脱空识别与高聚物注浆快速维修方法	王复明;张蓓;钟燕辉;蔡迎春;石明生;李强	73
59	郑州源致和环保科技有限公司	CN201915002U	一体式复合污水处理反应器	高镜清;张瑞芹;王志斌;燕启社;鲍可茜	9
60	王复明	CN101261263B	路基缺陷识别、高聚物注浆快速加固方法	王复明;蔡迎春;张蓓;钟燕辉;石明生;李强	73
61	郑州安源工程技术有限公司	CN101261264B	半刚性基层路面病害检测与高聚物注浆维修方法	王复明;钟燕辉;张蓓;蔡迎春;石明生;李强	73

续表 5-8

序号	当前专利权人	公开(公告)号	专利标题	发明人	专利强度/%
62	郑州大学;开封制药(集团)有限公司	CN101481375B	穿心莲内酯 C15 位取代系列衍生物及其制备方法	刘宏民;徐海伟;戴桂馥;王俊峰	22
63	郑州恩普特设备诊断工程有限公司	CN101561312B	一种转子瞬态信号分析方法	陈宏;韩捷;董辛旻;郝伟	46
64	郑州大学;河南省建设集团有限公司	CN101691819B	生土窑居裂缝控制嵌梁加固系统及其施工工艺	童丽萍;罗建中;曹源;杜健飞;刘瑞晓;曹云涛;郭强;张向东;刘奕;张勤;王先锋;朱瑞春	26
65	乐山盛和稀土股份有限公司	CN101293659B	一种高岭土原位晶化合成 L 沸石分子筛的方法	郭士岭;陈宜俍;牛静静;詹予忠;徐军;秦建昭;卫冬燕	72
66	郑州大学;开封制药(集团)有限公司	CN101416959B	15-亚甲基取代穿心莲内酯衍生物在制备抗炎解热镇痛药物中的用途	刘宏民;戴桂馥;徐海伟;陈小让;赵进;汤臻;陈秀英;王振基	27
67	郑州恩普特设备诊断工程有限公司	CN201562350U	机械设备状态自动巡检系统及其无线传感器终端和设备	陈磊;韩捷;孙俊杰	21
68	浙江奥翔药业有限公司	CN101229158B	治疗肿瘤的组合药物及其应用	常俊标;王瑞林;樊青霞;王留兴	25
69	郑州大学;许昌震华模具压铸有限公司	CN101709465A	镁锌系合金磷化溶液及表面磷化处理方法	张春香;关绍康;王利国;李少华;刘涛;任晨星;石广新	10

续表5-8

序号	当前专利权人	公开(公告)号	专利标题	发明人	专利强度/%
70	郑州恩普特设备诊断工程有限公司	CN201421364Y	嵌入式机械设备手持点检终端机	陈磊;韩捷;孙俊杰;雷文平;董辛旻	21
71	康龙化成(北京)新药技术有限公司	CN100588656C	钳形双咪唑啉钯化合物及其在Suzuki反应中的应用	宋毛平;郝新奇;龚军芳;林昆华;张碧;李玉江	15
72	郑州大学;河南中烟工业有限责任公司	CN100574657C	粘胶短丝卷烟滤棒	刘民英;马宇平;赵清香;王玉东;杨韶辉	14
73	浙江奥翔药业有限公司	CN100560570C	5-(4-氯-苯基)-N-羟基-1-(4-甲氧基-苯基)-N-甲基-1H-吡唑-3-丙酰胺的合成方法	常俊标;郭晓河;陶乐;王强;陈荣峰;赵康;张宏伟;乔海灵;凯西·思维德尔赫斯特	9
74	郑州大学;新乡白鹭化纤集团有限责任公司;河南中烟工业有限责任公司	CN100553503C	粘胶纤维卷烟滤棒及其制造方法	刘民英;马宇平;赵清香;王玉东;王文领;刘初锋;杨韶辉	9
75	浙江奥翔药业股份有限公司	CN100554259C	2-苯并[c]呋喃酮化合物及其应用	常俊标;王威;李岩峰;陶乐;郭晓河;余学军;沈家祥;郭宗儒;谢晶曦	9
76	郑州大学;郑州丹纳特检测技术有限公司	CN100549732C	层状复合材料介电特性识别方法	王复明;张蓓;蔡迎春;钟燕辉;刘文廷;李强	15
77	河南真实科技有限公司	CN100532388C	2'-氟-4'-取代-核苷类似物、其制备方法及应用	常俊标;包新洪;王强;郭晓河;王威;祁秀香	21

续表 5-8

序号	当前专利权人	公开(公告)号	专利标题	发明人	专利强度/%
78	天津东义镁制品股份有限公司	CN100449020C	一种含铝镁合金稀土相的变质剂及其制备方法和应用	李庆奎;关绍康;王东军;马庆波;石广新	14
79	郑州大学;郑州丹纳特检测技术有限公司	CN100447337C	落锤式弯沉仪及探地雷达在道路施工过程中的应用	王复明;蔡迎春;钟燕辉;张蓓;刘文廷;李强	11
80	国家电网公司;国网河南省电力公司许昌供电公司	CN100351634C	电压互感器二次回路压降的补偿方法及补偿装置	赵国生;焦留成	18
81	国家电网公司;国网河南省电力公司许昌供电公司;许昌隆源电力实业(集团)有限公司	CN100344042C	利用谐波进行拖动与发电的方法及使用该方法的装置	赵国生;师黎	13
82	郑州大学;开封制药(集团)有限公司	CN100478336C	穿心莲内酯 C15-羟甲基系列衍生物	刘宏民;徐海伟;王俊峰;戴桂馥;刘改芝	7
83	郑州大学;江门市普润水处理技术中心有限公司	CN1298919C	大网均孔型功能纤维的制备方法及其应用	原思国;高晓蕾;张艳丽;蒋登高	7
84	开封制药(集团)有限公司	CN1279043C	新型 C_{12} 高碳糖及其衍生物、其制备方法和用途	刘宏民;刘丰五;张雁冰;戴桂馥;刘振中	10
85	开封制药(集团)有限公司	CN1271074C	手性多环四氢喹啉衍生物,其制备方法及用途	刘宏民;刘丰五;刘振中;陶京朝	20

续表5-8

序号	当前专利权人	公开(公告)号	专利标题	发明人	专利强度/%
86	河南兴业天成环保有限公司	CN1256188C	干状粉煤灰高附加值矿物分离提取设备	杨久俊;黄明;黄海;芦青	10
87	河南兴业天成环保有限公司	CN1256449C	泡沫铝、铝合金闭孔球微泡剂的制备方法	杨久俊;黄明;芦青;黄海	7
88	中国神马集团有限责任公司	CN1252183C	抗氧化尼龙66树脂及其制备方法	朱诚身;何素芹;吕励耘;李鹏洲;郭建国;康鑫	7
89	郑州大学;辅仁药业集团有限公司	CN1185244C	冬凌草甲素衍生物及其制备方法	刘宏民;阎学斌;刘振中	38
90	中国神马集团有限责任公司	CN1246360C	快速脱模尼龙66树脂及其制备方法	朱诚身;何素芹;吕励耘;李鹏洲;郭建国;陈红	9
91	开封制药(集团)有限公司	CN1244588C	C10高碳糖及其衍生物、制备方法及用途	刘宏民;邹大鹏;刘振中	18

表5-9　该大学转入专利情况

序号	原始专利权人	公开(公告)号	专利标题	发明人	专利强度/%
1	刘素娟	CN105013025B	麻醉式肿瘤积液抽取装置	焦德超;韩新巍;孙占国;徐苗;李宗明;王艳丽	9
2	赵林萍	CN105241983B	一种用于食品中农药残留检测的色谱柱	赵林萍;余清卫;张杰;苗银萍;吴智坚;魏卓	6
3	胡家宁	CN104906609B	刷洗浸泡消毒一体装置	马艳梅;张建祥;张留敏;牟玉秀;时娇丽;刘欣;张欢;典凤丽	5

续表 5-9

序号	原始专利权人	公开(公告)号	专利标题	发明人	专利强度/%
4	成都菲斯普科技有限公司	CN105170527B	一种医疗器械清洗烘干装置	张素琴;李建华;李亚南;李利梅;张秀珍;张建江	13
5	张刚	CN104304441B	一种枇杷涂膜保鲜剂及其制备方法	张蓓;王朝勇;王伶俐;董召锋;董海鹏	7
6	赵菁	CN104434502B	微正压下排烟式温针灸器	赵菁;阚全程;乔波;程佳月;谢滢滢;刘新奎;赵祖桉;裴品蘅;苟建军;李爱娟;谢文博	37
7	国网河南省电力公司周口供电公司	CN103633581B	一种多功能电力输电线路用高空作业工作台及使用方法	史晨昱;史宏伟;韩爱芝	65
8	赵菁	CN104605960B	一种研究心肺血管发病机制的实验装置	赵菁;阚全程;程佳月;乔波;谢滢滢;赵祖桉;苟建军;裴品蘅;李爱娟;谢文博	38
9	盛文领	CN104760047B	一种书架机器人	皮小力;刘若瑾;张玲;唐娴;卢娜;彭逸飞;李忠文;赵可达;马星耀;石美青;曹玉升	5
10	曾飞	CN104433615B	一种涂胶杯子	王琼;刘丹丹;张晓川;陶宗晓;谷晓红	5

续表 5-9

序号	原始专利权人	公开(公告)号	专利标题	发明人	专利强度/%
11	张侃	CN105415738A	一种液压式秸秆块成型机	未公告发明人	3
12	曹小玲	CN104452438B	用于制造自消失文字的液体	刘丹丹;王琼;柴新昕;张晓菲;鲁珂	62
13	河南省电力公司周口供电公司	CN103346508B	便携式手动电缆外护套纵横切割器	史晨昱;韩爱芝;董刚松;苏亚洲;袁洪洲;刘庆贺	61
14	王杨	CN105233589A	一种全麻醉废气净化系统	王杨	6
15	赵菁	CN105055070A	一种伸缩式喉部支架	赵菁	3
16	赵菁	CN103300895B	单层编织伞式心脏间隔封堵器	赵菁	9
17	赵菁	CN103300896B	双侧单层伞式封堵器	赵菁	9
18	赵菁	CN103519915B	小鼠尾部注射用固定器	赵菁	8
19	赵菁	CN103251432B	心房心室间隔缺损防滑封堵器	赵菁;阚全程	9
20	赵菁	CN103505302B	诱导小鼠肺动脉高压的实验装置	赵菁;阚全程	53
21	赵菁	CN104436328A	按压式体液抽吸器	赵菁	6
22	赵菁	CN102908683B	两腔串联式吸痰器	赵菁;何飞;滑少华	8
23	赵菁	CN103170101B	腰腹肌助力健身器	赵菁;何飞;滑少华	8
24	谢安军	CN104288859A	具有加温功能的输液装置	谢安军	3
25	迟英娟	CN104193440A	一种肥料发酵设备	迟英娟	7

续表 5-9

序号	原始专利权人	公开(公告)号	专利标题	发明人	专利强度/%
26	沈惠萍	CN103071074B	一种提神解乏、健脑明目的中草药口服液	时松和;时展	3
27	朱玉芳	CN103300198B	一种减肥茶	时松和;时展	37
28	朱大恒	CN103564636A	一种晾烟的调制新方法、烟叶产品及用途	朱大恒	36
29	河南大学	CN102408675B	环氧树脂灌缝材料及其制备方法	袁玉卿;高丹盈;段显英;温森;赵丽敏;李雪婵;陈大帅;郭利兵;李伟;詹万里;陈培超;樊艳东;霍文博	41
30	罗勇;杨二冰	CN101949544B	一种回收利用煤气炉放空气的方法	罗勇;杨二冰	5
31	徐洪斌;孙举	CN101823772B	快速安装式集水槽及其安装方法	徐洪斌;孙举	11
32	黄进勇;苗一帆;孙莉莉;曾献秋	CN101965799B	一种太行菊的组织培养快速繁殖方法	黄进勇;苗一帆;孙莉莉;曾献秋	16
33	广西田园生化股份有限公司	CN101302130B	一种药肥以及制备药肥的方法	汤建伟;徐博;化全县;韦志军;李卫国;范秀山;谭贤勇;刘咏	57

由表 5-8 可知,该大学转出的专利有些强度较高,且被引次数较多,如专利"半刚性基层路面病害检测与高聚物注浆维修方法"的专利强度为 73%,且被引次数为 14 次;专利"一种半芳香尼龙的制备方法"专利强度为 64%,且被引次数为 10 次;专利"一种高岭土原位晶化合成 L 沸石分子筛的方法"的专利强度为 72%,有 8 次被引。专利强度大于等于 30% 的转出专利总共有 23 件,占总转出专利的 25.27%。建议相关研究人员对有关研究领域进行重点检索与分析,

做好后续技术研发及专利布局。

进一步分析可知，该大学转让专利中转入件数较多的企业有河南君和环保科技有限公司、新郑市宝德高技术有限公司、佛山市顺德区骐奥塑料实业有限公司、知和环保科技有限公司、康龙化成（北京）新药技术股份有限公司等。这些公司对该大学专利的关注度较高，可合作性较大，建议保持联系，寻找进一步的技术合作。由表5-9可知，相比于转出专利，该大学转入较少，仅有33件。

关于专利许可情况，该大学作为让与人，共许可32件专利，均是独占许可。受让人主要有河南省路嘉路桥股份有限公司、康龙化成（北京）新药技术有限公司。具体专利申请号、名称和受让人信息见表5-10。

表5-10　该大学专利许可

序号	申请号	名称	受让人
1	CN201510071107.X	一种尼龙1111/聚偏氟乙烯铁电复合薄膜及其制备方法	郑州大学产业技术研究院有限公司
2	CN201210550465.5	一种具有断续表面特征零件的磨削加工方法	三门峡中原精密有限公司
3	CN201420210818.1	快速修复空心板桥铰缝的结构	河南省路嘉路桥股份有限公司
4	CN201420233677.5	铰缝有相对凹槽的空心板桥	河南省路嘉路桥股份有限公司
5	CN201420001329.5	高抗剪组合梁	河南省路嘉路桥股份有限公司
6	CN201320884696.X	钢管混凝土内抗脱粘结构	河南省路嘉路桥股份有限公司
7	CN201120208453.5	适于处理农村生活污水的人工湿地	河南灵捷水利勘测设计研究有限公司
8	CN201110258354.2	一种ZrB_2-SiC复合粉体及制备方法	马鞍山利尔开元新材料有限公司
9	CN201220334257.7	检测H5亚型禽流感病毒抗体、新城疫病毒抗体和鸡法氏囊病毒抗体的胶体金测试试纸条	郑州中道生物技术有限公司
10	CN201010200255.4	抗肿瘤药物卡培他滨的合成方法	河南普瑞制药有限公司
11	CN200710054874.5	一种燃煤烟气的处理方法及装置	襄阳泽东化工集团有限公司

续表 5-10

序号	申请号	名称	受让人
12	CN200710189692.9	一种印刷电路板清洗废水的处理方法及系统	惠州市金百泽电路科技有限公司；Guangdong University of Technology
13	CN201010030139.2	利用预制构造柱圈梁建造抗震砌体房屋的方法	河南省建筑设计研究院有限公司
14	CN200910172769.0	含 γ 亚基丁烯内酯基团的地洛他定衍生物及其合成方法	开封豫港制药有限公司；Henan Furen Medical Technology Development Co. Ltd.
15	CN200710054708.5	含纳米碳酸钙的高纯刚玉质浇注料及其制备方法	马鞍山利尔开元新材料有限公司
16	CN200710054070.5	钳形双咪唑啉钯化合物及其在 Suzuki 反应中的应用	康龙化成(北京)新药技术有限公司
17	CN200810140748.6	一种分子氧选择氧化醇制备醛或酮的催化剂及其应用	康龙化成(北京)新药技术有限公司
18	CN200810231376.8	15-亚甲基取代穿心莲内酯衍生物在制备抗炎解热镇痛药物中的用途	河南辅仁堂制药有限公司
19	CN200810141587.2	一种双酚酸型水溶性酚醛树脂合成工艺	星光树脂制品(昆山)有限公司
20	CN200710053947.9	载体支载含过渡金属的复合催化剂	湖北远大富驰医药化工股份有限公司
21	CN200810049548.X	一种镁合金用含氮细化剂及其制备方法和使用方法	郑州九环科贸有限公司
22	CN200820238891.4	RFID 多协议读写器的控制切换系统	河南省信息咨询设计研究有限公司
23	CN200710054773.8	左旋盐酸倍他洛尔合成工艺	黄石世星药业有限责任公司
24	CN200710193056.3	利用铸态镁合金进行超塑性锻造成形的方法	珠海亿晨压铸有限公司

续表 5-10

序号	申请号	名称	受让人
25	CN200610106919.4	一种合成尼龙 612 的新工艺	平顶山神马工程塑料有限责任公司
26	CN200610017600.4	一种高效高性能 A356 合金低压铸造轮毂的热处理方法	昆山六丰机械工业有限公司
27	CN200410010007.8	工业废水中六价铬电解处理方法	泸溪县鑫兴冶化有限公司
28	CN200610017448.X	矾土基莫来石均质料的制备方法	淄博鑫耐达耐火材料股份有限公司
29	CN200410010283.4	电压互感器二次回路压降的补偿方法及补偿装置	山东鲁能工程有限责任公司
30	CN03126252.X	陶瓷晶界层电容器制备方法	焦作市维纳精细陶瓷有限公司
31	CN200510017926.2	一种高分散性 $\alpha-Al_2O_3$ 纳米粉体的制备方法	河南省联合磨料磨具有限公司
32	CN200510017580.6	含钛、硼、稀土的多元微合金化铝合金及其制造方法	郑州电缆有限公司

(三)该大学高强度专利分析

1. 专利强度简介

专利强度在 Innography 中以 Patent Strength 的形式出现。专利强度的大小可体现专利价值的大小。可把专利分为一般强度专利(专利强度处于 10% ~ 30%)、高强度专利(专利强度处于 30% ~ 100%)两种类型。

2. 高强度专利检索

首先,将 4278 件(不包含中国外观设计申请 63 件)专利同族扩增之后再去掉重复的部分。然后,再依照专利强度排序,仅保留强度大于等于 30% 的高强度专利。最后,结果为 467 件,其中大于 60% 的专利 162 件,大于 70% 的专利 25 件。

将 30% 以上的高强度专利按照专利强度(Patent Strength)排序筛选,得到图 5-3。由图可知,该大学的专利强度主要集中在 30% ~ 70% ,70% 以上的专利较少。

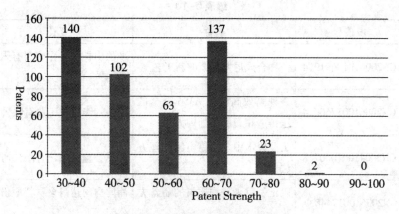

图 5-3 专利强度 VS 专利数量

3. 高强度专利宏观分析

检索可知,该大学的高强度专利集中在 2010 年之后,且呈现逐年上升的趋势。而 2015 年增长迅速,2016 年达到了历史最高,公开的专利中总共有 104 件高强度专利。2017 年高强度专利数量出现下降。这是因为该年所申请的专利有一部分还处在审查阶段。

从申请国别来看,该大学的高强度专利基本为中国专利,除此之外,高强度专利中还有 2 件 EP 专利,其中 1 件已经授权,另外 1 件还处在审查阶段。

对这些高强度专利的发明人进行统计(如表 5-11),根据该表可以发现排名前十的高强度专利发明人研究的学科领域主要为药学、混凝土、桥梁、医用配置品等方面。

表 5-11 该大学排名前十的高强度专利发明人

发明人	专利数量	主要学科领域
刘宏民	23	杂环化合物(C07D)、医用、牙科用或梳妆用的配制品(A61K)
高丹盈	17	借助于测定材料的化学或物理性质来测试或分析材料(G01N)、石灰;氧化镁;矿渣;水泥;其组合物,例如砂浆、混凝土或类似的建筑材料;人造石;陶瓷;耐火材料;天然石的处理(C04B)
陈淮	15	一般建筑物构造(E04B)、桥梁(E01D)
葛素娟	15	一般建筑物构造(E04B)、桥梁(E01D)

续表 5-11

发明人	专利数量	主要学科领域
关绍康	14	合金(C22C)、覆层的电解或电泳生产工艺方法;电铸;工件的电解法接合;所用的装置(C25D)
张振中	14	医用、牙科用或梳妆用的配制品(A61K)
赵军	14	借助于测定材料的化学或物理性质来测试或分析材料(G01N)
王艳	14	一般建筑物构造(E04B)、桥梁(E01D)
李杰	13	一般建筑物构造(E04B)、桥梁(E01D)
魏建东	12	桥梁(E01D)

统计该大学高强度专利 IPC 分布,可知:该大学高强度专利主要集中在化学和冶金(C 部)和固定建筑物(E 部)这两个技术领域。其中化学和冶金领域,高强度专利主要集中在 C04B 35/00(在以成分为特征的陶瓷成型制品;陶瓷组合物;准备制造陶瓷制品的无机化合物的加工粉末)、C12N 1/00(微生物本身如原生动物及其组合物;繁殖、维持或保藏微生物或其组合物的方法;制备或分离含有一种微生物的组合物的方法极其培养基)等领域。而在固定建筑物领域,高强度专利主要集中在 E01D 19/00(桥梁结构建筑细部)、E04B 1/00(一般构造;不限于墙,例如,间壁墙,或楼板或顶棚或屋顶中任何一种结构)等领域。

4.高强度专利列表

对专利强度在 70% 及以上的 25 件高强度专利信息整理,得到表 5-12。

表 5-12 该大学专利强度在 70% 及以上的高强度专利

序号	公开(公告)号	标题	发明人	被引次数	专利强度/%
1	CN101244940B	钢包渣线用金属复合低碳镁碳砖及其制备方法	钟香崇;马成良;曹勇;叶方保;郭嘉林;王京京;邵雷	10	84
2	EP2177527B1	2'-氟-4'-取代-核苷类似物、其制备方法及其应用	常俊标	11	80

续表 5-12

序号	公开(公告)号	标题	发明人	被引次数	专利强度/%
3	CN103564636B	一种晾烟的调制方法、烟叶产品及用途	朱大恒;朱润琪	3	75
4	EP2615101A1	嘧啶核苷衍生物、合成方法及其在制备抗肿瘤、抗病毒药物中的应用	常俊标;安浩云;余学军;郭晓河	4	74
5	CN101261263B	路基缺陷识别、高聚物注浆快速加固方法	王复明;蔡迎春;张蓓;钟燕辉;石明生;李强	10	73
6	CN101261264B	半刚性基层路面病害检测与高聚物注浆维修方法	王复明;钟燕辉;张蓓;蔡迎春;石明生;李强	14	73
7	CN101261265B	水泥混凝土路面脱空识别与高聚物注浆快速维修方法	王复明;张蓓;钟燕辉;蔡迎春;石明生;李强	8	73
8	CN103513556B	有缺陷准晶光子晶体的制作方法及其装置	孙晓红	1	73
9	CN104122265B	钣金螺丝孔螺纹缺失检查方法及其系统	王忠勇;马超;宋豫全;邓计才;高向川	2	73
10	CN105019350B	一种预制 T 型梁及用其建造连续梁桥的方法	魏建东;马哲;周骥德;闫松岭;王志洁;张丽;范兵;马一帆	1	73
11	CN101293659B	一种高岭土原位晶化合成 L 沸石分子筛的方法	郭士岭;陈宜俍;牛静静;詹予忠;徐军;秦建昭;卫冬燕	8	72
12	CN102627275B	一种通过熔融含碳合金在凝固过程中析出碳制备石墨烯的方法	张迎九;胡晓阳	4	72
13	CN101003528B	对映贝壳杉烯类二萜化合物及其衍生物、其制备方法和用途	刘宏民;朱文臣;朱成功;王庆端;可钰;刘振中;闫学斌;张建业;屈红丽	6	71

续表 5-12

序号	公开(公告)号	标题	发明人	被引次数	专利强度/%
14	CN101530748B	界面聚合反应制备复合荷电镶嵌膜的方法	刘金盾;张浩勤;张景亚;邓建绵;张翔;张延武;张冰	12	71
15	CN101774818B	钢包包衬用铝/锌复合超低碳镁铝碳砖	钟香崇;马成良;任桢;葛铁柱	4	71
16	CN103516955B	视频监控中的入侵检测方法	周兵;赵长升;张喆	3	71
17	CN104163216B	步行机器人	高建设;高畅;赵晓东;李明祥;王宝糖	1	71
18	CN104313459B	一种 Ni 包裹 SiC 复合粉体增强铁基复合材料及其制备方法	张锐;范冰冰;邵刚;王彬彬;王海龙;陈德良;卢红霞;许红亮;王晨阳;李稳;李新芳	2	71
19	CN101556200B	基于全矢谱的柔性转子动平衡方法	雷文平;韩捷;陈宏;孙俊杰;董辛旻	7	70
20	CN102788873B	沥青混凝土裂缝自愈合模拟试验仪	高丹盈;汤寄予;赵军;齐新华	6	70
21	CN103104039B	一种采用盖板连接的装配式框架梁柱节点及施工方法	王艳;陈淮;葛素娟;陈代海;李杰	7	70
22	CN103884507B	一种磁悬浮轴承静态特性测试装置	白国长;赵江铭;刘德平;侯伯杰;任天平;高建设;陈晓辉	3	70
23	CN104072058B	以建筑垃圾为原料生产的再生混凝土及其生产方法	张粪;刘立新;赵卓;毕苏萍;叶昌勇;赵文兰;鲁春晓;陈晶晶	6	70
24	CN104788818B	PTC 强度可调控的 PTC 聚合物基导电复合材料及其制备方法	代坤;赵帅国;蓝艳;贠霄;郑国强;刘春太	1	70

续表 5-12

序号	公开(公告)号	标题	发明人	被引次数	专利强度/%
25	CN105019365B	快速修复空心板桥铰缝的结构及其施工方法	魏建东;马哲;周骥德;闫松岭;李林革;赵秋丽;赵有山;罗宁;刘治国;宋会亮	1	70

从表 5-12 可知：

(1)这 25 件 70% 及以上的高强度专利中有 23 件为中国的授权发明专利,2 件为欧洲发明专利,1 件已授权,1 件还处于审查阶段。

(2)中国授权发明专利 CN101244940B,名为"钢包渣线用金属复合低碳镁碳砖及其制备方法",由该大学和首钢总公司共同申请,于 2013 年获得授权,强度高达 84%,经分析发现在其公开期间,一共被引用 10 次,分别被江苏苏嘉集团新材料有限公司引用过 2 次,被中南大学引用过 1 次,被濮阳濮耐高温材料(集团)股份有限公司引用过 1 次,被重庆钢铁(集团)有限责任公司引用过 1 次,等等,可见该件专利的重要性,建议学校注意这类专利的维护。

(3)欧洲授权发明专利 EP2615101A1,名为"嘧啶核苷衍生物、合成方法及其在制备抗肿瘤、抗病毒药物中的应用",由该大学、河南省科学院高新技术研究中心、郑州格然林医药科技有限公司共同申请,虽还未获得授权,但强度已高达 74%,经分析发现,在其公开期间,一共被引用 4 次,分别被强生引用过 2 次,被吉里德科学公司引用过 1 次,被艾丽奥斯生物制药有限公司引用过 1 次,建议该大学注意这类未授权,但已表现出高强度的专利。

对专利强度在 50% 及以上的高强度专利信息进行整理,发现有 22 件已失效的专利,具体情况见表 5-13。

表 5-13　该大学专利强度在 50% 及以上的失效专利

序号	公开(公告)号	标题	发明人	被引次数	专利强度/%
1	CN101255951B	提高油气管道泄漏和入侵检测的分布式光纤传感器性能的方法	王延年;蒋庄德;李正民	6	64

续表5-13

序号	公开(公告)号	标题	发明人	被引次数	专利强度/%
2	CN101627699B	一种利用烟梗栽培食用菌和生产人工草炭的方法	朱大恒;师会勤;朱润琪	16	63
3	CN101318702B	一种三氧化钨纳米片及其制备方法	陈德良;许红亮;王海龙;张锐;卢红霞	6	61
4	CN101987799B	一种人工草炭及其制造、使用方法	朱大恒;袁红星;席宇;杜阅光;郭灵燕;高明;张志坚;朱润琪	24	61
5	CN101259987B	利用高炉渣制备微晶玻璃的方法	卢红霞;李利剑;张伟;关绍康	19	58
6	CN101704772B	一种异丙硫醇的制备方法	李华;章亚东;郭峰;朱江;赵蕾;李晓旭	4	58
7	CN101302130B	一种药肥以及制备药肥的方法	汤建伟;徐博;化全县;韦志军;李卫国;范秀山;谭贤勇;刘咏	9	57
8	CN102265908B	一种烟草基质复合生物杀虫剂及其制造方法	朱大恒;席宇;杜雷;朱润琪	6	56
9	CN102699914B	一种机器人	石九龙;何清叶;杨晨光;潘世豪;袁帅;侯九霄;冯志超;马宽;其他发明人请求不公开姓名	43	56
10	CN101613222A	一种烟梗有机肥及其制造、使用方法	朱大恒;袁红星;席宇;杜阅光;郭灵燕;张志坚	28	55
11	CN101593830B	锂离子电池负极材料尖晶石钛酸锂的制备方法	贾晓林;刘新保;张妮;刘微;周永刚;蔡俊明;李恩惠	12	54
12	CN102826237B	一种磁悬浮飞轮用可重复锁紧装置	白国长;赵江铭;任天平;侯伯杰	5	54

续表 5-13

序号	公开(公告)号	标题	发明人	被引次数	专利强度/%
13	CN101369353A	防窃电开箱记录仪	黎灿兵;王瑜	10	53
14	CN102248112B	一种轻金属板材的搅拌摩擦铆接装置及铆接方法	王明星;王培中;刘忠侠;韩高锟	5	53
15	CN102777874B	直接产生蒸汽的相变储热系统及其相变储热剂的制备方法	郭茶秀;王定标;曹海亮;魏新利;董贺新;刘树兰	8	53
16	CN101623793B	铝基复合材料的电阻点焊方法	李杏瑞;牛济泰;汤文博;关绍康	8	52
17	CN101733511B	TIG 焊堆焊 SiC 颗粒增强铝基复合材料覆层的方法	汤文博;牛济泰;关绍康;陈永;李杏瑞;卢广玺;潘继民;田昊;汪喜和;王典亮;郭永良	5	52
18	CN101530797A	一种核壳结构催化剂及其制备方法	王建设;王留成;赵建宏;宋成盈	16	51
19	CN101949135B	空心板桥体外横向锚固体系及其施工工艺	李静斌;梁全富;葛素娟;胡锋;李杰;王统宁	5	50
20	CN102310966A	一种仓储防霉防虫包装麻袋布及其制备方法	朱大恒;朱润琪	22	50
21	CN102979220B	一种交叉斜向配筋的空心剪力墙结构及其施工方法	李静斌;葛素娟;陈淮;高冰;张军锋;王艳;陈栋;熊红星;郝富增	3	50
22	CN102979221B	一种配置交叉斜向体内预应力的剪力墙结构及其施工方法	李静斌;陈淮;葛素娟;高冰;张军锋;王艳;陈栋;熊红星;郝富增	4	50

中国授权发明专利 CN101627699B,名为"一种利用烟梗栽培食用菌和生产人工草炭的方法",在 2013 年 9 月 25 日获得授权后,因为 2016 年 9 月未缴纳年费而导致专利权的丧失。该专利技术被引用 16 次,且专利强度为 63%,属于有

较高价值的专利。因未缴年费,该专利现属于免费公开技术,对该大学不再具有经济价值。建议该大学在以后注意维护这一类高强度专利,保证按时缴纳年费。

三、该大学专利分析结论与建议

(一)结论

1.专利申请数量近年突飞猛进

由前文可知,该大学专利申请从 1985 年就已开始,表明该大学较早拥有专利保护意识。1985 年到 2003 年,专利申请数量处于较低水平;从 2004 年到 2009 年呈现出一个小幅度的增长趋势,从 2004 年仅有 23 件,发展到 2009 年116 件;而从 2010 年至 2014 年,专利年申请量达到一个快速增长阶段,平均年增长率达到了 22.87%,到 2014 年达到了 465 件;2015 年之后,出现了井喷式的发展,2015 年比 2014 年的申请量急速增长了 80.22%;2016 年达到历史年申请量最大值 1039 件,比 2015 年增长了 23.99%。由于近些年该大学的快速发展和学校对知识产权的高度认真对待,预计专利申请量在未来几年内仍然会保持快速发展的趋势。

2.专利申请以中国为主而国外专利申请很少

按照申请国别统计 4278 件(不包含中国外观设计专利申请 63 件)专利申请,该大学专利申请几乎都是以中国为主,高达 4254 件。仅有 24 件专利在国外申请,其中 11 件专利是通过世界知识产权组织申请的,6 件专利在美国申请,4 件专利在日本申请,2 件专利在欧洲申请,1 件专利在韩国申请。

3.专利授权率高,但有效率略显不足

该大学授权专利数是 3046 件,授权率是 70.17%。从有效专利的数量看,有效专利量为 2116 件,有效比例为 48.74%。

4.专利热门研究领域与全球的研究热点吻合度不高

该大学的专利在 A(人类生活必需)、B(作业;运输)、C(化学;冶金)领域所占的比重较大。热门研究领域排名前三的是:第一个领域为 G01N(借助于测定材料的化学或物理性质来测试或分析材料);第二个领域是 C04B(石灰;氧化镁;矿渣;水泥;其组合物,例如砂浆、混凝土或类似的建筑材料;人造石;陶瓷;耐火材料;天然石的处理);第三个领域为 B01J(化学或物理方法,例如催化作

用、胶体化学;其有关设备)。这些排名前三的专利量均在 130 件以上。然而,这三个研究领域在全球的研究热点排位中相对靠后。

5. 一批活跃的发明人带动了学校专利量的快速发展

该大学有较多专利申请量,活跃的发明人有刘宏民(100 件),张振中(87 件)和高丹盈(85 件)。刘宏民和张振中都来自药学院,表明该大学药学院的知识产权意识和专利申请量都排在该大学的前列。通过进一步分析发现,在专利量排名前十的发明人中,2 位发明人来自水利与环境学院,2 位来自材料科学与工程学院,2 位来自化工与能源学院,力学与工程科学学院、土木工程学院各有1 位发明人。当然,需要指出的是,有些学者,比如某院士尽管专利申请量高达100 多件,其中高强度专利高达 22 件,但由于到该大学工作的时间有限,以该大学名义申请的专利数量有限而未在排行榜中。

6. 专利转移转化有待进一步提高

该大学转出专利共 91 件,转入专利共 33 件。该大学转让专利中转入件数较多的企业有河南君和环保科技有限公司、新郑市宝德高技术有限公司、佛山市顺德区骐奥塑料实业有限公司、知和环保科技有限公司、康龙化成(北京)新药技术股份有限公司等。关于专利许可情况,该大学作为让与人,共许可 32 件专利,均是独占许可。受让人主要有河南省路嘉路桥股份有限公司、康龙化成(北京)新药技术有限公司。

7. 高强度专利研究领域比较集中

该大学的高强度专利主要集中在化学和冶金(C 部)领域和固定建筑物(E部)领域。其中化学和冶金领域,高强度专利主要集中在 C04B 35/00(在以成分为特征的陶瓷成型制品;陶瓷组合物;准备制造陶瓷制品的无机化合物的加工粉末)、C12N 1/00(微生物本身如原生动物及其组合物;繁殖、维持或保藏微生物或其组合物的方法;制备或分离含有一种微生物的组合物的方法极其培养基)等领域。而在固定建筑物领域,高强度专利主要集中在 E01D 19/00(桥梁结构建筑细部)、E04B 1/00(一般构造;不限于墙,例如,间壁墙,或楼板或顶棚或屋顶中任何一种结构)等领域。

(二)建议

(1)营造知识产权校园环境,培育知识产权文化。

(2)加强知识产权培训,提高师生的专利意识和专利技能。

(3)高度重视专利成果产出,推动大学高质量发展。

(4)努力通过《高等学校知识产权管理规范》标准认证,建立系统规范的知识产权管理体系。

(5)完善知识产权管理体制,重视国外专利的申请和授权。

(6)强化全链条保护与加速产学研融合,加强高强度专利的保护和培育。

(7)加强知识产权管理平台建设,提升知识产权服务水平。

(8)加强专利布局和专利预警,提高市场竞争优势。

(9)运用灵活多变的手段,加强专利转移转化。

(注:以上主要从大框架进行说明,具体实施办法因篇幅所限此处省略。)

第六章
创新型图书馆研究

2019 年 5 月,美国科罗拉多矿业大学图书馆馆长卡罗尔·史密斯(Carol Smith)在中国矿业大学做报告时提出以资源为中心的图书馆不是好的图书馆,以服务为中心的图书馆是好的图书馆,而以创新为中心的图书馆则可称为卓越的图书馆。图书馆为什么需要创新?因为需要不断适应外部变化的环境,还需要满足用户日益增长的需求。采用好的创新点子,可改善用户的图书馆体验。创新是图书馆发展之魂。图书馆员作为变革推动者应该在信息时代进行创新。

第一节   创新型图书馆的构成与典型案例

一、创新型图书馆的构成

创新型图书馆的创新意识和创新能力比较强,能够不断进行管理创新、技术创新、服务创新、建筑创新等创新活动。创新型图书馆一般具有如下特征:开放的文化、创新型的领导、开拓精神的成员、协作良好的团队、支持创新的流程、扁平化的组织结构。创新型图书馆主要由管理创新、技术创新、服务创新、建筑创新支撑,在充满创新氛围下进行一系列创新,从而满足用户的多样化需求。创新型图书馆主要构成可用四棱锥模型表示(见图6-1)。顶点代表用户需求,底部四点分别代表管理创新、技术创新、服务创新、建筑创新。内部充满创新氛围。

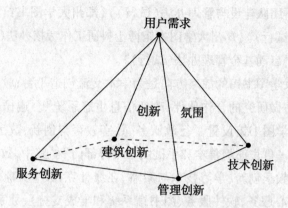

图6-1 创新型图书馆主要构成模型

二、创新型图书馆的典型案例

创新型图书馆的创新主要体现在管理创新、技术创新、服务创新、建筑创新。它们的典型案例如下。

(一)管理创新

管理创新是图书馆获得竞争优势的关键。它涉及诸如组织机构变革、人力资源规划、财务管理、人事制度、分配制度、公共关系、组织文化等问题。图书馆如果追求管理创新,会有相当可观的回报。它可以通过战略规划、机构变革、资本预算、项目管理、聘用和晋升、员工评估、沟通与协调等形式实施创新。

北京大学图书馆进行了组织机构变革。从原来的办公室、资源建设部、流通阅览部、信息咨询部、多媒体部、古籍部、特藏部、系统部等11个部门[①]变为现在的8个中心:综合管理中心、文献资源服务中心、古籍资源服务中心、特藏资源服务中心、知识资源服务中心、数据资源服务中心、协同服务中心、计算服务中心。

郑州大学图书馆为加快向研究型图书馆转型,提高学术竞争力,提升知名度和美誉度,除大力引进人才外,还积极开展科研团队建设工作,制定了《郑州

---

① 朱强,别立谦.面向未来的大学图书馆业务与机构重组:以北京大学图书馆为例[J].大学图书馆学报,2016,34(2):20-27.

大学图书馆科研团队建设与管理办法(试行)》《郑州大学图书馆科研团队项目资金管理办法(试行)》《郑州大学图书馆博士科研工作考核办法(试行)》和《郑州大学博士科研启动基金管理办法(试行)》。

美国杜克大学图书馆的战略方向是为学术交流创造平台;教授和支持新兴素养;促进发现;做研究的合作伙伴;改变信息生态系统①。遵循战略方向和有关目标,杜克大学图书馆设置了行政服务、数字教育与创新、数字策略与技术、技术服务、大卫·鲁宾斯坦善本和手稿图书馆等部门②。其中,数字教育与创新包括学习创新、教学创新、学习技术与策略、在线杜克;数字策略与技术包括信息科技服务(核心服务、软件服务、图书馆系统和集成支持)、数字馆藏与管护、数据和可视化服务、评估和用户体验;技术服务包括保存服务、资源描述、元数据和发现、持续资源采购、专题采购。

瑞典马尔默市图书馆想从儿童的角度看空间并想知道他们如何利用空间、服务和馆藏,因此要求孩子们描述他们的梦想世界。结果发现大自然、神奇和神秘的世界是深受孩子们欢迎的主题。图书馆将儿童的想法和反馈纳入设计中,为他们设计了崭新的儿童图书馆空间:像树一样的支柱,安静的角落,爬进爬出的隧道,秘密的阅读场所,孩子们还可以将自己的艺术作品在机器中投影③。

西班牙 Volpelleres 公共图书馆的应用创新实验室(Living Lab)工作组把五个参与机构的代表凝聚在一块,让利益相关者参与进来。利益相关者不仅在引入新服务的过程中发挥着积极作用,而且在决策过程中也发挥着重要作用。比如,工作组成员有机会直接与建筑师团队一起参与图书馆应用创新实验室的设计,形成开放、灵活且相互联系的空间。实验室的存在丰富了图书馆的日常生活,扩大了图书馆用户的范围,甚至吸引了原来没去过图书馆的人,出现了科学家、艺术家、企业家等各种身份的人,这为参与者提供了跨学科交流的机会。

① Duke University Libraries. Engage, discover, transform: Duke University Libraries, 2016–2021[EB/OL]. [2022–03–09]. https://library. duke. edu/sites/default/files/dul/pdf/DUL–Strategic–Plan–2016. pdf.

② Duke University Libraries. Organizational chart [EB/OL]. [2022–03–09]. https://library. duke. edu/sites/default/files/dul/users/Ryan%20McGovern/orgchart. pdf.

③ JOKITALO P. Children as service designers[EB/OL]. [2022–04–21]. http://www. slq. nu/indexe9d6. html? article=volume–48–no–1–2–2015–2.

(二)技术创新

技术创新是通过引进或开发新的技术而实现的创新。

洛杉矶公共图书馆与南加州大学合作开展了增强现实技术项目。该大学的学生开发了增强现实应用程序,该应用程序讲述了历史悠久的洛杉矶中心图书馆建筑的故事。图书馆工作人员提供有关建筑物的故事和信息。该项目使图书馆员可以重温图书馆的历史,并为增强现实应用程序的开发做出贡献[1]。

南京大学计算机软件新技术国家重点实验室联合南京大学图书馆研发了智能图书盘点机器人。现已在南京大学、武汉大学等图书馆使用[2]。重庆九龙坡区采用全智能化 24 小时自助图书馆实现了社区 24 小时自助图书馆服务[3]。

纽约皇后区图书馆开发了一款手机应用程序,它结合了目录搜索,活动信息和预订,"问图书馆员"实时聊天以及扫描 ISBN 并检查图书馆是否有副本的功能[4]。堪萨斯城公共图书馆的程序通过提供热点、笔记本电脑和免费的实习生来提供网络访问。

广州儿童图书馆在信息革命的趋势下,把新技术(3D、VR 和 AR)与图书馆服务整合在一起。比如,根据宇宙、海洋和植物的虚拟现实内容,设计了"虚拟旅行系列"。虚拟现实技术整合二维平面图像和三维场景,突破了时空的限制,为小读者带来新体验。该系列在 2019 年为 1200 多名儿童提供了服务[5]。

未来可以利用无人机为图书馆用户提供送货服务、区块链技术可为图书馆构建增强的元数据系统、增强现实技术可使图书阅读立体化变得津津有味。图书馆可以利用这些技术来改善服务,加强与客户的互动,提高图书馆便利性和易用性。

---

① BOYADJIAN A. Augmented library[J]. Library Journal,2014,139(15):30.

② 南京大学创新创业与成果转化工作办公室. 我校"智能物资盘点机器人"项目荣获第 22 届工博会高校展区优秀展品特等奖[EB/OL]. (2020-09-21)[2022-04-26]. https://ndsc. nju. edu. cn/8e/8c/c11256a495244/page. htm.

③ 李雪钦. 把阅读变得更便捷更有趣　智慧图书馆懂你的心思[EB/OL]. (2020-08-21)[2022-04-26]. https://mp. weixin. qq. com/s/JIAk1r73MPjToXAalEPRhQ.

④ ENIS M. Technology:queens library to vend app[J]. Library Journal,2014,139(20):1.

⑤ CUI H W, LI Z T, WEI F D. 2020. Artificial reality + education:Guangzhou children's library services innovation [A]. In Proceedings of the ACM/IEEE Joint Conference on Digital Libraries in 2020[C]. Association for Computing Machinery,New York,543-544.

(三)服务创新

服务创新是通过新的设想或其他手段而得到新的服务或改进的服务。

种子图书馆(Seed libraries)是图书馆领域中的一个创新。它提供种子和园艺信息,并为成员提供社区和生态参与的机会。用户可以从中"借用"种子,将其带回家种植。在生长季节结束时,用户将从几株植物中收获种子,然后将其返回给种子图书馆中以便保持收集[1]。圣路易斯县图书馆启动了社区花园活动、瓢虫释放晚会、户外故事时间、儿童大自然绘画活动和预订园丁活动[2]。

创客空间常见配置是 3D 打印机和扫描仪。而亚利桑那州立大学海顿图书馆的创客空间不仅是进行 3D 打印的地方,还是实验、构想、协作以及学习的地方。除了提供激光切割、虚拟/增强现实专用空间以及增加的音频/视频工作室空间外,还提供强大的技术贷款计划[3]。

美国黄金海岸公共图书馆设有"吃书"(Cook the Book)读书俱乐部。图书馆员工按主题选择烹饪书,并在咨询台上展示,供参与者选择食谱。然后,参与者按照自己选择的食谱做法,做成菜肴,并将其带到读书俱乐部会议上供大家品尝和讨论。品尝后,工作人员引导有关菜谱和烹饪过程的讨论,并通过Facebook 发布菜肴的图片吸引其他用户[4]。

挪威卑尔根公共图书馆设立数字竞技场项目,旨在将图书馆转变为一个学习和体验新媒体和数字技术的地方。该图书馆为儿童开设了代码俱乐部,他们在这里可以使用 Scratch 和 LEGO Mindstorms 学习基本的编程技能。此外,还运行 DEL Digital Inclusion 计划,其中语言和数字服务中心可以让用户每天用多种语言获取与技术相关的指南,还有笔记本电脑俱乐部教授计算机技能以提高社区的数字素养[5]。

美国佐治亚州格温内特县公共图书馆开展了时装设计项目,为用户提供工

① INGALLS D. Breaking new ground:the case for seed libraries in the academic library[J]. Public Services Quarterly,2017,13(2):78-89.

② HAZLETT D R. Lending a green thumb[J]. Library Journal,2015,140(12):28-29.

③ The ASU Library. Where innovation is our No. 1 goal[EB/OL]. [2022-05-01]. https://lib. asu. edu/hayden2020/news/Where-innovation-our-No-1-goal.

④ COMPTON A. Move over,Rachael Ray[J]. Library Journal,2015,140(5):23.

⑤ JORE M,INDERGAARD L H,RORNES R. A library with people and for people[J]. Focus on International Library and Information Work,2014,45(3),93-97.

作区、缝纫机和指导①。加利福尼亚帕洛阿尔托市图书馆开发了一系列机器人应用程序、举办研讨会并开展周日机器人表演②。得克萨斯大学阿灵顿分校中心图书馆是 24/7 图书馆,在学期内每周开放 7 天,每天开放 24 小时。当然,现在由于疫情,情况有所变化。

早在 2011 年新加坡就推出名为"征服"(Conquest)的阅读计划,它是针对 10～15 岁的儿童,利用当地故事《武吉美拉传奇》而推出的一款棋盘游戏。该游戏能让年轻读者与同伴保持联系,并在游戏中学习新加坡的历史和文化③。德国斯图加特市立图书馆(Stuttgart City Library)每周举行一次下午游戏供参与者观看和玩游戏。图书馆聘请老师进行指导并鼓励参与者进行批判性思考,提高数字素养,发展合作能力和解决问题的能力④。

广州图书馆的"环球之旅"多元文化系列活动围绕世界各国的文化、社会、历史等主题,举办各国文化主题展览、多元文化系列讲座、广图真人书、城市创新讲坛、悦读分享会等系列活动⑤。英国卡迪夫中央图书馆举办了突出日本文化的"日本天"活动,活动包括茶道、动画和语言研讨会、折纸制作和讲故事、手铃表演、剑道表演以及和服时装秀⑥。

新加坡开展了少年阅读大使计划,招募年轻的学生作为阅读大使向同龄人推广阅读,并让他们接受讲故事、谈书和写书评的培训⑦。新西兰奥塔哥和南部地区的公共图书馆、大学图书馆和监狱图书馆自 2011 年起就与南部初级卫生

① Gwinnett County Public Library. The Fashion Project[EB/OL]. [2022-05-06]. https://www. urbanlibraries. org/innovations/the-fashion-project.

② Palo Alto City Library. Robotics in Libraries[EB/OL]. [2022-05-21]. https://www. urbanlibraries. org/innovations/robotics-in-libraries.

③ RAJARATNAM R. For the love of reading!: new strategies to engage the next generation of readers[EB/OL]. [2022-06-02]. http://library. ifla. org/71/1/105-rajaratnam-en. pdf.

④ STUTTGART S. Zwischenbericht 'GiGames: computerspiele im lernstudio'[EB/OL]. [2022-06-01]. http://www1. stuttgart. de/stadtbibliothek/stadtteile/ost/zwischenbericht_GiGames. pdf.

⑤ 广州图书馆. 活动品牌[EB/OL]. [2022-06-01]. http://www. gzlib. org. cn/program/index. jhtml.

⑥ Pathak P, Richards N. Making connections[J]. CILIP update(September),2013:40-42.

⑦ Rajaratnam, R. For the love of reading!: New strategies to engage the next generation of readers[EB/OL]. [2022-06-02]. http://library. ifla. org/71/1/105-rajaratnam-en. pdf.

网络合作开展"以书为药方"(The Books on Prescription)活动①。用户可以从当地图书馆获取书籍,也可以通过网站访问视频和智能手机应用程序,还可以在网站上阅读卫生专业人员和消费者的书评。

哈佛大学图书馆创新实验室目前在开展纽伦堡项目、时间胶囊加密、替代空间、防止链接失效、美国判例法访问等项目②。美国普罗温斯敦公共图书馆创建了一家当地出版社——普罗温斯敦公共出版社,为作者提供了出版电子书的机会③。西班牙 Volpelleres 公共图书馆的应用创新实验室(Living Lab)开办了社会创新讲习班,组建了 3D 打印兴趣小组、教育应用程序兴趣小组,开展了"高清中的自然""我是自己的画儿""图书馆访问博物馆"等活动④。

(四)建筑创新

图书馆建筑随着时代的发展也在不断地创新,目前特别强调建筑环保、可持续性发展。

俄勒冈州密尔沃基的莱丁图书馆建造成了一座崭新的节能建筑。这座大楼带有运动探测器的 LED 灯,墙壁和天花板有绝热层,具有双前门、高能效窗户、辐射式地板供暖和屋顶太阳能电池板⑤。

澳大利亚新吉朗图书馆设有咖啡馆、豪华的传统阅读室、高速互联网与Wi-Fi、会议室、活动空间和展览空间。该建筑融合了许多绿色设计,包括雨水和废水的收集和再利用、节能照明和空调系统以及光伏电力系统,里面还设置

---

① Books on Prescription. About us[EB/OL].[2022–06–02]. https://booksonprescription. co. nz/.

② Harvard Law School Library. Library innovation lab[EB/OL].[2022–06–08]. https://lil. law. harvard. edu/.

③ KOERBAR J. Public libraries become publishers[J]. Library Journal,2014,139(7):20–21.

④ VILARIÑO F, KARATZAS D, VALCARCE A. The library living lab: a collaborative innovation model for public libraries[J]. Technology Innovation Management Review,2018,8(12):17–25.

⑤ Lawton M. Ready for Action[EB/OL].[2022–06–12]. https://americanlibrariesmagazine. org/2020/09/01/ready–for–action–climate–action–plans/.

了九屏数字墙、触摸屏信息亭、虚拟现实空间、游戏机和创客空间设备①。

在加州圣马特奥县半月湾图书馆(Half Moon Bay Library),百叶窗会根据一天中的温度和时间自动打开和关闭,屋顶上安装有太阳能电池板以及地板辐射供暖,从而使这座图书馆成为该县第一座零能耗建筑②。

2013年新加坡中央公共图书馆内专门针对环境主题开设了儿童图书馆 My Tree House。该儿童图书馆使用了可回收和环保的材料,以"城市的魔法森林"为主题,有"知识树"和"天气树桩"可以提供教育性的互动体验。儿童图书馆空间分为主动区和被动区:主动区包括知识树、天气树桩、绿色活动区、舞台、工艺展示区和皮影戏墙;被动区包括馆藏、电子阅读亭和阅读区。

第二节 创新型图书馆的构建

图书馆不仅仅是信息的宝库,还要承担起社交、创新、教育与娱乐的功能。图书馆应增强对用户需求的了解,提供超出期望的服务,满足他们的多种需求,提升其满意度。创新型图书馆构建的方法主要有:打造创新的文化;提出鼓舞人心的创新愿景和清晰的战略;拥有创新型的领导者;具有支持创新的流程;打造跨职能团队;培养创新型人才。

一、打造创新的文化

图书馆应打造创新的文化,发挥每个人的创造力,不断重塑图书馆。创新文化具有五大特质:多样性,追求完美,好奇心,反思和联系,鼓励新思想的诞生和发展③。传统文化追求稳定,而创新文化追求创新。既定的规范和规则限制了图书馆管理的灵活性,要质疑以前传统的做法和想法。图书馆应塑造可释放

---

① Geelong Regional Library Corporation. Imagine the future at your library: Annual report 2014–15[EB/OL].[2022–06–12]. http://www.grlc.vic.gov.au/sites/default/files/ 5622_GRL _Annual%20Report_2015_WEB.pdf.

② PEET L. Innovative, sustainable design earns six libraries 2019 AIA/ALA building awards [EB/OL].[2022–06–13]. https://www.libraryjournal.com/? detailStory = Innovative–Sustain-able–Design–Earns–Six–Libraries–2019–AIA–ALA–Building–Awards.

③ SIMPSON A. The innovation–friendly organization[M]. London: Palgrave Macmillan, 2017.

人潜能的工作环境,自由表达思想,营造和谐宽松的创新氛围。信任员工,提高人际凝聚力。提倡员工经常头脑风暴,打破常规,想人不敢想,尝试新的做事方式,鼓励灵活性和冒险精神,包容失败,激发创新思维,增强创新能力,争取创造性地解决问题。

二、提出鼓舞人心的创新愿景和清晰的战略

创新愿景可提供目标和方向。它应该能激发和激励员工,并使他们有目标感。鼓舞人心的创新愿景可以更好地激发员工的精神状态,保持奋发有为、斗志昂扬的奋进姿态,而且也有助于提高员工工作满意度和创造力,从而产生新想法,打造更具创新性的文化。只有当领导者制定鼓舞人心的创新愿景,提出清晰的战略,创新目标才有可能变为现实。

三、拥有创新型的领导者

领导者应该具有创新能力,这可以为其他人树立榜样。一旦领导者富有创造力地开展工作,就很容易激发其他人去开创创新工作。图书馆面临诸如环境和组织等障碍,因此,图书馆领导既要鼓励创新行为,又要消除创新障碍,以增强图书馆员工的创新能力。领导者必须确立目标、规定任务、评估创意工作。领导者需要制定既支持传统服务又支持开发全新服务的探索性活动的战略。领导者应主动传达图书馆的愿景和战略意图,把问题和变化视为机遇,激励创新,使员工认识到创新以及满足用户需求的重要性。只有当每个人都知道他们被期望的目标,并且与管理者的目标接近一致时,创新才有可能得以实现。创新型领导尽可能使组织结构扁平化,充分授权给员工,给予员工较高的自由度和自主权。明确鼓励员工在执行核心工作职能的同时,将部分时间花在感兴趣的其他工作上。

四、具有支持创新的流程

创新需要有效的创新流程。在创新流程指导下,以系统化的形式,稳扎稳打,步步前进,可以减少创新的失败率,确保所有重要步骤均及时完成。

支持创新的流程可分为 8 个步骤:了解用户需求—确定需要解决的问题—寻找创意—评估并筛选—试验和发展创意—大规模实施—效果评估—适当调

整。具体来讲，首先，在深入了解用户需求的基础上，确定需要解决的问题。针对需要解决的问题，集思广益，收集各种创意。评估这些创意，衡量每个创意的收益和风险，进行价值性论证和可行性论证，筛选出重要且具创新性的点子。进行试验测试，最好通过随机对照试验进行测试，目的是测试该创意在特定时间是否理想。在试验测试结果的基础上，发展创意。然后，进行大规模实施，并对效果进行评估。针对期望和评估效果，对创意适度做出修订调整。整个过程都要注意反馈。比如，与用户加强沟通和交流，相互激发创新思维。此外，在创新过程中，也可以考虑使用人工智能（AI）帮助验证创意并最大程度地减少创意盲点[1]。

五、打造跨职能团队

图书馆应将多种资源专门用于创新。可组建跨职能工作的创新团队，团结合作，关注多样化需求，专注于探索。跨职能工作经验可通过多种形式的培训获得：可培训半天至 3 天或半年里每周培训 1 天，也可全时培训 4～8 周等方式提供学习机会，使员工掌握多种技能，提高劳动力的灵活性[2]。跨职能团队可充分利用多样化优势，利用不同意见的碰撞，激发创意的火花，绘制创新之路。比如，图书馆设计创新信息服务的过程可由 5 个步骤组成：诊断当前状态，设计变更的总体方向以及选择将要实施的创新类型，选择创新的来源，确定创新的结构并最终设计所要达到的用户体验[3]。在此过程中，跨职能团队可以集思广益，加强协作，找到更好的解决问题的方法。

六、培养创新型人才

人才强馆，应加强培训，构建激励机制，从而培养具有敢于怀疑、开拓进取、追求卓越、坚韧不拔、善于合作的创新型人才。

①　KAKATKAR C, BILGRAM V, FüLLER J. Innovation analytics：leveraging artificial intelligence in the innovation process[J]. Business Horizons,2020,63(2):171−181.

②　LEONG J, ANDERSON C. Fostering innovation through cultural change [J]. Library Management,2012,33(8/9):490−497.

③　WÓJCIK M. How to design innovative information services at the library? [J]. Library Hi Tech,2019,38(2):138−154.

（一）加强培训

创新可分为两种类型：原创，属于从无到有；改进，在原有的基础上进行提升。具体创新方法有头脑风暴法、TRIZ、IDE 等。创新是一个非线性的演变过程，需要加强管理和引导。图书馆应鼓励创新思维，增强个体创新意识、创新能力。提供培训和学习机会是鼓励员工发挥创造力的一种好方法。这可为他们提供机会，使他们能够学习如何做。创新能力提升培训具体包括培训研讨会、自学、讲座、模仿演练和动手课程。培训可使员工转变思维模式，熟悉发散性思维、逆向性思维等。培训还可使员工了解创新的技巧，掌握创新的方法。这为创新型图书馆的构建奠定了基础。

（二）构建激励机制

实施鼓励创新的奖励政策。应重视员工在创新方面的努力，给予相应的奖励，促使其承担更多的责任。可通过现金奖励、职位提升、精神奖励等多种形式对创新个人进行奖励。建立创新的薪酬策略，指导和修订绩效评估系统。通过构建激励机制，使其他人员产生上进心，营造竞争氛围，产生良好的鲇鱼效应。

第七章
智慧图书馆研究

第一节　智慧图书馆研究现状

一、国内研究现状

欲了解国内研究现状,可利用知网进行检索。检索条件设置为篇名:智慧图书馆(精确),再选择核心期刊。即检索式为:(题名="智慧图书馆")AND(核心期刊="Y")OR(CSSCI期刊="Y")。检索范围:核心期刊。这样共得到中文文献385条结果,检索时间是2022年6月14日。下面对检索结果从以下几方面进行分析。

（一）年度分布

经检索可知:题名中含有智慧图书馆的核心期刊论文始见于2011年,是董晓霞、龚向阳、张若林和严潮斌发表在《现代图书情报技术》第二期上的论文《智慧图书馆的定义、设计以及实现》。需要说明的是,国内进行智慧图书馆研究最早是2010年发表在《图书馆学刊》的《基于物联网的智慧图书馆》。因为《图书馆学刊》不是核心期刊,所以不在统计的范围之内。2011年共发3篇,以后年发文量呈逐年上升的趋势,到2021年已经达到了75篇。可见研究智慧图书馆的学者越来越多。

（二）主题分布

经检索可知:题名中含有智慧图书馆的核心期刊论文中,研究主题主要有智慧服务,出现高达84次;物联网,出现34次;数字图书馆,出现31次。智慧化、高校图书馆、智慧馆员出现的次数分别为22次、21次、21次。出现10次以上的还有云计算(16 次)、人工智能(15 次)、大数据(14 次)、图书馆服务(14次)、智能图书馆(13 次)、智能技术(10 次)。物联网技术共出现 8 次,传统图书馆出现 7 次。体系架构、智慧化服务、用户需求、情境感知都出现了 6 次。个性化服务、知识服务、MVS、图书馆行业、未来图书馆都出现了 5 次。图书馆管理系统、应用场景、以人为本、智慧空间、智慧平台和社会网络分析都出现了 4 次。

(三)学科分布

经检索可知:属于图书情报与数字图书馆方面的论文有 378 篇;计算机软件及计算机应用方面的论文有 219 篇。二者是题名中含有智慧图书馆的核心期刊论文中主要涉及的学科。其他还涉及电信技术(4 篇)、互联网技术(2篇)、民商法(2 篇)、教育理论与教育管理(2 篇)、行政法及地方法制(2 篇)、档案及博物馆(2 篇)、建筑科学与工程(1 篇)、职业教育(1 篇)等,它们的占比比较小。

(四)期刊分布

经检索可知:题名中含有智慧图书馆的核心期刊论文主要发表在《图书馆学研究》(43 篇)、《图书馆工作与研究》(42 篇)、《图书馆》(30 篇)、《情报科学》(22 篇)、《图书馆论坛》(21 篇)、《图书情报工作》(20 篇)这六种杂志上。其次发表 10 篇以上的还有《图书馆建设》(14 篇)、《现代情报》(14 篇)、《图书馆杂志》(12 篇)、《中国图书馆学报》(10 篇),发表 5~9 篇的有《大学图书馆学报》(9 篇)、《情报理论与实践》(8 篇)、《情报资料工作》(8 篇)、《图书与情报》(7 篇),发表 1~2 篇的有《西南民族大学学报(人文社科版)》(2 篇)、《情报杂志》(1 篇)、《电化教育研究》(1 篇)、《图书情报知识》(1 篇)、《数据分析与知识发现》(1 篇)、《实验技术与管理》(1 篇)。

(五)作者分布

经检索可知:题名中含有智慧图书馆的核心期刊论文发表最多的作者是曾子明达(11 篇),其次是邵波和刘慧,均发表了 10 篇,发表 5 篇以上的作者还有段美珍(8 篇)、初景利(7 篇)、王世伟(7 篇)、陆康(7 篇)、杨文建(7 篇)、邓李君(6 篇)、周玲元(6 篇)、任贝贝(6 篇)、黄辉(5 篇)、孙守强(5 篇)、刘炜(5篇)。他们也为智慧图书馆的发展做出了较大的贡献。刘春丽(4 篇)、张冬荣(4 篇)、秦殿启(4 篇)、单轸(4 篇)、柯平(3 篇)、李慧(3 篇)等作者对智慧图书馆也有研究,都发表了 3~4 篇相关论文。

（六）机构分布

经检索可知:题名中含有智慧图书馆的核心期刊发文量最多的机构是武汉大学,达27篇,发文量在10篇以上的还有南京大学(17篇)、南京晓庄学院(12篇),发文量在7篇以上的还有华中师范大学(9篇)、中国科学院大学(8篇)、上海社会科学院信息研究所(7篇)、中国科学院文献情报中心(7篇)、重庆第二师范学院(7篇)、四川外国语大学(7篇)、南昌航空大学(7篇),发文量在4~6篇的有吉林大学(6)、曲阜师范大学(6)、重庆大学(6)、广东农工商职业技术学院(5)、南开大学(5)、上海图书馆(5)、中国人民大学(4)、南京交通职业技术学院(4)、中国国家图书馆(4)、解放军军事科学院(4)等其他院校。

（七）基金分布

经检索可知:题名中含有智慧图书馆的核心期刊论文大部分都有基金资助,资助最多的是国家社会科学基金,共资助62篇,其次是国家自然科学基金,共资助17篇,共资助9篇以上的单位还有江苏省教育厅高等学校哲学社会科学基金项目(资助12篇)、江苏省社会科学基金项目(资助11篇)、教育部人文社会科学研究项目(资助9篇),而中央高校基本科研业务费专项资金项目共资助4篇,中国博士后科学基金共资助4篇,资助1~3篇的机构就不再一一说明。

（八）研究热点

在一定程度上,摘要里的词汇出现频率可体现研究的热点。于是,将摘要导入微词云分词工具(https://fenci.weiciyun.com/cn/? ut = wcyfenci)。然后,选择出现最多的前100个词制作词云。如图7-1。

图7-1　国内智慧图书馆研究词云

由图 7-1 可以看出,智慧图书馆出现次数最多,达 1386 次;其次是服务,出现次数为 720 次,智慧、发展、建设、技术、数据、用户出现频次也很高,分别为433 次、392 次、382 次、347 次、288 次、257 次;其他出现频率比较高(100～179)的词还有高校(179 次)、知识(144 次)、模式(139 次)、信息(138 次)、资源(138次)、理论(128 次)、空间(125 次)、融合(118 次)、基础(113 次)、数字(112次)、智能(106 次)、实践(106 次)、方法(105 次)、读者(104 次)、需求(102次)、系统(101 次);出现 70～90 次的有管理(90 次)、创新(88 次)、体系(86次)、模型(86 次)、感知(86 次)、探讨(83 次)、概念(75 次)、功能(74 次)、阅读(73 次)、馆员(73 次)、设计(73 次)、环境(70 次)、要素(70 次)。出现次数少于 70 次的前 100 个词不再一一列举。可见,服务、技术、用户、数据等为国内智慧图书馆的研究热点。按照被引频次由高到低,前 50 篇高被引论文见表 7-1。

表 7-1 国内智慧图书馆高被引核心期刊论文

序号	题名	作者	单位	文献来源	年份
1	未来图书的新模式——智慧图书馆	王世伟	上海社会科学院信息研究所	图书馆建设	2011
2	论智慧图书馆的三大特点	王世伟	上海社科院信息研究所	中国图书馆学报	2012
3	智慧图书馆与智慧服务	初景利;段美珍	中国科学院文献情报中心;中国科学院大学经济与管理学院	图书馆建设	2018
4	智慧图书馆的定义、设计以及实现	董晓霞;龚向阳;张若林;严潮斌	北京邮电大学图书馆;北京邮电大学网络技术研究院	现代图书情报技术	2011
5	智慧图书馆及其服务模式的构建	乌恩	内蒙古农业大学图书馆	情报资料工作	2012
6	融合与重构:智慧图书馆发展新形态	夏立新;白阳;张心怡	华中师范大学信息管理学院	中国图书馆学报	2018

续表 7-1

序号	题名	作者	单位	文献来源	年份
7	智慧城市、智慧图书馆与智慧图书馆员	伊安·约翰逊;陈旭炎	阿伯丁罗伯特·戈登大学信息管理系;*Libri* 联合主编;信息教育及信息发展编辑顾问委员会;国际图书馆与信息研究;上海图书馆上海科学技术情报研究所	图书馆杂志	2013
8	再论智慧图书馆	王世伟	上海社会科学院信息研究所	图书馆杂志	2012
9	5G 与智慧图书馆建设	刘炜;陈晨;张磊	上海图书馆;上海图书馆系统网络中心	中国图书馆学报	2019
10	智慧图书馆的构建之道——浅谈高校图书馆 RFID 技术应用新思路	陈嘉懿	上海交通大学图书馆	大学图书馆学报	2013
11	智慧图书馆探析	刘丽斌	河北大学图书馆	图书馆建设	2013
12	物联网环境下智慧图书馆的特点、发展现状及前景展望	韩丽	曲靖师范学院图书馆	现代情报	2012
13	智慧图书馆个性化推荐服务体系及模式研究	曾子明;金鹏	武汉大学信息管理学院	图书馆杂志	2015
14	融合情境的智慧图书馆个性化服务研究	曾子明;陈贝贝	武汉大学信息管理学院	图书馆论坛	2016
15	SoLoMo 与智慧图书馆	谢蓉;刘炜	上海对外贸易学院图书馆;上海图书馆	大学图书馆学报	2012
16	从智能图书馆到智慧图书馆	初景利;段美珍	中国科学院大学经济与管理学院图书情报与档案管理系	国家图书馆学刊	2019

续表7-1

序号	题名	作者	单位	文献来源	年份
17	从智慧图书馆到智能图书馆:人工智能时代图书馆发展的转向	陆婷婷	江苏食品药品职业技术学院图书馆	图书与情报	2017
18	智慧图书馆的建设及其对技术和馆员的要求	储节旺;李安	安徽大学管理学院	图书情报工作	2015
19	国内智慧图书馆理论研究现状分析与对策	李显志;邵波	南京大学信息管理学院	图书馆杂志	2013
20	论高校智慧图书馆的功能与构建	谢芳	广东文艺职业学院图书馆	图书馆学研究	2014
21	智慧图书馆的服务途径实现与构建	赵晓芳	常州大学图书馆	图书与情报	2012
22	面向用户泛在智慧服务的智慧图书馆构建	陈远;许亮	武汉大学信息资源研究中心	图书馆杂志	2015
23	我国智慧图书馆建设面临的五大问题	李玉海;金喆;李佳会;李珏	华中师范大学信息管理学院;华中师范大学国家数字化学习工程技术研究中心	中国图书馆学报	2020
24	略论智慧图书馆的五大关系	王世伟	上海社会科学院信息研究所	图书馆杂志	2017
25	高校智慧图书馆功能结构模型构建	马捷;赵天缘;王思	吉林大学管理学院;吉林大学信息资源研究中心	情报科学	2017
26	智慧图书馆的研究与实践——以南京大学图书馆为例	沈奎林;邵波	南京大学图书馆数字图书馆建设部;南京大学信息管理学院;南京大学图书馆	新世纪图书馆	2015

续表 7-1

序号	题名	作者	单位	文献来源	年份
27	智慧图书馆的发展现状与趋势——"智慧图书馆从理论到实践"学术研讨会会议综述	罗丽;杨新涯;周剑	重庆大学经济与工商管理学院;重庆大学图书馆	图书情报工作	2017
28	"互联网+"高校图书馆传统借阅服务探索——以宁波大学"智慧图书馆"App应用为例	豆洪青;刘柏嵩	宁波大学图书馆与信息中心	大学图书馆学报	2017
29	面向读者的智慧图书馆嵌入式知识服务探析	曾子明;宋扬扬	武汉大学信息管理学院	图书馆	2017
30	智慧图书馆环境下高校馆员的角色转变	侯明艳	长春工程学院	现代情报	2015
31	借助"物联网"与"云计算"技术构建智慧图书馆	赖群;黄力;刘静春	广西生态工程职业技术学院图书馆;柳州职业技术学院图书馆	新世纪图书馆	2012
32	基于大数据挖掘与知识发现的智慧图书馆构建	陈臣	兰州财经大学信息中心	现代情报	2017
33	人工智能在智慧图书馆建设中应用研究	傅云霞	辽宁省图书馆	图书馆工作与研究	2018
34	国内智慧图书馆研究中的"不智慧"	李燕波	洛阳师范学院图书馆	国家图书馆学刊	2014
35	新一代服务平台环境下的智慧图书馆建设:业务重组与数据管理	邵波;单轸;王怡	南京大学信息管理学院;南京大学图书馆	中国图书馆学报	2020
36	近十年我国智慧图书馆研究综述	李伟超;贾艺玮;赵海霞;张柳琪	郑州航空工业管理学院信息科学学院;航空经济发展河南省协同创新中心	现代情报	2018

续表7-1

序号	题名	作者	单位	文献来源	年份
37	基于智慧理念的智慧图书馆空间样貌探究	刘宝瑞;马院利	长春师范大学政法学院	图书馆学研究	2015
38	基于智慧图书馆的高校图书馆读者服务模式研究	尹克勤;张立新	德阳市图书馆;长春工业大学图书馆	图书馆工作与研究	2017
39	论智慧图书馆与知识可视化	李小涛;邱均平;余厚强;吕红	武汉大学信息管理学院;武汉大学中国科学评价研究中心	情报资料工作	2014
40	全国智慧图书馆体系:开启图书馆智慧化转型新篇章	饶权	国家图书馆;中国图书馆学会	中国图书馆学报	2021
41	用户体验视阈下的智慧图书馆研究	刘宝瑞;沈苏阳	长春师范大学政法学院	图书馆学研究	2017
42	大数据时代关于智慧图书馆的几个研究问题探讨	祝森生	中国美术学院	图书与情报	2013
43	智慧图书馆服务模式及平台构建研究	李彩宁;毕新华;陈立军	吉林大学管理学院;吉林大学大数据和网络管理中心	图书馆	2018
44	智慧图书馆 App 的设计与实现	魏群义;廖维;沈敏	重庆大学图书馆	图书馆论坛	2017
45	再论智慧图书馆定义	孙利芳;乌恩;刘伊敏	内蒙古农业大学图书馆	图书馆工作与研究	2015
46	智慧图书馆系统支撑下的阅读推广模式与实践	赵发珍;杨新涯;张洁;潘雨亭	兰州大学图书馆;重庆大学图书馆	大学图书馆学报	2019
47	可穿戴技术:构建智慧图书馆的助推器	刘喜球;王灿荣	中山大学资讯管理学院;吉首大学图书馆;吉首大学档案馆	图书馆论坛	2015

续表 7-1

序号	题名	作者	单位	文献来源	年份
48	去中心化的智慧图书馆移动视觉搜索管理体系	曾子明;秦思琪	武汉大学信息资源研究中心;武汉大学信息管理学院	情报科学	2018
49	基于数据驱动的智慧图书馆服务框架研究	徐潇洁;邵波	南京大学信息管理学院	图书馆学研究	2018
50	基于智慧要素视角的智慧图书馆构建	王家玲	铜陵学院图书馆	图书馆工作与研究	2017

二、国外研究现状

欲了解国外研究现状可检索 Web of Science 核心合集。选择 Web of Science 核心合集,TI=(Smart librar*),出版日期限定为 2003-01-01 至 2023-01-01,共查到 157 篇。

(一)年度分布

检索结果表明,2019 年发表得最多,为 25 篇,占总数的 15.924%,其次是 2018 和 2020 年,均发表了 17 篇,各占总数的 10.828%,2017 和 2021 年均发表了 15 篇,各占总数的 9.554%,2014 和 2016 年均发表了 12 篇,各占总数的 7.643%,发表 5~9 篇的有 2022 年 9 篇,2011 年 7 篇,2012 年 6 篇,2010 年和 2013 年 5 篇,这几年的总占比为 20% 左右。

(二)作者分布

检索结果表明,这些论文发文最多的作者是 Delaurentis P 和 Delaurentis POCHING,他们都发表了 4 篇,均占总数的 2.548%,发表 3 篇的作者有 Chen CC、Damborsky J、Damborsky JIRI、Wang Y、Zhou Y,均占总数量的 1.911%,发表 1~2 篇的作者很多,就不再一一说明。

(三)期刊分布

检索结果表明,发文数为 6 篇的期刊为 *ELECTRONIC LIBRARY* 和 *LIBRARY HI TECH*,均占总数的 3.822%,发文数为 4 篇的期刊为 *AMERICAN JOURNAL OF HEALTH SYSTEM PHARMACY*,占总数的 2.548%,发文数为 3 篇的期刊为

ADVANCES IN SOCIAL SCIENCE EDUCATION AND HUMANITIES RESEARCH、
APPLIED MECHANICS AND MATERIALS、*JOURNAL OF PATIENT SAFETY*,均占
总数的 1.911%。

(四)机构分布

检索结果表明,发文数为 4 篇的机构为 PURDUE UNIV,发文数为 3 篇的机
构为 LEAGUE OF EUROPEAN RESEARCH UNIVERSITIES LERU、MASARYK
UNIVERSITY BRNO、STATE UNIVERSITY OF NEW YORK SUNY SYSTEM,均占
总数的 1.911%,发文量为 1~2 篇的机构较多,在此就不再一一说明。

(五)研究热点

摘要里的词汇出现频率在一定程度上可体现研究的热点。于是,把摘要输
入进去,利用词云工具进行分词,然后人工合并单复数词和词义相近的词,利用
词云工具作图 7-2。

图 7-2　国外智慧图书馆研究词云

由图 7-2 可知:library 出现的频次最多,为 196 次;其次是 smart,出现的频
次为 105 次;出现频次在 42~57 次之间的有 system 为 57 次,book 为 48 次,
technology 为 45 次,readers 为 42 次;出现频次在 20~27 次之间的有 service 出
现了 27 次,data 24 次,reading 24 次,information 23 次,new 和 management 均为
22 次,approach 20 次;出现频次在 11~19 之间的有 design 出现了 19 次,public、
development、proposed、digital 都为 18 次,rfid 为 16 次,energy 为 15 次,application
为 14 次,construction 和 recognition 均为 13 次,learning 和 study 均为 12 次,
green、building、mobile、devices 和 time 均为 11 次。出现次数为 10 次及以下的就

不再一一列举。可见,system、book、readers、service 等为国际智慧图书馆的研究热点。检索 Web of Science 核心合集所得,国际图情领域智慧图书馆高被引论文可见表 7-2。

表 7-2　国际图情领域智慧图书馆高被引论文

序号	作者	题名	文献来源	年份
1	Sumeer Gul,Shohar Bano	Smart libraries:an emerging and innovative technological habitat of 21st century	*ELECTRONIC LIBRARY*	2019
2	Cao Gaohui, Liang Mengli, Li Xuguang	How to make the librarysmart? The conceptualization of the smart library	*ELECTRONIC LIBRARY*	2018
3	Geoffrey Little	Keeping Moving:Smart Phone and Mobile Technologies in the Academic Library	*JOURNAL OF ACADEMIC LIBRARIANSHIP*	2011
4	Aleksandar Simovic	A Big Data smart library recommender system for an educational institution	*LIBRARY HI TECH*	2018
5	Nigel P. Dyer; Shahrezaei Vahid; Daniel Hebenstreit	LiBiNorm:an htseq-count analogue with improved normalisation of Smart-seq2 data and library preparation diagnostics	*PEERJ*	2019
6	Yao Fei;Zhang Chengyu;Chen Wu	Smart talking robot Xiaotu: participatory library service based on artificial intelligence	*LIBRARY HI TECH*	2015
7	Ruslan Aleksandrovich Baryshev;Sergey Vladimirovich Verkhovets;Olga Ivanovna Babina	The smart library project: Development of information and library services for educational and scientific activity	*ELECTRONIC LIBRARY*	2018

续表7-2

序号	作者	题名	文献来源	年份
8	Lindsey B. Poppe; Stephen F. Eckel	Evaluating an approach to improving the adoption rate of wireless drug library updates for smart pumps	*AMERICAN JOURNAL OF HEALTH-SYSTEM PHAR-MACY*	2011
9	Wu Teng-Yen; Yeh Kun-Chieh; Chen Ruey-Shun; Chen Y. C.; Chen C. C.	Integrated library service application platform based on the smart book shelf	*MALAYSIAN JOURNAL OF LIBRARY & INFORMATION SCIENCE*	2011
10	Yu Kaijun; Huang Gang	Exploring consumers' intent to use smart libraries withtechnology acceptance model	*ELECTRONIC LIBRARY*	2020
11	Tara Zimmerman; Hsia-Ching Chang	Getting Smarter: Definition, Scope, and Implications of Smart Libraries	*JCDL'18: PROCEEDINGS OF THE 18TH ACM/IEEE JOINT CONFERENCE ON DIGITAL LIBRARIES*	2018
12	Robin Dresel; Maria Henkel; Katrin Scheibe; Franziska Zimmer; Wolfgang G. Stock	A Nationwide Library System and Its Place in Knowledge Society and Smart Nation: The Case of Singapore	*LIBRI-INTERNATIONAL JOURNAL OF LIBRARIES AND INFORMATION STUDIES*	2020
13	Yang Xiao; He Dafang; Huang Wenyi; Alexander Ororbia; Zhou Zihan; Daniel Kifer; Giles C. Lee	Smart Library: Identifying Books on Library Shelves using Supervised Deep Learning for Scene Text Reading	2017 *ACM/IEEE JOINT CONFERENCE ON DIGITAL LIBRARIES* (*JCDL* 2017)	2017
14	Zeng Ziming; Sun Shouqiang; Li Tingting; Yin Jie; Shen Yueyan	Mobile visual search model for Dunhuang murals in the smart library	*LIBRARY HI TECH*	2022

续表 7-2

序号	作者	题名	文献来源	年份
15	Liu Yunmei；Li Changling；Gao Zichun	Can usage be used for scholars' evaluation in the construction of smart libraries?	*LIBRARY HI TECH*	2022
16	Miriam E. Sweeney；Emma Davis	Alexa, Are You Listening? An Exploration of Smart Voice Assistant Use and Privacy in Libraries	*INFORMATION TECHNO-LOGY AND LIBRARIES*	2020
17	Chia-Chen Chen；Carmen Camara；Kuo-Lun Hsiao；Tien-Yu Hsu；Arun Kumar Sangaiah	Smart libraries：theapplication of emerging and innovative technologies	*ELECTRONIC LIBRARY*	2019
18	Shi Xiaohua；Tang Kaicheng；Lu Hongtao	Smart library book sorting application with intelligence computer vision technology	*LIBRARY HI TECH*	2021
19	Xie Yi；Liu Jia；Zhu Shufan；Chong Dazhi；Shi Hui；Chen Yong	An IoT-based risk warning system for smart libraries	*LIBRARY HI TECH*	2019
20	Alexis Linosld	Wearable Technology，Smart Watches to Google Glass for Librarians	*JOURNAL OF ACADEMIC LIBRARIANSHIP*	2016
21	Estefania Aguilar-Moreno；Raul Mon-toliu-Colas；Joaquin Torres-Sospedra	Indoor positioning technologies for academic libraries：towards the smart library	*PROFESIONAL DE LA INFORMACION*	2016
22	Paolo Melillo；J. Clay Singleton；Robert K. Prescott；Susan Bach	Smart Investing：Partnering to Promote Financial Literacy-The Orange County Library System Experience	*PARTNERSHIPS AND COLLABORATIONS IN PUBLIC LIBRARY COMMUNITIES：RESOURCES AND SOLUTIONS*	2012

续表7-2

序号	作者	题名	文献来源	年份
23	Eva Hornung	The smart ones：one-person librarians in Ireland and continuing professional development.	*INFORMATION RESEAR-CH-AN INTERNATIONAL ELECTRONIC JOURNAL*	2007
24	Tu Yun-Fang；Hwang Gwo-Jen；Chen Shu-Yen；Lai Chiulin；Chen Chuan-Miao	Differences between LIS and non-LIS undergraduates' conceptions of smart libraries：a drawing analysis approach	*ELECTRONIC LIBRARY*	2021
25	Regina de Barros Cianconi；de Almeida Camilla Castro	Public libraries' contributions to smart cities' development	*ENCONTROS BIBLI-REVISTA ELETRONICA DE BIBLIOTECONOMIA E CIENCIA DA INFORMACAO*	2021
26	Michael Simeone	The Smart City as a Library	*PORTAL-LIBRARIES AND THE ACADEMY*	2020
27	Meza Perez Jose Pablo	How to support the 2030 Agenda from the Smart Community Centers（CECIs-MICITT）stored in the National Library System（SINABI-MCJ）	*E-CIENCIAS DE LA INFORMACION*	2020
28	Djoko Sigit Sayogo；Yuli Sri Budi Cantika；Wiyono	Analyzing the Conceptualization of and Challenges to Adopt Smart Public Library in Indonesia	*INTERNATIONAL JOUR-NAL OF ELECTRONIC GOVERNMENT RESEA-RCH*	2019
29	Leith T. K. Robinson	Public Libraries in the Smart City	*JOURNAL OF THE AUSTRALIAN LIBRARY ANDINFORMATION ASSOCIATION*	2019
30	Emily Puckett Rodgers	Small Libraries Smart Spaces Launches	*LIBRARY JOURNAL*	2017

续表7-2

序号	作者	题名	文献来源	年份
31	Vera Kazantseva	Digital education resources and library smart systems Informatization of Education and e-Learning	*NAUCHNIJE I TEKHNICHESKIE BIBLIOTEKI*	2017
32	Elizabeth Connor	Wearable Technology：Smart Watches to Google Glass for Libraries	*JOURNAL OF THE MEDICAL LIBRARY ASSOCIATION*	2016
33	Ewald Brahms；Jarmo Schrader	The Smart Library UB Hildesheim Reducing Energy Consumption through intelligent Control Systems	*GREEN LIBRARY：THE CHALLENGE OF ENVIRONMENTAL SUSTAINABILITY*	2013
34	Taewoo Kim；Suna Kim；Yoonkyung Kim；Chulyun Kim	Implementation of General Motion Recognition Library for Smart Devices	2013 *INTERNATIONAL CONFERENCE ON INFORMATION SCIENCE AND APPLICATIONS* (*ICISA* 2013)	2013
35	RQ Davis	Going places with youth outreach：Smart marketing strategies for your library	*LIBRARY JOURNAL*	2005

第二节　智慧图书馆的氛围

一、构建和谐图书馆

图书馆是学校的名片,素有"窗口""前沿阵地"之称,重要性不言而喻。科学发展观强调要发展,强调发展要科学,突出"以人为本"这个核心,明确"以人为本,全面、协调、可持续发展"科学发展观的内涵。具体到图书馆建设,特别是智慧图书馆建设,就要努力构建和谐图书馆。这也是落实科学发展观的体现。

笔者认为要做到"四爱":爱书、爱读者、爱同事、爱图书馆。

(一)爱书

书是人类智慧的源泉,书还是人类进步的阶梯。

书乃成就天地之灵物。从年幼无知到硕果累累,从初出茅庐到老成持重,从脚步飘浮到沉稳老练,这都靠书的滋养。书籍是知识的源泉,它使我们目光如炬、洞穿千里;书籍是生活的老师,它使我们谛听真理、感悟生命。我们在书中获取知识、启迪智慧,在书中体味人生、感悟生活,在书中陶冶情操、健全人格,在书中提高品位、增强魅力……生活是一部无字的书,而书是一部有字的生活。著名作家柯灵曾动情地说:"书是我青春期的恋人,中年的知己,暮年的伴侣。有了它,我就不再愁寂寞,不再怕人情冷暖,世态炎凉。……我不能设想,没有书的世界是什么样的世界。"只有懂书爱书,才能体会到读者强烈的读书愿望,才能领悟到专家专注于研究的艰难和辛苦。我们尊重知识,爱惜图书。对破损的图书,修修补补,一遍又一遍,不厌其烦。别人理解也罢,不理解也罢,我们一如既往,在工作中寻找快乐。这样,就会干得踏实,干得起劲,干得舒心;活得充实,活得洒脱,活得自在。

(二)爱读者

人是第一要素。满足读者需要是图书馆发展的根本目的。遇到矛盾、问题,要学会换位思考,想想如果自己是读者,情况会怎样呢?"己所不欲,勿施于人",要用宽容的态度与读者平等对话。

1. 提供人性化服务,以奉献为乐

老老实实做人,踏踏实实做事;工作是分内的事,不仅要干,而且要干好。把工作当工作,好累;把工作当爱好,好乐。工作其实是愉快的带薪学习。把读者视为兄弟姐妹,努力满足他们的文化需要。

落实科学发展观,确立"以读者为本"的服务理念,开展创新活动。工作时,要敢于尝试,敢于创新,采用头脑风暴法等多种创新方法努力解决问题。追求无止境,服务亦无止境。衡量图书馆服务质量的核心标准应该是读者的满意度。图书馆工作人员应注意自身形象,举止得体,工作热情,处处为读者着想,服务周到体贴。

2. 不断充电,努力提高业务水平

积极学习业务知识,提高服务水平。自学《图书馆学理论与方法》等业务

书,不懂就问,向同事请教、学习。既要学好外语、计算机技术,更要学好图情档专业知识①。要坚持学习一辈子,要快乐学习一辈子。遵循"爱馆、智慧、和谐、奉献"的馆训,爱岗敬业,对待工作一丝不苟、尽心竭力。

3. 积极思考,为读者提供和谐服务

在图书馆工作中,要善于思考,力求为读者提供和谐优质的服务。遇到问题,不仅要考虑解决的办法,也要考虑问题发生的原因。这样容易找到根治问题的办法,避免出现"治标不治本"的现象。比如,针对图书馆工作的特点,思考图书为什么会乱架,乱架了应该怎么办。既分析乱架的原因,又积极寻找有效的治理措施。不但提高了业务水平,而且有助于提高读者的满意度。

(三)爱同事

搞好与同事的关系,加强交流合作。《论语》讲,"君子敬而无失,与人恭而有礼,四海之内,皆兄弟也",还讲"和为贵"。天时、地利、人和是国家兴亡的基础,也是图书馆事业成功的基础。佛教讲"怨亲平等",基督教讲"爱你的敌人",儒家讲"泛爱众,而亲仁",都是理解与宽容。它也许是一句普通的话语,一掬淡淡的微笑,一束尊重的目光,一个鼓励的手势,一缕理解的眼神,一道宽容的风景……人与人交往,要靠"理解与宽容",才能维持长久。有了它,家庭充满幸福安乐;有了它,图书馆一片温馨祥和! 每人都有其长处,有其闪光点。我们力求严于律己,宽以待人。我们力求做到微笑面对生活,微笑面对工作,微笑面对同事。与同事保持良好的关系,气顺了,干起活儿来自然就会感到心情舒畅,活力十足。

(四)爱图书馆

古人讲"乾道变化,各正性命,保合大和,乃利贞"。万物只有高度和谐才能顺利发展。图书馆应追求"人馆合一",图书馆与员工共生共赢共荣,软硬件和谐统一,共同推动图书馆高质量发展。

努力树立图书馆的良好形象。内强素质,外树形象。形象就是生产力;形象就是凝聚力;形象就是竞争力。发展赢得尊重,形象推动发展。每一名图书馆职工都是图书馆的活名片,代表着图书馆形象,要努力表现出奋发向上的精神风貌。

---

① 王一华.浅谈图书馆工作的创新[J].科技信息(学术研究),2008(30):33-34.

努力在细节上下功夫,少说空话,多做实事。如把手机调为振动,事小,但使读者受益匪浅。从细节上多加注意,服务质量得到明显提高。不是"守株待兔"被动服务,而是"主动迎上、细致入微"主动服务。根据读者的特点对其需求做出初步的推测、判断,对于面露难色的读者主动迎上,询问其需求,帮助读者快速准确查找所需文献。坚持"以人为本",全心全意为读者做好服务。

二、避免法律纠纷

为了避免法律纠纷,可吸取其他图书馆的经验与教训,以便加以参考与借鉴。裁判文书是一种极为重要的数据来源。可在裁判文书网搜索案件名称包含"图书馆"的裁判文书。经检索可知,案件名称包含"图书馆"的裁判文书涉及的内容主要与公民与法人的处分、合同、著作权、侵权行为、授权等有关。涉及图书馆方面的一些典型案例见表7-3。

表7-3 典型案例

序号	裁判文书号	原告	被告	事由	判决结果	法律依据
1	(2020)闽07民终620号	叶建青	建瓯市图书馆	租赁合同纠纷	建瓯市图书馆补偿叶建青损失124445元	《中华人民共和国合同法》《中华人民共和国民事诉讼法》
2	(2019)皖1103民初3082号	徐先将	滁州市图书馆、安徽华瓴建工集团有限公司	生命权、健康权、身体权纠纷	安徽华瓴建工集团有限公司赔付给原告医疗费等各项损失人民币13744.33元;滁州市图书馆不承担法律责任	《中华人民共和国民法通则》《中华人民共和国侵权责任法》《中华人民共和国民事诉讼法》《最高人民法院关于民事诉讼证据的若干规定》

续表 7-3

序号	裁判文书号	原告	被告	事由	判决结果	法律依据
3	（2020）闽0582 民初4820 号	尤垂历、尤玉丽、尤敏杰	晋江市图书馆	工伤保险待遇纠纷	晋江市图书馆无须支付有关人员各项工伤保险待遇	《中华人民共和国民事诉讼法》《最高人民法院关于适用〈中华人民共和国民事诉讼法〉的解释》《最高人民法院关于审理劳动争议案件适用法律若干问题的解释（四）》
4	（2019）京73 民终 206 号	北京大学出版社有限公司	绵阳市图书馆、北京世纪超星信息技术发展有限责任公司	侵害作品信息网络传播权纠纷	绵阳市图书馆删除其网站数字图书馆中涉案作品；绵阳市图书馆、超星公司赔偿北京大学出版社 46283 元	《中华人民共和国著作权法》《中华人民共和国侵权责任法》《中华人民共和国民事诉讼法》
5	（2019）津03 知民终 75 号	中文在线文化发展有限公司	厦门简帛图书馆、厦门简帛信息科技有限公司	侵害作品信息网络传播权纠纷	厦门简帛信息科技有限公司、厦门简帛图书馆连带赔偿中文在线（天津）文化发展有限公司经济损失 310000 元	《中华人民共和国著作权法》《中华人民共和国民事诉讼法》《最高人民法院关于审理著作权民事纠纷案件适用法律若干问题的解释》《最高人民法院关于审理侵害信息网络传播权民事纠纷案件适用法律若干问题的规定》

续表7-3

序号	裁判文书号	原告	被告	事由	判决结果	法律依据
6	（2017）粤0304民初1774、1779、1783号	北京三面向版权代理有限公司	深圳图书馆、深圳大学、深圳大学城图书馆、北京世纪超星信息技术发展有限责任公司、北京世纪读秀技术有限公司	侵害作品复制权、发行权及其他著作财产权纠纷	驳回原告北京三面向版权代理有限公司的全部诉讼请求；读秀公司、新盘公司与深圳图书馆不承担赔偿责任	《中华人民共和国著作权法》《最高人民法院关于审理著作权民事纠纷案件适用法律若干问题的解释》《中华人民共和国民事诉讼法》
7	（2017）京0108民初22209号	中国社会科学出版社	北京世纪读秀技术有限公司、北京世纪超星信息技术发展有限责任公司、湖北省图书馆	侵害作品信息网络传播权纠纷	北京世纪超星信息技术发展有限责任公司赔偿中国社会科学出版社经济损失22400元及合理开支100元	《中华人民共和国著作权法》《中华人民共和国民事诉讼法》

第三节　智慧图书馆的馆员

一、积极开展生命教育

生命教育关注人的生命[1]，而高校通常重传授知识、轻心理教育，生命教育

---

[1] 陈修梅，刘慧."我是谁"：生命教育的追问与应答[J].教育发展研究，2021,41（2）：65-71.

几乎是白纸一张。

高校图书馆不仅是服务教学和科研的重要阵地,也是大学生丰富多彩的"第二课堂"①。高校图书馆进行智慧图书馆建设,需要实施素质教育。而生命教育是素质教育的重要构成部分,因此,开展生命教育是其任务的应有之义。生命教育内容包括生存意识教育、生命知识教育、生存能力教育和生命价值观教育等。生命教育可帮助大学生了解生命的起源,感恩惜福,尊敬师长;可帮助大学生掌握生存的本领,珍爱生命,提高生存力;可帮助大学生懂得生命的价值,乐观进取,实现生命的价值②。

(一)大学生非正常死亡原因及应对

分析大学生非正常死亡事件的原因,很大程度上在于压力过大。比如,人际关系紧张、经济困难、恋情挫折、求职失败,其他还有不堪学业压力、生理疾病、家庭变故,甚至仅仅是因为减肥失败。校园里流传着这样的话:大一忧郁是因"大学和想的咋差别那么大",大二忧郁是因"人和人的关系(特别是恋人)处理起来不容易",大三忧郁是因"考研还是就业选择起来还真是有点难",大四忧郁是因"工作还真是有点不好办"。于是大学生常常出现精神抑郁、焦虑、自卑和偏执等症状。对此情况,笔者认为可从以下几个方面加以应对。

1. 保持平和的心态

得之淡然,失之坦然。如果心为名利所束缚,"其未得之也,患得之;既得之,患失之",过分计较自己的利益,人生如负重物登山,苦不堪言,是从不会感到逍遥自在、从容不迫的。要以感恩之心与惜福之心对待旅途中的如意,以豁达之心与坚韧之力战胜旅途中的苦难。有点成绩,尽管有掌声鲜花,也会有冷风袭来,正所谓"树大招风""高处不胜寒";有点挫折,尽管有安慰关切,也会有冷嘲热讽,此所谓"落井下石""墙倒众人推"。取得成绩不沾沾自喜、忘乎所以,多找自身的不足、缺点,明白"金无足赤,人无完人""山外有山,人外有人"这些道理;受到挫折不怨天尤人,多找自己的优点,保持"天生我材必有用,千金散尽还复来""自信人生二百年,会当击水三千里"这样的信心。努力追求心灵的安宁与平静,力争做到"不以物喜,不以己悲""宠辱不惊,闲看庭前花开花落;

---

① 王一华.高校图书馆[J].图书馆建设,2009(4):81-82.
② 刘济良.生命教育论[M].北京:中国社会科学出版社,2004.

去留无意,漫随天外云卷云舒"。

2.思考自己想要的生活,努力追求自己的梦想

人是为自己而活,不是为别人而活。弄清自己的追求和兴趣所在,按照内心的愿望努力去实现。"与其临渊羡鱼,不如退而结网。"想成为作家,那就拿起笔,勤奋耕耘;想成为医生,那就拿起手术刀,勤学苦练;想成为科学家,那就拿出好奇心,执着探索。

3.利用逆境,激发自身潜能

"塞翁失马,焉知非福?"逆境是一堵墙,强者能翻过;弱者,则只能望之兴叹。逆境,可以增强我们战胜凄风苦雨的技能;逆境,可以磨砺我们刚强坚毅、不屈不挠的意志。要深刻理解"退一步海阔天空,忍一时风平浪静","山重水复疑无路,柳暗花明又一村"。切记"生命是最宝贵的,没有了生命,一切都等于零"。学会爱自己,学会接纳自己,热爱生活,珍惜生命。

4.尽力而为,适可而止

俗话说:"谋事在人,成事在天。"我们既要有"明知不可为而为之"的顽强,又要有"知其不可而安之若命"的睿智。只有做力所能及的事,该放手时就放手,才能比较轻松地获得成功。遇到挡住去路的石头,不能对着它生气,而要努力去搬走它。实在搬不走,绕过去,向前进!"不经历风雨,哪能见彩虹?"努力向前,活出生命的真色彩!

(二)高校图书馆生命教育的实施途径

1.引导大学生阅读文化经典

阅读不仅能够获取知识、抚慰内心,还能够提高品位、滋养心灵。通过阅读文化经典,大学生会深刻理解"和而不同""过犹不及""顺其自然"的含义,还会获得自身心灵的健康成长[①]。在读书中,可享受乐趣,还可提高生命的质量。《老子》《庄子》《论语》等传统文化经典的生命价值观至今仍有很大的借鉴意义。比如"名与身孰亲? 身与货孰多? 得与亡孰病?"[②],体现了老子"重生",崇尚自然向往返璞归真。"往矣! 吾将曳尾于涂中"和"以养其身,终其天年",都

---

① 王一华.图书馆实施文化素质教育的途径[J].传媒论坛,2021,4(20):145-146.

② 郑晓艳.长生久视,死而不亡:试论老子的生死观[J].学习与实践,2008(8):159-163.

体现了庄子淡泊名利,重生贵生养生,快乐生存,而"鼓盆而歌"则表现出庄子的豁达乐观①。"饭疏食,饮水,曲肱而枕之,乐亦在其中矣"以及"厩焚。子退朝,曰:'伤人乎?'不问马"②,体现出孔子热爱生活、珍惜生命的态度。

2.引导大学生阅读心理健康方面的书刊

通过阅读心理健康方面的书刊,了解抑郁症、焦虑症等症状表现,自我对照,以便对症下药,及时化解心理危机。

推荐图书:《心理健康教育教程》《大学生心理健康教育概论》《大学生心理健康》《大学生心理健康理论与实务》《大学生心理健康教育与训练》《生命教育》《生命教育的实践与研究》《自杀预防与危机干预》《死亡教育》《化解心理危机速效手册》《心理危机:你我身边的隐形杀手》《心理咨询大百科全书》《心理危机干预指导手册》《健康心理学》《解除苦恼大全》《奇妙的自我心理暗示》。

推荐期刊:《心理医生》《心理与健康》《青少年心理健康》《校园心理》《大众心理学》《心理世界》《心理辅导》《心理与教育》《心理月刊》《心理氧吧》《生命与灾害》。

3.积极开展音乐、影视疗法

音乐疗法、影视疗法不但可以增长知识、愉悦身心,而且也有助于提升生活的品质。

音乐疗法:缓解抑郁症可欣赏张超的《自由飞翔》、小约翰·施特劳斯的《蓝色多瑙河圆舞曲》、彭修文的《春江花月夜》;缓解焦虑症可聆听贝多芬的《欢乐颂》、帕赫贝尔的《D大调卡农》、约纳森的《杜鹃圆舞曲》;缓解睡眠障碍推荐贝多芬的《月光奏鸣曲》、舒伯特的《摇篮曲》、克拉拉·舒曼的《梦幻曲》;平息怒火推荐那西索·叶佩斯的《爱的罗曼史》、陈奕迅的《红玫瑰》、理查德·克莱德曼的《梦中的婚礼》③。

影视疗法:缓解冷漠可欣赏鲁晓威的《渴望》、杨阳的《牵手》、成浩的《外来妹》、陈雨中的《篱笆·女人和狗》、理查德·林克莱特的《日落之前》④⑤;缓解抑

---

① 马宁.《庄子》生死观及其启示[J].湖南医科大学学报,2009(2):17-19.

② 杨结秀,谢狂飞.《论语》中孔子的生命观对当代大学生生命教育的价值[J].2009(10):138-139.

③ 王小露.音乐疗法对大学生社交焦虑的干预研究[D].南京:河海大学,2007.

④ 唐建军.电视剧的心理疗慰功能[D].济南:山东师范大学,2001.

⑤ 王春华.电影疗法:治疗"都市病"的良方[J].校园心理,2008(7):58-59.

郁可观赏赵宝刚的《编辑部的故事》、英达的《我爱我家》、沈好放的《贫嘴张大民的幸福生活》;摆脱绝望可欣赏史蒂文·索德伯格的《永不妥协》、李延香的《爱·回家》、弗兰克·德拉邦特的《肖申克的救赎》、罗伯特·泽米吉斯的《阿甘正传》、康洪雷的《士兵突击》、陈国星的《孔繁森》、尹力的《铁人》、约翰·G.艾维尔森的《洛奇》、方刚亮的《开心就好·男人无烦恼》、张艺谋的《活着》、谢铁骊的《天网》。

4.推荐心理危机干预网站

心理危机在潜伏期、萌生期、犹豫期、具体实施期这些时期表现不一样。遇到解不开的心理疙瘩,可上心理危机干预网站或打心理危机干预电话寻求帮助,以便及时化解心理危机,预防悲剧的发生。推荐心理危机干预网站:国际自杀预防协会;国际应用心理学协会;美国自杀学协会;美国精神治疗协会;中国心理卫生协会;精神在线网;中国心理网;中国大中学生心理健康教育在线;北京心理危机研究与干预中心;北京师范大学心理咨询中心;人民网健康;新华网健康;健康时报;家庭医生在线。

5.联合医院、家庭、社会,努力构建完善的干预机制

大学生非正常死亡与其个体(心理发育不健全)、家庭(如家庭溺爱)、学校(忽视心理教育)、社会(社会竞争激烈)都有密切的关系。图书馆可联合校医院等单位通过心理健康检查和走访调查等方式,筛选非正常死亡高危人群,并建立心理档案。开展积极有效的心理咨询和心理治疗,让其进行合理的宣泄、代偿、转移、升华,帮助大学生化解心理危机,增强抗挫折能力,增进心理健康,避免悲剧的发生。此外,家长要注重家庭和谐,关注子女的心理;社会要完善救助体制,为大学生送去关爱与温情。

总之,图书馆应联合其他力量齐心协力对大学生进行心理危机干预,把非正常死亡消灭在萌芽状态,使大学生珍惜生命的每一天,让生命的每一天活得更有意义、更加快乐!

二、避免工作倦怠

智慧图书馆也要求馆员避免工作倦怠,以饱满的热情投入繁忙的工作中去,踏踏实实做好各项工作,保证做事有激情、服务高水平。为避免工作倦怠,找到对策,需要测量图书馆人的心理状况。

以下从实证角度,应用心理测量手段,对图书馆馆员工作倦怠管中窥豹,从

而对图书馆心理学的发展起到一定的促进作用,对图书馆管理亦有一定的借鉴意义。

"工作倦怠(job burnout)"一词最早出现于 1974 年,美国精神科医生 H. Freudenberger 首次将之应用在心理健康领域,以此来表现工作者对工作的低落抑郁的情绪。工作倦怠包括情感耗竭(exhaustion)、讥诮态度(cynicism)及低工作效能(professional efficacy)三个维度。情感耗竭是指个体的情感资源极度耗费,极度疲惫,筋疲力尽。讥诮态度是指对自己的工作有消极的心理情绪,而低工作效能是指对自己的工作效率和职业成就做出负面评价[①]。开展工作倦怠研究,对于减弱个人的工作压力,提高个人的工作主动性,重新获得个人工作的价值和尊严,重新加强工作的内隐功能具有重要的意义[②]。当前测量工作倦怠的量表有 Maslach 等人的工作倦怠量表(Maslach Burnout Inventory)、Shirom 等人的工作倦怠量表(Shirom-Melamed Burnout Measure)、Pines 等人的工作倦怠量表(Burnout Measure)、Dmerouti 等人的工作倦怠量表(Oldenburg Burnout Inventory)[③],以及 Kristensen 等人的工作倦怠问卷(Copenhagen Burnout Inventory),等等。其中,Maslach Burnout Inventory(MBI)是目前世界上应用最为广泛的工作倦怠测量工具。

(一)研究方法

参照李媛修订 MBI-GS(MBI-General Survey)后的量表和计分方法,进行问卷调查。随机发放问卷50份,回收35份,剔除无效问卷2份,最后以33份有效问卷为研究材料,借此分析高校图书馆员工作倦怠的倾向。

参照 Maslach 等(1982)的方法,采用 SPSS 统计工具进行分析,将被试的情感耗竭、讥诮态度和低工作效能三个维度上的得分分别按降序排列,把1/3处的值视为工作倦怠程度的阈值。最后,获得阈值:情感耗竭总分大于42;讥诮态度总分大于43;低工作效能总分大于41。

综合考虑工作倦怠的三个维度,可把倦怠分为四种:无倦怠(若任一维度得分均低于阈值);轻度倦怠(若一维度得分高于阈值);中度倦怠(若两维度得分

---

①　李永鑫,张阔.工作倦怠研究的新趋势[J].心理科学,2007(2):478-481.

②　李永鑫,吴明证.工作倦怠的结构研究[J].心理科学,2005(2):454-457.

③　贾晓波,陈凤荣.工作倦怠的测量及其干预研究综述[J].心理与行为研究,2006(1):55-60.

高于阈值);高度倦怠(若三维度得分均高于阈值)①。本文使用 SPSS 13.0 软件包进行统计分析(x^2 检验),显著水平设为 P<0.05(双尾检验)。因为样本量小于 40,故采用 Fisher's Exact Test(费希尔精确检验)。

(二)研究结果

经过调查,得出某馆馆员工作倦怠的情况见表 7-4。

表 7-4　工作倦怠检出率

类别	人数	情感耗竭总分 (>42) 检出人数 (检出率)	讥诮态度总分 (>43) 检出人数 (检出率)	低工作效能总分 (>41) 检出人数 (检出率)	高度倦怠 检出人数 (检出率)
女性	25	5(20%)	5(20%)	4(16%)	0(0%)
男性	8	6(75%)	7(87.5%)	6(75%)	3(37.5%)

看来,该馆总体倦怠水平较低,各维度都出现倦怠的百分数仅为 9.09%(3/33)。维度一(情感耗竭)占 11 人,达 33.33%;维度二(讥诮态度)占 12 人,达 36.36%;维度三(低效能感)占 10 人,达 30.30%;高度倦怠占 3 人,仅为总数的 9.09%。可见,从整体看,达到高度倦怠的程度较低。

1. 性别

众所周知,图书馆是女性的天下,男性只是点缀。维度一(情感耗竭)、维度二(讥诮态度)、维度三(低效能感)、高度倦怠其 P 值分别为:Fisher's Exact Test P=0.008;0.001;0.004;0.01。可见,男女之间有显著的差异。男性好胜,耗力大,感到疲惫不堪;或者,社会期望大,图书馆职业地位相对较低,职业前景不太好,感到不如意。而女性较容易获得满足,感到图书馆工作是理想的工作。再者,社会对女性的期望低,可能导致女性外界压力较小。故女性倦怠水平要比男性低。

---

① 李永鑫,李艺敏.工作倦怠评价标准的初步探讨[J].心理科学,2006(1):148-150.

2. 工龄

表7-5　工作倦怠检出率(工龄)

类别	人数	情感耗竭总分(>42)	讯消态度总分(>43)	低工作效能总分(>41)	高度倦怠
		检出人数(检出率)	检出人数(检出率)	检出人数(检出率)	检出人数(检出率)
0~10年	8	2(25%)	3(37.5%)	1(12.5%)	0(0%)
>10年	25	9(36%)	9(36%)	9(36%)	3(12%)

工龄(0~10年)、工龄(10年以上)之间这几项指标的 P 值分别为(Fisher's Exact Test):P=0.687;1;0.382;0.560,P 均大于 0.05。表7-5 表明,从倦怠各项指标看,工龄 0~10 年要比工龄 10 年以上的低,但是没有显著性的差别。工龄短的员工相对工龄长的员工,对图书馆新事物感到新鲜,对图书馆工作充满希望,积极要求进步,工作热情高。因此,其倦怠水平总体水平相对较低。不过,二者不存在显著性差异。这表明,二者对图书馆工作总体上都还是感到满意的。

3. 学历

表7-6　工作倦怠检出率(学历)

类别	人数	情感耗竭总分(>42)	讯消态度总分(>43)	低工作效能总分(>41)	高度倦怠
		检出人数(检出率)	检出人数(检出率)	检出人数(检出率)	检出人数(检出率)
研究生	6	3(50%)	4(66.67%)	1(16.67%)	1(16.67%)
大学生	18	6(33.33%)	5(27.78%)	6(33.33%)	1(5.56%)
其他	9	2(22.22%)	3(33.33%)	3(33.33%)	1(11.11%)

研究生、大学生、其他人员三者之间这几项指标的 P 值分别为(Fisher's Exact Test):$x^2=1.295$,P=0.477;$x^2=2.853$,P=0.293;$x^2=0.635$,P=0.775;$x^2=1.378$,P=0.748。它们均大于 0.05。这表明,研究生、大学生、其他人员三者之间倦怠水平无显著性差异。

表7-6表明,从高度倦怠指标看,研究生>其他人员>大学生。这可能与外界压力有关。研究生要表现出自己的研究优势,要拿出比其他人更大的成绩,来满足他人的期望,因此,压力之大就可想而知了。而其他人员可能由于学历较低,时刻有忧患意识,压力也相对较大。

4. 职称

表7-7　工作倦怠检出率(职称)

类别	人数	情感耗竭总分 (>42) 检出人数 (检出率)	讯消态度总分 (>43) 检出人数 (检出率)	低工作效能总分 (>41) 检出人数 (检出率)	高度倦怠 检出人数 (检出率)
高级	4	1(25%)	1(25%)	3(75%)	1(25%)
中级	24	9(37.5%)	10(41.67%)	7(29.17%)	1(4.17%)
初级	5	1(20%)	1(20%)	0(0%)	1(20%)

高级、中级、初级三者之间这几项指标的其 P 值分别为(Fisher's Exact Test):$x^2 = 0.658$、0.979、5.162、3.495。$P = 0.848$、0.728、0.046、0.174。除低工作效能一项有显著性差异外,其他均无显著性差异。表7-7表明,从高度倦怠这个指标看,高级>初级>中级。这可能与年龄、外界压力等多种因素有关。高级职称者年龄相对较大,有些身兼多职,更容易身心疲惫。而初级职称者要拿出比其他人更大的成绩来评职称。再加上他们一般学历较低,时刻有忧患意识,压力也相对较大。不过,三者无显著性差异。从总体上看,他们倦怠水平都较低,对工作干劲十足,充满热情。

总之,从此次调查来看,倦怠水平除性别有显著差异外,工龄、学历、职称均无显著性差异。

(三)研究建议

国家应建立统一的测量标准、指标体系,以便规范化,否则,一人一个样,不便于结果的比较与评价。

尚须进一步探讨的问题还有很多。工作倦怠研究要融入更多的影响因素,要加强长期的追踪研究。应加强干预的研究。再者,工作倦怠研究也要采用生理指标检测法、他评问卷测量法等测量方法①,从而提升测量结果的客观性。

(四)预防建议

工作倦怠者因情感耗竭,身心疲惫,工作情绪低落,职业成就感淡漠,工作效率低下,甚至会出现抑郁前驱症状,丧失职业自信,拒绝工作。极端的例子就是过劳死。工作倦怠很大程度来自精神压力。如工作岗位长期固定化,对工作内容缺乏兴趣;人际关系紧张;工作分工不明确;工作内容没有挑战性、乏味;工作与职业兴趣有一定的距离。再加上个人责任感强,对事务要求尽善尽美,比较固执,等等,都会造成工作倦怠。

因此,可采取如下预防策略:

(1)对个人而言,要劳逸结合,善待自己;自寻工作乐趣和业余兴趣,增加自我心理代偿;学习阿Q的精神胜利法应对职业烦恼;设计个人职业与生活规划,树立目标,增强工作信念;搞好人际关系,寻求互相援助和心理支持;养成合理的饮食和锻炼习惯;运用阅读疗法,为自身心理健康服务;状况严重者需要心理援助的介入。

(2)对组织而言,要形成图书馆和谐的氛围;建立一套恰当的绩效评价和奖励方法;为员工提供表达情绪的渠道;提供适度的在职训练。

三、开展服务质量评估

智慧图书馆建设需要对馆员开展服务质量评估,服务质量评估体系LibQUAL+® 具有一定的借鉴意义。

(一)服务质量评估体系 LibQUAL+® 的历史与现状②

关于图书馆服务质量评价的问题,在国外尤其是欧美图书情报界很早就开始了相关研究,形成了各种不同理论,并不断进行深入探讨。其中,影响最大的是美国研究图书馆协会(ARL)的服务质量评估体系 LibQUAL+® 。LibQUAL+®是以 SERVQUAL 为基础构建的,采取的是网上间接调查研究的方法,以用户评价为基础的评估图书馆服务质量的工具。LibQUAL+® 是 StatsQUAL™ 的一部

---

① 王彦峰.国外工作倦怠测量的研究进展[J].南方论刊,2007(10):67-68,59.
② Association of Research Libraries. LibQUAL+® Procedures Manual. [2020-11-16]. http//www. libqual. org/documents/admin/procedures_final2007. pdf.

分,StatsQUAL™ 还包括 DigiQUAL™(用来评估图书馆网站)和 MINES for Libraries™(用来评估网络化的电子服务)。

LibQUAL+® 的研究历史要追溯到 1999 年 9 月。它是美国研究图书馆协会(ARL)和得克萨斯农机大学(TAMU)共同研究的结果。其中,Colleen Cook、Fred Heath 和 Duane Webster 三人起着关键的作用。LibQUAL+® 的前身是 ARL 的"采用 SERVQUAL 测量服务成效的实用性研究"。ARL 和 TAMU 合作　　读者调查的基础上,对 SERVQUAL 进行多次修订,最终于 2000 年正式提出了 LibQUAL+®。它以用户评价作为唯一的评价来源。其目标是帮助图书馆　更好地理解读者的感受,为不同图书馆提供服务质量衡量量表,从而改进图书馆的服务质量。

2000 年春,有 12 家参与单位,2001 年是 43 个,2002 年是 164 个,到 2006 年发展到 800 余家,至今有 60 多万用户接受了调查。如约克大学、亚利桑那大学、康乃狄克大学、休斯敦大学、堪萨斯大学等学校的图书馆都接受过调查。截至目前,调查已在澳大利亚、加拿大、丹麦、埃及、英国、芬兰、法国、荷兰、瑞典、瑞士、南非等国开展过。

它采用网上调查方式,由被调查者在网上填写并提交调查表。要求样本量至少 1200 人。对大学图书馆而言,推荐至少 900 名本科生,600 名研究生,6000 名职员。它分为若干维度,每个维度再分为若干问题。对于每个问题,用户要从可接受的最低服务水平(minimum service level)、实际感知的服务水平(perceived service performance)和理想的服务水平(desired service level)三个方面进行打分。每个方面设置 9 个级别(其中,1 代表最低级,9 代表最高级),读者可选取其中一个作为这个问题的分值①。

2000 年是 8 个维度 41 个问题,2001—2003 年变为 4 个维度 25 个问题。后来,经因子分析和可靠性分析,又把信息的可获取性和个人控制合并为信息控制(information control),演变为目前的 3 个维度 22 个核心问题。具体内容如下:3 个维度是服务的影响(affect of service)、信息控制(information control)、图书馆环境(library as place)。为保证回答有效,每一维度通过至少 5 个问题来评估。LibQUAL+® 包括 22 个核心子项和一个箱形框(填写被调查者的评论)。

---

① 常唯.LibQUAL+™:图书馆服务质量评价方法新进展[J].大学图书馆学报,2003(4):23-26.

额外项有读写能力(5个问题)、图书馆利用(3个问题)和满意情况(3个问题)。

加入方式有个体、联盟、国际加入3种。它采用广告、散发传单等方式与用户沟通。当用户不能或不愿完成在线调查时,采用纸本调查(print survey)。然后,由调查人输入网络。目前,ARL为采用LibQUAL+®的图书馆提供专用LibQUAL+®数据分析软件、集中的数据储存空间、LibQUAL+®反馈数据的分析、测度结果的整理和报告的撰写等服务。

我国传统的图书馆服务质量评价方法是衡量藏书量、人员数量等外在的客观指标。LibQUAL+®在2004年首先被清华大学图书馆使用。后来,中山大学、浙江大学、华南理工大学、宁波大学、华南师范大学、西南交通大学等一些大学图书馆也尝试性地开展了应用性研究。

近年来,国内专家学者从不同角度对图书馆服务质量评价问题进行了研究,并提出了不同见解,如初景利提出了图书馆服务质量应由用户来决定,庄育飞等建立了服务质量差异分析模型,王玉提出了运用层次分析法确定指标权重等观点。此外,还有学者对图书馆的数字化参考咨询服务质量评价、科技查新服务质量评价体系等进行了研究,并对其指标体系的构建进行了一些探讨。

(二) 存在的问题

尽管LibQUAL+®有方便快捷、自动化程度高等优点,但也存在着许多问题。

1. 九个等级不好量化

除了存在网上调查答复率较低(仅15% ~ 20%)的问题,而且用户能否准确打分也是个大问题。能否准确地转化为相应的分值? 当读者无法准确表达期望,势必会随意打分。影响打分准确性的因素很多,如口头传播、个人需要、以往的图书馆经历、服务机构对外的服务承诺等。是否直接用感受值代表用户的满意度更佳?

2. 方法问题

在图书馆服务质量评价中,关键有二:一评价指标的确定;二是权重的确定。指标的确定有德尔菲法、变异系数法、聚类分析法、因子分析法等。在计算服务质量总体得分时,如何设置3个维度的权重? 有些图书馆对3个维度赋予同样的权重,但更多的图书馆则是根据层次分析法、主成分分析法、专家咨询法和乘积标度法等权重确定方法对这3个维度赋值。权重确定方法很多,到底哪一个更科学,如何判断? 目前无法确定。

3.评估图书馆的有效性①

LibQUAL+® 调查强调了读者的满意和依靠自我的作用。但是,LibQUAL+®忽视了读者对图书馆专业信息的了解以及图书馆员实际工作经验的关注。

LibQUAL+® 与读者满意度关系最密切的衡量得分是服务效果,而与结果得分关系最密切的是信息控制。结果表明,LibQUAL+® 主要测量满意度。

(三)启示

1.服务质量评价是可以定量的

LibQUAL+® 提供了一种定量评价图书馆服务质量的方法。它可以使图书馆了解其服务亟待改进之处,影响服务质量的最重要的因素,以及本馆与同类馆之间的差距所在,以及时采取改进措施。这种评估模式对图书馆服务工作目标的制定和决策意义重大。

2.服务质量评价应由读者和专家共同评价

LibQUAL+® 仅仅强调了读者的评价。打个比方,一个医生给患者两瓶药,每瓶浓度为10%,100g,患者很高兴。如果给他一瓶药,浓度为30%,100g,他不高兴,因为他感到医生给得药太少,仅一瓶。可是,实际上,后者比前者的药量更大。应把主观评估和客观评估相结合,从专家和读者两个角度相结合来评估服务质量,特别要重视读者的满意度,要从读者的反馈中改进工作,更好地为之服务。

3.要进行实证调查

开展以网上问卷调查为主、个别人工问卷调查为辅的调查形式,来进行原始数据的收集。要求样本量至少1200人。对大学图书馆而言,分层随机取样,推荐900名本科生,600名研究生,6000名职员。借鉴 LibQUAL+® 的衡量指标,参考国内学者相关的评价指标,完成指标初选。组织国内专家学者对准指标进行论证、修正和补充。然后,进行试测。在得到预调查数据之后,运用信度分析与效度分析,对问卷进行可靠性与有效性检验。可采用因子分析法,优化指标,并确定权重。最后,根据反馈的意见,重新调整部分问题,确定最终的衡量指标。

---

① EDGAR B. Questioning LibQUAL+: critiquing its assessment of academic library effectiveness. [2020-12-17]. http://eprints.rclis.org/archive/00008209/01/Edgar_Questioning.pdf.

4. 借鉴国外相关成果,走自己的路

借鉴国外相关成果,可采取如下研究步骤:首先在制定评估标准的基础上,进行实证调查,再利用评价软件进行评估分析,最后获得评估报告。然后,还需要不断地修订与改进。

评估服务质量的方法主要有模糊数学方法、神经网络方法、线性回归方程方法、层次分析法(AHP)、网络层次分析法(ANP)等。对这些方法,要研究其优劣。对其可做一些改进,以适应我国图书馆服务质量的评价,如在评价的维度中加入服务补救和信息系统两个维度,是否更全面?

当前确定权重的手段主要有专家咨询法、主成分分析法、乘积标度法、层次分析法①。这些方法研究角度不同,各有其局限性。采用网络层次分析法似乎更好,因为它考虑到指标之间的网络结构和相互影响,能更客观地确定指标的权重。而且,网络层次分析法确定的权重与样本选取无关。通过网络层次分析法计算出的指标权重更具科学性、实用性和普适性。可通过如下步骤确定指标的权重:①以析出的评价指标为基础,通过专家论证,分析出各项指标之间的相互影响程度,探索各项指标相互影响的规律。②根据确定的评价指标和各指标之间的相互影响程度,建立网络层次模型,采用网络层次分析法确定各项指标的权重。

可采用模块化结构设计思想,选用 C++ 等开发语言,开发出一套专用的图书馆服务质量自动评价软件系统。该软件可由参数设置、数据管理、数据分析、结果反馈等模块组成。根据反馈结果进行分析、论证,并在实践中不断完善系统功能,以提高系统的科学性、实用性和准确性。

5. 不同类型图书馆服务质量评价的相关研究

在我国,除了高校图书馆,还存在着其他类型的图书馆,如公共图书馆、专业图书馆等。由于它们的运行过程、成果表现和特点各不相同。因此,评价体系和指标的选择也应有所不同。值得探讨的问题还有许多许多,如:能否改进使之适合我国智慧图书馆服务质量评价? 图书馆服务质量评价体系对数字图书馆适用吗? 如何改进使之适合我国的国情? 能否制定符合图书馆行业统一的评价标准? 等等。

---

① 孙楠. 服务质量评价研究[D]. 广州:暨南大学,2006.

第四节　智慧图书馆建设与研究的建议

一、智慧图书馆建设的建议

1. 循序渐进地建设智慧图书馆

俗话说,罗马不是一天建成的。智慧图书馆的建设也不是一蹴而就的,需要日积月累、坚持不懈的努力。

2. 以多种方式建设智慧图书馆

关于智慧图书馆建设,资金、人员、设备、服务、管理、技术缺一不可。智慧图书馆建设方式很多。比如,因为服务是核心,需要培养智慧型馆员。围绕读者做文章,图书馆需要练好内功。馆员需要学习新技术,提高水平,增强服务本领。又如,采用数字人文作为手段建设智慧图书馆。有关情况可参考图书馆数字人文方面的高被引论文。国内图书馆数字人文方面的高被引论文见表7-8。再如,可用元宇宙的技术体系打造智慧图书馆[1]。有关情况可参考图书馆元宇宙高被引论文。国内图书馆元宇宙高被引论文见表7-9。

3. 要进行智慧图书馆评价

搞智慧图书馆建设需要智慧图书馆评价[2]。通过评价可优化管理,激发图书馆建设潜能,提高影响力。这对推动图书馆创新改革以及提升智慧图书馆建设水平具有重要的实践意义。

二、智慧图书馆研究的建议

1. 进行跨学科研究

智慧图书馆涉及面广,不仅需要开展计算机科学、语言学、心理学、法学、社会学、生物学等多学科综合研究,还需要政府、媒体、网络运营商、社会组织、读

---

① 吴江,陈浩东,贺超城.元宇宙:智慧图书馆的数实融合空间[J/OL].中国图书馆学报,2022,48(6):16-26[2022-07-15].https://kns.cnki.net/kcms/detail/11.2746.G2.20220610.1843.002.html.

② 单轸,陈雅.新技术背景下高校智慧图书馆建设优化策略研究[J].图书馆,2022(5):48-53.

者等共同解决。

2.结合数字人文、元宇宙进行研究

数字人文、元宇宙是当前研究的热点。而数字人文、元宇宙与智慧图书馆有着千丝万缕的联系。因此,可结合数字人文、元宇宙进行智慧图书馆研究。

3.加强智慧图书馆评价体系研究

智慧图书馆评价意义重大。智慧图书馆建设情况需要测评,以便衡量建设的成效。要加强智慧图书馆评价体系研究,包括评价主体、评价方法、评价指标等方面,对于智慧图书馆建设实践具有重要的指导意义。

表7-8 国内图书馆数字人文高被引论文

序号	题名	作者	单位	文献来源	年份
1	中国历史地理数据在图书馆数字人文项目中的开放应用研究	夏翠娟	上海图书馆	中国图书馆学报	2017
2	面向知识服务的图书馆数字人文项目建设:方法、流程与技术	夏翠娟;张磊;贺晨芝	上海图书馆系统网络中心研发部	图书馆论坛	2018
3	国外图书馆支持数字人文的实践及启示	张舵;吴跃伟	中国科学院武汉文献情报中心;中国科学院大学	图书馆杂志	2014
4	数字人文:图书馆实践的新方向	朱本军;聂华	北京大学图书馆	大学图书馆学报	2017
5	数字人文背景下的图书馆:作用与服务	曾小莹	广州医科大学卫生职业技术学院图书馆	图书与情报	2014
6	图书馆在数字人文领域的传播功能与服务研究	熊莉君;张福阳;张灿	南昌大学	图书馆	2016
7	面向人文研究的"数据基础设施"建设——试论图书馆学对数字人文的方法论贡献	夏翠娟	上海图书馆	中国图书馆学报	2020
8	数字人文的兴起及图书馆的角色	朱娜	西安建筑科技大学图书馆	图书馆	2016

续表 7-8

序号	题名	作者	单位	文献来源	年份
9	国外图书馆参与数字人文研究述评	冯晴;陈惠兰	东华大学图书馆	图书馆杂志	2016
10	美国图书馆数字人文案例研究及启示——以布朗大学、纽约公共图书馆为例	朱华顺	东莞理工学院图书馆	国家图书馆学刊	2016
11	面向数字人文的图书馆科研支持服务研究	赖永忠	贵州财经大学图书馆	图书馆工作与研究	2016
12	面向数字人文的图书馆开放数据服务研究——以上海图书馆开放数据应用开发竞赛为例	张磊;夏翠娟	上海图书馆	图书馆杂志	2018
13	美国高校图书馆数字人文馆员队伍建设及启示	苏敏;许春漫	福建师范大学社会历史学院	图书馆建设	2018
14	我国图书馆数字人文服务现状、障碍与对策研究	金玲娟	浙江水利水电学院图书馆	图书馆工作与研究	2018
15	数字人文背景下图书馆人文数据组织与重构	欧阳剑;彭松林;李臻	广西民族大学文学院;广西图书馆	图书情报工作	2019
16	"图书馆与数字人文"国际研讨会综述	张玲	深圳大学城图书馆	大学图书馆学报	2018
17	美国图书馆领域数字人文项目研究	邓要然	广东农工商职业技术学院图书馆	图书馆工作与研究	2017
18	数字人文视域下的图书馆特藏资源数字化建设——以"民国时期文献目录数据平台"为例	蔡迎春	上海师范大学图书馆	图书馆建设	2018
19	基本原则与关键问题——学术型图书馆馆员如何启动数字人文项目	肖鹏;彭嗣禹;王蕾	中山大学资讯管理学院;中山大学图书馆特藏部	图书馆论坛	2017

续表 7-8

序号	题名	作者	单位	文献来源	年份
20	嵌入数字人文过程的图书馆科研数据服务研究	黄钰新;王远智	海南师范大学图书馆;重庆医药高等专科学校图书馆	情报资料工作	2017
21	民间历史文献数字人文图书馆构建——以徽州文书数字人文图书馆实践反思为例	王蕾;薛玉;肖鹏;申斌	中山大学图书馆特藏部;北京大学历史系	图书馆论坛	2018
22	数字人文研究的图书馆学方法:书目控制与文献循证	刘炜;林海青;夏翠娟	上海图书馆;加州伯克利大学图书馆	大学图书馆学报	2018
23	国外图书馆支持数字人文研究进展	杨滋荣;熊回香;蒋合领	华中师范大学信息管理学院;贵州财经大学信息学院	图书情报工作	2016
24	智慧图书馆空间再造与数字人文服务创新研究	唐燕;刘小榕;李健	天津理工大学管理学院	图书馆	2020
25	英国高校图书馆数字人文服务探析——以兰卡斯特大学为例	钱国富	广东外语外贸大学图书馆;中山大学资讯管理学院	大学图书馆学报	2017
26	我国数字人文研究演进路径及图书馆支持策略探析	王贵海	南京大学信息管理学院	图书馆工作与研究	2019
27	数字人文和计算化社会科学及其对图书馆的挑战	Michael A. Keller;王宁	美国斯坦福大学图书馆;中国海洋大学	现代图书情报技术	2014
28	国外高校图书馆数字人文馆员岗位设置研究	叶焕辉	河源职业技术学院图书馆	图书馆工作与研究	2017
29	面向数字人文的图书馆知识服务模式研究	王新雨	郑州少年儿童图书馆	图书馆工作与研究	2019

续表 7–8

序号	题名	作者	单位	文献来源	年份
30	我国数字人文研究脉络及其在图书馆学情报学领域的典型应用	沈振萍;黄水清	南京农业大学信息科学技术学院;苏州市伏泰信息科技股份有限公司	大学图书馆学报	2017
31	大数据时代图书馆数字人文建设现状与发展路径	周晨	南京邮电大学图书馆	图书馆工作与研究	2018
32	"期待膨胀期"的数字人文研究——《图书馆论坛》"数字人文"栏目的回望与展望	刘洪;肖鹏	《图书馆论坛》	图书馆论坛	2019
33	高校图书馆数字人文:跨学科合作的现实困境与对策研究	汪莉	南京师范大学图书馆	新世纪图书馆	2018
34	数字人文背景下图书馆经典阅读推广服务转型及实现路径研究	胡爱民	海南热带海洋学院图书馆	图书馆工作与研究	2018
35	美国高校图书馆的数字人文馆员岗位设置	金玲娟	浙江水利水电学院图书馆	图书馆论坛	2018
36	美国高校图书馆的数字人文服务实践——以加州大学洛杉矶分校为例	于亚秀;李欣	华东师范大学图书馆自动化部;华东师范大学数据科学与工程学院	图书馆论坛	2018
37	我国高校图书馆开展数字人文教育的对策	杨晓雯	南京医科大学图书馆	图书馆论坛	2018
38	图书馆数字人文众包项目实践	贺晨芝;张磊	上海图书馆系统网络中心	图书馆论坛	2020

续表 7-8

序号	题名	作者	单位	文献来源	年份
39	数字人文的跨界、融合与对话——第九届上海国际图书馆论坛数字学术与人文研究分会场"快闪报告"综述	金家琴;夏翠娟	上海图书馆	图书馆杂志	2018
40	耶鲁大学图书馆的数字人文服务实践	唐乐	南京工程学院图书馆	图书馆论坛	2019
41	数字人文教育需求与图书馆参与模式研究	桂罗敏;介凤	上海大学图书馆	数字图书馆论坛	2018
42	数字人文视域下基于多源数据融合的人物专题数据库建设——以上海图书馆2018开放数据应用开发竞赛作品"树人者"为例	赵星;李书宁;肖亚男	北京师范大学图书馆	图书馆杂志	2019
43	新时代图书馆数字人文发展研究	蒋萌	常州信息职业技术学院图书馆	图书馆工作与研究	2019
44	美国高校图书馆数字人文服务研究及启示	田燕飞;盛小平	华南师范大学经济与管理学院;上海大学图书情报档案系	图书馆工作与研究	2019
45	图书馆异构特藏资源整合的数字人文研究需求	李欣;张毅;汪志莉	华东师范大学图书馆	数字图书馆论坛	2017
46	面向大学生创新创业的高校图书馆数字人文教育服务研究	肖平;樊振佳	天津外国语大学图书馆;南开大学商学院信息资源管理系;南开大学创业管理研究中心	图书馆学研究	2019
47	图书馆支持数字人文研究进展	肖奕	中国科学院大学、中国科学院成都文献情报中心	图书馆论坛	2018

续表7-8

序号	题名	作者	单位	文献来源	年份
48	国外数字人文研究演进及发展动向——基于哈佛大学图书馆馆藏相关专著的梳理	郭晶;王晓阳	上海交通大学图书馆;浙江大学图书馆	图书与情报	2018
49	inBooks数字人文工具的设计与实现——基于上海图书馆开放数据的微信小程序	周谦豪;戴泽钒;朱奕帆;盛嘉祺;许鑫	华东师范大学信息管理系	图书馆杂志	2019
50	图书馆数字人文架构与策略研究	蒋萌	常州信息职业技术学院图书馆	图书馆工作与研究	2017

表7-9　国内图书馆元宇宙高被引论文

序号	题名	作者	单位	文献来源	年份
1	元宇宙是图书馆的未来吗?	杨新涯;钱国富;唱婷婷;涂佳琪	重庆大学图书馆;广东外语外贸大学图书馆;重庆大学知识产权信息服务中心	图书馆论坛	2021
2	元宇宙时代图书馆、档案馆与博物馆(LAM)的技术采纳及其负责任创新:以NFT为中心的思考	陈苗;肖鹏	中山大学信息管理学院	图书馆建设	2022
3	在虚与实之间想象元宇宙中图书馆的模样	陈定权;尚洁;汪庆怡;程诗谣;郑炜楠;彭松林	中山大学信息管理学院;广西壮族自治区图书馆党委	图书馆论坛	2022
4	图书馆与元宇宙理论融合:内涵特征、体系结构与发展趋势	张兴旺;毕语馨;郑聪	桂林理工大学旅游与风景园林学院;桂林理工大学图书馆	图书与情报	2021

续表7-9

序号	题名	作者	单位	文献来源	年份
5	面向元宇宙的图书馆信息物理融合研究	张兴旺;吕瑞倩;李洁;雷薇	桂林理工大学旅游与风景园林学院	数字图书馆论坛	2022
6	图书馆元宇宙:是什么、为什么和怎么做?	刘炜;祝蕊;单蓉蓉	上海图书馆;上海科学技术情报研究所;上海大学文化遗产与信息管理学院	图书馆论坛	2022
7	图书馆即教育:元宇宙视域下的公共图书馆社会教育	郭亚军;李帅;马慧芳;李捷	郑州航空工业管理学院信息管理学院	图书馆论坛	2022
8	图书馆与元宇宙:关系、功用与未来	张庆来;苏云	兰州大学管理学院	图书与情报	2021
9	从技术概念到研究议题:元宇宙图书馆走向何种未来	辛海霞	东莞职业技术学院图书馆	图书与情报	2021
10	元宇宙视域下智慧图书馆的创新发展研究	田丽梅;廖莎	渤海大学;湖南图书馆	图书馆	2022
11	元宇宙图书馆 一座看得见的天堂——"天堂的具象:图书馆元宇宙的理想"论坛综述	李洪晨;许可;张闯;赵星	南京大学信息管理学院;华东师范大学经济与管理学部信息管理系;复旦大学大数据研究院;复旦大学国家智能评价与治理实验基地;复旦大学元宇宙与虚实交互联合创新中心	图书馆论坛	2022
12	元宇宙视域下的图书馆虚拟服务	杨新涯;涂佳琪	重庆大学图书馆	图书馆论坛	2022

续表 7-9

序号	题名	作者	单位	文献来源	年份
13	元宇宙赋能的图书馆社会教育:场景、审视与应对	娄方园;邹轶韬;高振;齐梦娜;王书瑶;王娟	江苏师范大学智慧教育学院;江苏师范大学智慧教育研究中心	图书馆论坛	2022
14	沉浸理论视角下元宇宙图书馆"人、场、物"重构研究	李洪晨;马捷	吉林大学管理学院;吉林大学信息资源研究中心	情报科学	2022
15	元宇宙视域下的智慧图书馆服务模式与技术框架研究	李默	山东科技大学图书馆	情报理论与实践	2022
16	元宇宙赋能虚拟图书馆:理念、技术、场景与发展策略	郭亚军;李帅;张鑫迪;李捷	郑州航空工业管理学院信息管理学院	图书馆建设	2022
17	图书馆元宇宙的理想	范并思	华东师范大学信息管理系	中国图书馆学报	2022
18	元宇宙图书馆 3D/VR 资源建设与服务——以美国图书馆 3D/VR 资源服务项目为例	林立	闽江学院图书馆	图书馆论坛	2022
19	元宇宙:智慧图书馆的数实融合空间	吴江;陈浩东;贺超城	武汉大学信息管理学院	中国图书馆学报	2022
20	元宇宙、世界 3 与图书馆的明天	周文杰	西北师范大学商学院	中国图书馆学报	2022
21	全智慧图书馆——元宇宙成为实现途径	储节旺;李佳轩	安徽大学管理学院	图书情报工作	2022
22	国家文化数字化战略与图书馆元宇宙实践	赵星	复旦大学大数据研究院;复旦大学国家智能评价与治理研究基地;复旦大学元宇宙与虚实交互联合创新中心	中国图书馆学报	2022

第八章
图书馆员工指导研究

第一节　图书馆员工指导研究的理论基础

一、指导的含义

指导是专业领域中培养新人或经验不足的人的重要策略。在《现代汉语大词典》中,指导的含义是"指点引导"。在《牛津英语词典》中,它的含义是一个拥有更多经验和知识的人指点另一个拥有较少经验和知识的人。Mijares、Baxley 和 Bond 将指导(Mentoring)定义为人与人之间的互动,其中经验丰富的指导者为较少经验的人提供指点、鼓励、榜样和情感支持①。具体到图书馆员工指导环境中,指导是图书馆拥有较多经验和知识的员工为拥有较少经验和知识的员工提供职业发展平台和情感支持。

指导对指导者和被指导者均有利。指导者起着催化剂的作用,提供建议、咨询和心理支持。指导者可以通过将知识和技能传授给他人获得个人满足感,培养领导能力;可以得到分享的机会,使被指导者获得新理念、新观点;可以从组织的认可中受益。被指导者可以得到有经验的人的指导,扩展视野,学习知识和技能,增强能力,晋升更快;有机会分享该领域的新见解;尽快适应图书馆,提高职业满意度。

---

①　MIJARES L,BAXLEY S,BOND M. Mentoring:a concept analysis[J]. The Journal of Theory Construction & Testing,2008,17(1):23–28.

二、指导的种类

指导可分为正式的指导和非正式的指导。

正式的指导是通过官方组织安排发展起来的,这些组织安排提供了启动、维持和终止指导者—被指导者关系的指导方针,期望和政策。正式的指导可以提高工作绩效,增强信心,促进人际关系并减少人员流失,从而对整个部门和图书馆产生积极影响。但是,可能存在着指导者数量缺乏的问题。

非正式的指导则是在相互认同和发展需求的驱动下自愿出现和发展的,无须组织干预。非正式的指导没有预先安排计划或会议,灵活性更高,持续时间更长。但是,这种指导取决于二者的热情,缺乏稳定性。再者,由于没有官方的安排,需要指导的员工可能找不到指导者。

三、四阶段理论

1983年波士顿大学的凯西·克拉姆(Kathy Kram)确定了指导的四个阶段:萌芽阶段、培养阶段、分离阶段和重新定义阶段①。这是四个可预测但截然不同的阶段。①萌芽阶段。在此阶段,双方积极互动,寻求一种积极愉快的关系。指导者提供指导,并给予挑战性工作;被指导者可提供技术支持,表达尊重之意和渴望被指导的愿望。②培养阶段。在此阶段,为被指导者提供的职业和社会心理职能的范围扩大到最大程度。双方都继续从关系中受益,并有机会进行有意义的和更频繁的互动,情感纽带加深,亲密感增加。③分离阶段。在此阶段,由于组织结构的变化或心理上的变化而改变了二者之间的关系。继续互动的机会有限,被指导者不再寻求指导者的指导,而是希望有机会自主工作。指导者减少了向被指导者提供职业和社会心理职能。④重新定义阶段。在此阶段,关系呈现为新形式,或者关系完全结束。分离的压力感消失了,感恩和欣赏的程度增加了。

---

① KRAM K E. Phases of the mentor relationship[J]. Academy of Management Journal, 1983,26(4):608-625.

四、社会认知理论

美国心理学家阿尔伯特·班杜拉(Albert Bandura)提出了社会认知理论[1]：环境因素、行为、人的主体因素三者是互相独立，同时又相互作用从而相互决定的理论实体；人们在社会环境中学习；人、环境和行为之间具有动态和相互的作用；人们可以通过观察和模仿他人来学习；学习是由注意过程、保持过程、产出过程、动机过程这四个相关联的过程组成的。获得的主要学习成果有：知识扩展，观点共享，知识验证和替代观点。

第二节　图书馆员工指导研究的有关实践

国外很多国家的图书馆都有员工指导计划。下面以美国为例进行研究。

美国很多图书馆都有员工指导计划。比如，普渡大学图书馆强制性联合指导计划，是一个采用一名被指导者和几名指导者形式的正式的指导计划。该计划为所有教职员工提供支持，并就晋升提供建议。这些教职审查委员会将绩效审查与晋升进展结合在一起，并负责编写书面年度审查和评估，还参加晋升审查。该计划在普渡大学图书馆被认为非常有效[2]。

得克萨斯州农工大学图书馆在 2005 年建立了一项强制性的指导计划，该计划要求每个非终身制的馆员与两名终身制的馆员进行配对。指导小组的重点是在支持馆员的研究、出版和任期发展方面[3]。

路易斯安那州立大学图书馆为终身制馆员实施了正式的指导计划，该计划从同伴指导开始，然后转向分级指导[4]。

---

① BANDURA A. 1989. Social cognitive theory[C]. In R. Vasta(Ed.), Annals of child development: Six theories of child development. Greenwich, CT: JAI Press.

② HEYNS E P, NIXON J M. Designing a mentoring program for faculty librarians[J]. IFLA Journal, 2020, 46(3): 197-206.

③ STEPHENS J, SARE L, KIMBALL R, et al. Tenure support mechanisms provided by the Faculty Research Committee at Texas A & M University Libraries: a model for academic libraries[J]. Library Management, 2011, 32(8/9): 531-539.

④ KUYPER-RUSHING L. A formal mentoring program in a university library: components of a successful experiment[J]. The Journal of Academic Librarianship, 2001, 27(6): 440-446.

特拉华大学为入门级、职业中期和高级专业发展水平的员工创建了一个三级指导计划①。

加利福尼亚州立大学长滩分校开发了一种称为"资源团队模型"的共同指导系统,其中 3 名高级馆员指导 1 名新馆员为期 6 个月。指导的范围包括对图书馆工作的适应和培训,即馆藏开发、参考、指导、专业发展和研究②。

科罗拉多大学图书馆的研究与教学部门实施了同伴指导计划。8 名参与者接受了培训,其中包括对同伴教练的介绍,计划的结构以及他们期望遵循的角色和指南。结果表明,参与者认为该计划是成功的,能够增强社区服务意识,提高参与反思性实践的机会,并能够协助确定需改进的领域③。

威克森林大学还将反向指导作为同伴指导计划的一部分。在反向指导中,年轻或新毕业的馆员与年龄较大或经验丰富的馆员配对。然后,年轻的馆员可以分享年龄较大的馆员对新技术、新实践模式以及图书馆小工具和软件的知识,而年长的,经验丰富的馆员则可以分享关于机构文化以及如何驾驭职业世界的知识。反向指导模式使新馆员感到自己是关系的重要贡献者,并为老馆员的职业发展提供了机会④。

爱达荷大学图书馆在研究传统和同伴指导模式时,为馆员选择了"实践社区"的做法:一群具有共同兴趣或专业的人,分享经验和知识,以努力提高每个成员的技能。这种模式涉及将具有不同经验水平的员工团结在一起,并为成员提供机会分享想法,寻求研究建议,批评彼此的工作并建立协作纽带。这种指导模式的成功取决于一些要素,例如内部领导者,分享思想的平台以及保留团体势头的特定活动。对于那些难以找到足够的指导者或受指导者以形成传统

---

① WOJEWODZKI C, STEIN L, RICHARDSON T. Formalizing an informal process [J]. Technical Services Quarterly,1998,15(3):1-19.

② BOSCH E K,RAMACHANDRAN H,LUEVANO S,et al. The resource team model:an innovative mentoring program for academic librarians[J]. New Review of Academic Librarianship, 2010,16(1):57-74.

③ SINKINSON C. An assessment of peer coaching to drive professional development and reflective teaching[J]. Communications in Information Literacy,2011,5(1):9-20.

④ KEENER M,JOHNSON V,COLLINS B L. In-house collaborative mentoring[J]. C&RL News,2012,73(3):134-136,146.

指导形式的图书馆来说,实践社区提供了一个强有力的选择①。

下面详细介绍一下科罗拉多州博尔德大学图书馆和佛罗里达大学图书馆的指导计划。

科罗拉多州博尔德大学图书馆针对所有级别的馆员制订了结构化的团体指导计划,将35名新馆员与23名高级馆员联系在一起。该计划可以进行与任期、职业目标、工作生活平衡以及机构文化和背景有关的指导②。此计划创建了由4至5个被指导者与2至3个指导者配对的小组。每个指导小组(总共6到8个人)每年必须至少开会6次。每个小组在年初开始签订指导协议。该协议详细说明了对指导者和被指导者的期望。对他们的共同期望是:指导者将与被指导者一起为指导制定明确的目标和期望;指导者与被指导者一起明确实现里程碑的具体时间表;指导者与被指导者之间所有交流的内容应该保密。除此以外,对指导者的期望还有:每年将至少组织6次会议;指导者将参加团体指导计划的年度评估;指导者跟踪被指导者在全年会议中的出席情况,以协助指导委员会评估该计划。对被指导者的期望还有:被指导者每年将至少参加6次会议;被指导者参加对团体指导计划的半年度评估。该大学图书馆的小组指导计划将多个被指导者与多个指导者聚集在一起,计划要求公平地进行指导,以便能够提供多种观点、公平分配指导工作量以及在新馆员和高级馆员之间建立专业网络。

早在2004年,佛罗里达大学图书馆就正式制订了指导计划,有了正式目标、正式的指导者甄选程序、添加了签署的指导协议、正式的反馈等内容③。计划的目标在于协助新员工了解和引导终身职位和晋升流程;协助新员工了解图书馆的文化;向追求或持有图书馆学学位的工作人员提供充分的支持,以了解确保职位所需的要求;提供一个经验丰富的教师与新员工共享知识和专业知识

① HENRICH K J, ATTEBURY R. Communities of practice at an academic library: a new approach to mentoring at the University of Idaho[J]. Journal of Academic Librarianship,2010,36(2):158-165.

② LOWE - WINCENTSEN D. Beyond mentoring: a guide for librarians and information professionals[M]. Amsterdam: Chandos Publishing,2016.

③ BRUXVOORT D. Mentoring in academic libraries[C]. Editor(s): Kelly Blessinger, Paul Hrycaj, In Chandos Information Professional Series, Workplace Culture in Academic Libraries, Chandos Publishing,2013,251-262.

的场所。任何终身任职的教师都有资格成为别的终身任职教师的指导者;任何教职人员都有资格担任非终身制教职人员的指导者。所有终身制教师必须参加指导计划;所有非终身制人员都可以通过填写"指导者申请表"来参加指导计划。指导者的选择将由馆长、部门主席、主管、员工和人力资源代表共同确定。对于指导者来说,指导将被视为对图书馆的服务,指导协议将成为他们年度活动报告的一部分。对于终身制教师,指导关系将一直持续到被指导者提交了终身职位和晋升包。对于持有图书馆学学位的非终身制教师和员工,指导关系将持续 1 年。如果需要,可以选择续签。指导者与被指导者之间的互动是灵活的。图书馆人力资源部的培训部门每年至少提供一次参与者培训。在年度教师评估期间,主管或部门主席将征求关于指导者/被指导者任务执行情况的反馈。如果确定需要新的指导者/被指导者配对,主管应联系人力资源办公室协调变更①。

在美国图书馆员工指导计划中,指导者和被指导者讨论和共同解决专业发展;晋升问题;个人问题和图书馆氛围;与服务参与、会议演示、研究、写作和出版等有关的问题,以及任何促进被指导者职业目标的问题。

具体来讲,指导者经常在以下方面协助被指导者②:了解机构的学术文化;识别和使用资源来支持教学和研究活动;建立同事网络;等等。职业发展:了解晋升的标准与过程,建立代表作品集、简历或成绩记录的方法,找到或获得助学金、项目资金、奖学金的办法,指点应该参加的组织与会议,介绍本领域的主要期刊,探讨论文如何引起编辑的注意,正确处理部门中的关注点和问题,提供平衡研究、教学和服务的策略以及平衡事业和生活关系的方法。专业发展:对提案、演讲、论文的建设性反馈;发展有效的教学和演讲策略的建议;选择适当服务承诺的建议;访问扩大的专业联系人网络;等等。

① Smathers Libraries. Smathers Libraries Career Development Handbook[EB/OL]. [2022-03-12]. https://cms. uflib. ufl. edu/Portals/cdh/docs/CDH_Master_Document_v_%20May_2018_alternate_criteria. pdf.

② ISU Provost Office. Successful Mentoring Relationships [EB/OL]. [2022-03-12]. https://instr. iastate. libguides. com/c. php? g=837540&p=6027621.

第三节　图书馆员工指导研究的重要启示

指导是图书馆员职业发展的重要一环。它是将知识和技能从成熟的专业人员传授给该领域的初级或新成员的一种好方法。它能帮助新馆员适应新环境,为图书馆经验不足的成员提供专业发展、个人成长和心理支持的机会。美国许多图书馆为新员工或经验不足的员工提供了这种培训形式。而在国内采用这种方式的极少①。因此,美国图书馆员工指导制度值得我们学习借鉴。

一、制订正式的指导计划

研究表明,正式的指导效果更佳一些。根据 Barry Sweeny 的发现,非正式的指导通常是不够的,因此需要建立正式的指导计划,并要有规定的要求和程序②。Goodsett 和 Walsh(2015)发现,正式的指导计划比非正式的计划对指导者和被指导者而言都令人满意,因为目标已经正规化,期望也更加明确③。

建议在国内图书馆中引入正式的指导计划,以促进新馆员或经验少的馆员日常业务以及教学和研究能力提升,帮助他们较快获得职称晋升并提供心理支持。其中指导目标可以包括明确传达对关系的期望,目标设定程序,解决冲突的技巧以及指导计划的总体结构。指导协议至少应包含预期的结果、沟通机制、反馈意见、保密承诺、联系信息、如果配对不起作用怎么办、承诺声明(指导者和被指导者)、签名等。

二、认真招收和筛选指导者

指导者通常被认为是经验丰富的高级人士,可为经验不足的初级人员提供个人和职业支持与帮助。在招收指导者时,要求填写指导者的申请表,从而理

---

① 陈艳.馆员导师制:佛山市图书馆人才培养新模式[J].图书馆论坛,2018,38(7):56-57.

② SWEENY B. Is Informal or Formal Mentoring Needed? [EB/OL].[2022-03-13]. http://www.mentoring-association.org/Formalinformal.html.

③ GOODSETT M,WALSH A. Building a strong foundation:mentoring programs for novice tenure-track librarians in academic libraries[J]. College & Research Libraries,2015,76(7):914-933.

解指导者的动机、指导角色、指导经验、指导风格等。指导者是根据相关标准精心挑选的,包括与个人和职业特征相关的标准,例如经验丰富、平易近人、善解人意、积极主动。招收常见策略:使用志愿者;采用高管提名;自愿报名。筛选指导者,以确定他们是否有时间以及个人素质如何,以成为安全有效的指导者。尊重是指导过程的基石。针对被指导者的具体需求,指导应该个性化。指导者在指导过程中应为参与者提供更多反馈。

三、精准匹配指导者和被指导者

匹配是指导计划中非常重要的元素。匹配指导者和被指导者,确保指导者具有相关的专业、学科或职业知识。建议计划人员应事先准备指导者、被指导者,并参加与指导者和被指导者的初次会议,建议各方签署与该计划的规则和要求有关的承诺协议。匹配标准可以包括职业兴趣、地理位置、兴趣因素(例如,爱好,生活方式)、个性、价值观和学习倾向。具体匹配方式有四种:①自我匹配。被指导者获得关于该计划指导者的详细信息,并选择他们认为适合自己需要的指导者。指导效果一般较好。②管理员匹配。管理员拥有有关指导者和被指导者库的所有信息,根据所拥有的信息,将二者进行匹配。管理员可以完全控制匹配过程,最大限度地利用指导者和被指导者。但是需要付出一些努力进行管理。③随机匹配。从指导者池中为受训人员随机分配一个指导者。匹配速度快,但未考虑双方的偏好。康奈尔大学图书馆的指导采用随机喝咖啡活动。如果有兴趣与其他部门的人员随机配对,注册后,每月会与一个随机人相配喝咖啡①。④自动匹配。使用有关软件促进匹配。软件可通过设置一些条件(例如,地点、技能、经验、兴趣、期望的结果等)来快速将指导者与被指导者匹配。软件不仅有助于创建传统的配对,还有助于建立团队指导小组。

四、采取有效的激励措施

找到适当的形式激励指导计划的顺利实施。比如,布法罗大学的同伴指导研究与写作计划的协调员通过向指导者资助为期两天的写作务虚会,鼓励他们

---

① Cornell University Library. Randomcoffee[EB/OL]. [2022-03-16]. https://guides. library. cornell. edu/mentoring/randomcoffee.

参与该计划,并为每位参与者提供了伊丽莎白·兰金的《写作工作》①。得克萨斯州农工大学图书馆联合指导计划的协调员为与工作相关的研究和指导费用提供了"小额奖金"。在职称晋升标准或年终考核之中,可考虑让指导活动在工作量中占有一定的比重。当然,也可以以会议、社交媒体等形式在指导者之间交流指导经验,取长补短,增加指导活动的有效性。同时,能够增强指导者的竞争意识,加快被指导者的进步,提高指导活动的产出。

五、开展严格而持续的评估

应该既要进行结果评估,又要进行过程评估,以确保指导的有效性。结果评估有助于了解指导计划对馆员职业发展的重要性,并确定对其成功至关重要的要素。参与者的过程评估有助于未来计划设计和实施方面的改进。

评估可考虑采用指导能力评估(mentoring competencies assessment)、畏惧负面评价的量表(fear of negative evaluation scale)、满意度调查(satisfaction survey)和焦点小组法(focus group)等方法②。评估也可考虑采用柯克帕特里克模型(Kirkpatrick Model)作为评估指导效果的工具。它规定了四个评估级别③:第一个级别是反应。衡量参与者的参与度、积极性以及他们对指导的反应。第二个级别是学习。衡量参与者学到了什么和没有学到什么。第三个级别是行为。衡量参与者在工作中应用所学知识的程度。第四个级别是结果。衡量目标结果发生的程度。

理想情况下,对指导计划的评估应同时包括定量和定性方法。建议有关人员定期评估指导计划,有利于指导计划的改进。在第一个月内至少与指导者和被指导者联系两次,然后每月一次联系,及时处理与指导活动质量等问题。并应向指导者、被指导者提供培训、文献等相关资源。认真地开展评估将有助于提高和改进,使将来的被指导者和指导者受益。

---

①　TYSICK C,BABB N. Perspectives on···writing support for junior faculty librarians:A case study[J]. Journal of Academic Librarianship,2006,32(1):94-100.

②　HARKER K,SETI K,MARCIA M,et al. Assessing the success of a mentoring program for academic librarians[EB/OL]. [2022-04-15]. https://www. libraryassessment. org/wp-content/uploads/2019/09/44-Harker-et-al-AssessingTheSuccess. pdf.

③　KIRKPATRICK J D,KIRKPATRICK W K. Kirkpatrick's four levels of training evalution[M]. Alexandria:Association for Talent Development,2016.

结 语

开展信息管理领域热点问题的研究,有利于推进信息管理理论研究的深入,有利于信息管理实践问题的解决,有利于读者把握未来发展的趋势,也有利于进行信息管理教育工作。因此,研究信息管理领域热点问题非常重要。本书选择了 8 个信息管理领域热点问题(网络信息资源绩效评估研究、学术影响力评价研究、虚假信息治理研究、视觉研究方法研究、专利分析研究、创新型图书馆研究、智慧图书馆研究、图书馆员工指导研究)进行了深入的研究。

第一章在概述网络信息资源绩效评估的基础上,以图书馆网站为例进行评价,并指出提升网站绩效的对策。具体而言,网络信息资源绩效评价不仅能够对用户了解、选择、利用网络信息起到指导作用,也为数字图书馆的资源建设提供了理论与实践依据。该部分以 26 所大学图书馆网站为例,以网站利用、网站内容、网站设计、用户满意度四项关键因素为指标,构建网站绩效评价指标体系。然后,采用基于实数编码加速遗传算法(RAGA)的投影寻踪分类模型对网站的绩效进行评价。这是投影寻踪分类模型在网站上的首次应用。针对网站绩效评价结果,指出提升网站绩效的对策:(1)可采用投影寻踪分类模型对网站进行绩效评价。采用投影寻踪评价法进行评价,结果简单、易于理解,具有客观性的优势。(2)关注用户的移动需求,优化改进网站的外观、结构、内容、性能,尽快满足用户在网站管理、资源建设、网站设计等方面的需求,提高网站的利用效果,努力提升用户的满意度。(3)可大规模采用 RDF、OWL、SWRL、SPARQL等语义 Web 技术,提高网站的互动功能,提高网站的智能化程度。(4)引入个性化推荐系统,使内容更有针对性,实现精细化推荐,大大提升用户体验的满意程度。最后,指出有待研究的问题:(1)该研究仅以网站为例进行网络信息资源绩效评估研究,其实网络信息资源种类非常多,该研究并未对电子邮件、网络电话、微信、软件资源等用户自己产生的信息资源进行评估,也未对电子字典、网上视频等信息资源进行评估。再者,也可对某种网络信息资源进行细化,侧重于从某一方面进行评估,比如可信性评估、权威性评估、新颖性评估等。(2)关于构建自动评估系统,该研究未实现绩效评估自动化。若有条件,可考虑研发网站评估计算机支持系统。一方面可以提升评估工作的效率,另一方面可以提高评估工作的准确性。当然,在自动评估的基础上,构建自动推荐系统,实现推荐自动化,效果会更好。

第二章以高校高等教育研究所为例进行学术影响力评价,并提出提升学术影响力的对策与建议。具体而言,目前相关研究尽管已经取得了一定成果,但是缺乏系统、深入的研究,往往是针对某种产出类型或利用某种单一指标进行科研机构学术影响力评价。再者,以往研究是静态评价,而非动态评价,导致评价结果与实际脱节。这间接导致学术机构缺乏有效的质量评价与控制。本研究融合了文献计量学、科学计量学与网络计量学等内容,将科学数据作为评价的基石,采用动态综合评价,引入时间权重,构建基于多类型产出的高校科研机构学术影响力动态综合评价模型。以高校高等教育研究所为例进行实证研究,通过 MATLAB 编写程序对采集的数据进行基于多类型产出的高校科研机构学术影响力动态综合评价模型计算。引入时间权重,绘制学术机构学术影响力变动曲线,进行动态评价和过程性评价。采用方差衡量各机构评价排名的稳定性,把各机构排名变化分为稳定型、波动型和跳跃型三种类型。参考系统树状图,把各机构学术影响力综合评价分为优秀型、良好型、一般型和欠佳型四类。围绕提高科研人员高质量的成果产出这个根本,从人才建设、资金投入、激励机制、传播渠道、文化氛围等方面提出提升学术机构学术影响力的一些对策与建议。最后,提出未来研究的方向:(1)采用定性与定量相结合的方法进行评价。采用同行评议(定性分析)与科学计量学、文献计量学(定量分析)相结合,指标打分与代表性成果评价相结合的方法进行评价。(2)实施元评价。通过元评价,提高评价的有效性。目的在于找出评价中的各种偏差并估计这些偏差的影响。可采用随机扰动法和最大区间法对评价数据的可靠性进行分析。此外,还应该注意进行信度检验和效度检验,考察测量变量的可信程度和有效程度,从而推断指标是不是具有科学性、合理性。本研究不仅拓展了科研机构学术影响力评价的方法,而且对推动机构创新改革、获得各种研究资助及提高机构的学术水平具有重要的意义。本研究可供政府决策部门、科研管理部门等机构使用。

第三章以国外图书馆界抗击虚假信息实践为例,总结了虚假信息治理的措施以及给予我们的启示。本研究以新冠肺炎虚假信息为例进行研究。新冠肺炎虚假信息会带来严重的后果。尽管我国抗击疫情取得了重大胜利,但是研究国外图书馆抗击新冠肺炎虚假信息的实践,仍可为我国提供一些借鉴和启示。采用网络检索、文献调研的方法进行研究,以国外图书馆界抗击新冠肺炎虚假信息实践为例,总结了虚假信息治理的措施以及给予我们的启示。结果表明,国外图书馆界抗击新冠肺炎虚假信息的措施主要有:揭穿虚假新闻;提供可靠的信息来源;推荐有关书籍;开展教育培训;利用插件、网站等工具。给予我们的启示主要有:增强虚假信息防范意识,遵守信息伦理意识;加强虚假信息教育培训,核心是批判性思维的培养;充分利用与开发工具,增强虚假信息识别能力;推荐有关抗击疫情、虚假信息研究和批判性思维的阅读资料,提高抗击虚假信息水平。

第四章首次从整体的角度探讨了视觉研究方法在国内外图书馆学情报学研究中的应用,并指出应用时应注意的问题。本章利用 Web of Science 和 CNKI 进行检索,探讨该方法在国内外图书馆学情报学研究中的应用。研究结果显示,视觉研究方法在国内图书馆学情报学研究中应用相对缺乏,而在国外图书馆学情报学研究中应用较广。目前的应用主要在于探索用户信息行为、探讨图书馆的利用以及对图书馆员的看法、评估研究的价值与质量、利用分析技术。最后指出包括有必要在国内图书馆学情报学研究中引入视觉研究方法、实施视觉研究方法的一般步骤、注意视觉研究方法的伦理问题在内的五个应用视觉研究方法时应注意的问题。本研究在国内首次从整体的角度探讨了视觉研究方法在图书馆学情报学研究中的应用。后续可进行实证研究,从而使研究更加丰富。

第五章从多个维度探讨了专利分析的国内外研究现状并进行了深入的实证研究。本部分从年度分布、期刊分布、作者分布、学科分布、机构分布、高被引论文、研究热点等方面,探讨了专利分析的研究现状并进行了实证研究。具体而言,本部分利用了 Innography 专利检索分析系统、中国国家知识产权局专利检索与服务系统等工具的专利检索功能、高强度专利判断功能、专利申请趋势分析功能、专利技术点文本聚类分析功能、专利权受让分析功能、发明人统计功能、批量专利数据导出功能、专利全文下载功能等,对某大学(1985—2017 年)的现有专利数量、高强度专利数量、专利热点、专利转化情况等多方面进行总结、分析。目的在于通过提供基础数据和分析结果,从专利角度掌握学校的科技创新状况,帮助学校师生更有效地进行技术创新和专利授权,同时为学校的科研管理提供信息支持。研究表明,该大学专利方面的特点有:(1)专利申请量近年突飞猛进。(2)专利申请以中国为主而国外专利申请很少。(3)专利授权率高,但有效率略显不足。(4)专利热门研究领域与全球的研究热点吻合度不高。(5)一批活跃的发明人带动了学校专利量的快速发展。(6)专利转移转化有待进一步提高。(7)高强度专利研究领域比较集中。最后,提出一些有针对性的建议:(1)营造知识产权校园环境,培育知识产权文化。(2)加强知识产权培训,提高师生的专利意识和专利技能。(3)高度重视专利成果产出,推动大学高质量发展。(4)努力通过《高等学校知识产权管理规范》标准认证,建立系统规范的知识产权管理体系。(5)完善知识产权管理体制,重视国外专利的申请和授权。(6)强化全链条保护与加速产学研融合,加强高强度专利的保护和培育。(7)加强知识产权管理平台建设,提升知识产权服务水平。(8)加强专利布局和专利预警,提高市场竞争优势。(9)运用灵活多变的手段,加强专利转移转化。本章通过对专利分析的研究,可了解专利分析的研究现状和典型案例,可进一步提高专利分析的科学性、实用性和可操作性,也可为相关部门特别是科研管理部门正确制定和管理技术创新战略及政策提供一些借鉴。

第六章在分析创新型图书馆具有的特征与构成的基础上,针对管理创新、技术创新、服务创新、建筑创新列举了大量中外创新型图书馆典型案例,并提出创新型图书馆构建的方法。创新型图书馆的创新意识和创新能力比较强,能够不断进行管理创新、技术创新、服务创新、建筑创新等创新活动。本研究指出创新型图书馆一般具有的特征与构成,提出创新型图书馆主要构成模型。针对管理创新、技术创新、服务创新、建筑创新列举了大量中外典型案例,为我们学习借鉴提供了很好的素材。最后提出创新型图书馆构建的方法:打造创新的文化;提出鼓舞人心的创新愿景和清晰的战略;拥有创新型的领导者;具有支持创新的流程;打造跨职能团队;培养创新型人才。在构建创新型图书馆时应该注意平衡创新与稳定的关系、重点与一般的关系、原始创新与借鉴模仿的关系、集思广益与优化筛选的关系等事项。比如,公共图书馆应将支持学习和创造力作为服务的重点。高校图书馆应将支持学习、科研和创造力作为服务的重点。具体来讲,图书馆提供丰富的资源和多功能空间,开展丰富多彩的活动,利用社交媒体与用户加强互动,从而积极支持学习,提供学习的机会。此外,可通过创客空间等多种方式开拓思路,加强图书馆与用户的联系,加强与其他组织合作,从而激发创造活力,提供创新的机会。

第七章从智慧图书馆研究的现状、智慧图书馆的氛围、智慧图书馆的馆员等方面对智慧图书馆进行了探讨。这对推动图书馆的创新改革以及提升智慧图书馆建设水平具有重要的理论与实践意义。特别需要指出的是，针对智慧图书馆研究和建设提出了切实可行的建议。对智慧图书馆研究的建议是：（1）进行跨学科研究。智慧图书馆涉及面广，不仅需要开展计算机科学、语言学、心理学、法学、社会学、生物学等多学科综合研究，还需要政府、媒体、网络运营商、社会组织、读者等共同解决。（2）可结合数字人文、元宇宙进行研究。数字人文、元宇宙是当前研究的热点。而数字人文、元宇宙与智慧图书馆有着千丝万缕的联系。因此，可结合数字人文、元宇宙进行智慧图书馆研究。（3）加强智慧图书馆评价体系研究。智慧图书馆评价意义重大。智慧图书馆建设情况需要测评，以便衡量建设的成效。要加强智慧图书馆评价体系研究，包括评价主体、评价方法、评价指标等方面的研究。这对于智慧图书馆建设实践具有重要的指导意义。对智慧图书馆建设的建议是：（1）循序渐进建设智慧图书馆。智慧图书馆的建设不是一蹴而就的，需要日积月累、坚持不懈地努力。（2）以多种方式建设智慧图书馆。关于智慧图书馆建设，资金、人员、设备、服务、管理、技术缺一不可。智慧图书馆建设方式很多。比如，因为服务是核心，需要培养智慧型馆员；围绕读者做文章，图书馆需要练好内功；馆员需要学习新技术，提高水平，增强服务本领。又如，采用数字人文作为手段建设智慧图书馆。再如，可用元宇宙的技术体系打造智慧图书馆。（3）要进行智慧图书馆评价。搞智慧图书馆建设需要智慧图书馆评价。通过评价可优化管理，激发图书馆建设潜能，提高影响力。这对推动图书馆创新改革以及提升智慧图书馆建设水平具有重要的实践意义。

第八章在探讨指导的含义和种类的基础上，阐述了有关指导的理论基础，以美国为例研究了国外开展的图书馆员工指导的实践活动，并提出适合于我国国情的建议。许多图书馆为新员工或经验不足的员工以指导的形式提供职业发展平台和情感支持，实用性很强。本部分在探讨指导的含义和种类的基础上，阐述了有关指导的理论基础（四阶段理论、社会认知理论），以美国为例研究了国外开展的图书馆员工指导的实践活动。而在国内图书馆界采用这种方式的极少，国外图书馆员工指导计划值得学习借鉴。最后，提出建议：制订正式的指导计划；认真招收和筛选指导者；精准匹配指导者和被指导者；采取有效的激励措施；开展严格而持续的评估。

　　需要特别指出的是,信息管理领域热点问题很多,本书仅选择了 8 个热点问题进行研究,目的是起到抛砖引玉的作用,其他热点问题尚待以后深入研究。

主要参考文献

一、著作

[1]吴明隆.结构方程模型:AMOS 的操作与应用[M].2 版.重庆:重庆大学出版社,2010.

[2]孙振球.医学统计学[M].北京:人民卫生出版社,2010.

[3]刘济良.生命教育论[M].北京:中国社会科学出版社,2004.

[4]LOWE-WINCENTSEN D. Beyond mentoring:a guide for librarians and information professionals[M]. Amsterdam:Chandos Publishing,2016.

[5] KIRKPATRICK J D, KIRKPATRICK W K. Kirkpatrick's four levels of training evalution[M]. Alexandria:Association for Talent Development,2016.

[6]SIMPSON A. The innovation-friendly organization[M]. London:Palgrave Macmillan,2017.

[7]DENZIN N K,LINCOLN Y S. The SAGE handbook of qualitative research [M]. London:SAGE Publications,2018.

[8] MARGOLIS E, PAUWELS L. The SAGE handbook of visual research methods[M]. London:SAGE Publications,2011.

[9]ISRAEL M,HAY I. Research ethics for social scientists[M]. London:Sage Publications,2006.

二、期刊

[1]索传军,吴启琳.国内外网络信息资源评价研究进展[J].现代图书情报技术,2006(8):55-59,93.

[2]孙瑾.网络信息资源评价研究综述[J].大学图书馆学报,2005(1):7-13.

[3]邵波.用户接受:网络信息资源开发与利用的重要因素[J].中国图书馆

学报,2004(1):53-56.

[4]宋宇婷,刘垚,董妍,蒋飞云,王洋.斯金纳强化理论的实践应用:以听力与言语康复专业教学为例[J].教育教学论坛,2021(5):43-46.

[5]王一华.国内外网站评价研究综述[J].情报科学,2013,31(11):125-132.

[6]王一华.国际图书馆学研究热点与前沿的可视化分析[J].图书馆学研究,2011(15):2-10,16.

[7]关法春,梁正伟.基于遗传算法的投影寻踪模型对小花碱茅最佳收获期的判定[J].农业系统科学与综合研究,2009(3):336-339.

[8]张欣莉,丁晶,李祚泳,等.投影寻踪新算法在水质评价模型中的应用[J].中国环境科学,2000(2):187-189.

[9]金菊良,魏一鸣,付强,等.农业生产力综合评价的投影寻踪模型[J].农业系统科学与综合研究,2001(4):241-243.

[10]金菊良,杨晓华,丁晶.基于实数编码的加速遗传算法[J].四川大学学报(工程科学版),2000(4):20-24.

[11]邱均平,赵蓉英,王菲菲,等.世界一流大学与科研机构学科竞争力评价的做法、特色与结果分析[J].评价与管理,2012,10(2):18-24.

[12]彭奇志.基于SCI的科研机构学术成果评估与实证分析[J].情报杂志,2008(9):88-90.

[13]刘颖.省级公共图书馆学术影响力评价研究[J].图书情报工作,2010(3):48-50,71.

[14]陈仕吉,史丽文,左文革.基于ESI的学术影响力指标测度方法与实证[J].图书情报工作,2013,57(2):97-102,123.

[15]杨国梁,LIU W B,李晓轩,等.国际国立科研机构学术影响力评价方法研究[J].中国科技论坛,2010(6):137-142.

[16]韦博洋,王雪梅,张志强.基于h指数族的科研机构评价及其改进:以黑河流域资源环境领域研究为例[J].图书情报工作,2014(17):112-118.

[17]郭亚军.一种新的动态综合评价方法[J].管理科学学报,2002(2):49-54.

[18]陈国宏,李美娟.基于总体离差平方和最大的区域自主创新能力动态评价研究[J].研究与发展管理,2014,26(5):43-53.

[19]陈国宏,康艺苹,李美娟.区域科技创新能力动态评价:基于改进的"纵横向"拉开档次评价法[J].技术经济,2015,34(10):17-23.

[20]赵君,廖建桥.科研合作研究综述[J].科学管理研究,2013,31(2):117-120.

[21]夏登武.新媒体时代科技学术期刊信息传播的路径拓展[J].中国科技期刊研究,2012,23(1):129-132.

[22]吴爱华,侯永峰,郝杰.完善高层次创新型人才培养机制[J].中国高教研究,2017(12):44-48.

[23]金胜男,高芸,戴维平,等.科技创新呼唤科技创新文化[J].上海农业学报,2006(3):84-86.

[24]朱强,别立谦.面向未来的大学图书馆业务与机构重组:以北京大学图书馆为例[J].大学图书馆学报,2016,34(2):20-27.

[25]王一华.浅谈图书馆工作的创新[J].科技信息(学术研究),2008(30):33-34.

[26]陈修梅,刘慧."我是谁":生命教育的追问与应答[J].教育发展研究,2021,41(2):65-71.

[27]王一华.高校图书馆[J].图书馆建设,2009(4):81-82.

[28]杨结秀,谢狂飞.《论语》中孔子的生命观对当代大学生生命教育的价值[J].传承,2009(10):138-139.

[29]李永鑫,张阔.工作倦怠研究的新趋势[J].心理科学,2007(2):478-481.

[30]贾晓波,陈凤荣.工作倦怠的测量及其干预研究综述[J].心理与行为研究,2006(1):55-60.

[31]李永鑫,李艺敏.工作倦怠评价标准的初步探讨[J].心理科学,2006(1):148-150.

[32]王彦峰.国外工作倦怠测量的研究进展[J].南方论刊,2007(10):67-68.

[33]单轸,陈雅.新技术背景下高校智慧图书馆建设优化策略研究[J].图书馆,2022(5):48-53.

[34]陈艳.馆员导师制:佛山市图书馆人才培养新模式[J].图书馆论坛,2018,38(7):56-57.

[35]阙忱忱,田稷.美国高校创新性信息素养教育模式的探析:以华盛顿大学"本科生图书馆资源研究奖励计划"为例[J].图书馆学研究,2012(8):23-26.

[36]张丹.美国大学图书馆的元素养教育的进展及其启示[J].大学图书馆学报,2016(2):103-110.

[37]黄如花,冯婕,黄雨婷,等.公众信息素养教育:全球进展及我国的对策[J].中国图书馆学报,2020,46(3):50-72.

[38]钱颖一.批判性思维与创造性思维教育:理念与实践[J].清华大学教育研究,2018,39(4):1-16.

[39]马培培.美国大学批判性思维教学解析[J].外国教育研究,2016,43(1):30-38.

[40]李越,董希远.基于 Visual Methodologies 分析的港口文脉在旅游景观设计中的表达:以秦皇岛港为例[J].度假旅游,2019(3):53-55.

[41]何慧妍,王敏.基于视觉方法的历史街区"微改造"空间感知研究[J].世界地理研究,2019,28(4):189-200.

[42]王敏,王盈蓄,黄海燕,等.基于眼动实验方法的城市开敞空间视觉研究:广州花城广场案例[J].热带地理,2018,38(6):741-750.

[43]王敏,江冰婷,朱竑.基于视觉研究方法的工业遗产旅游地空间感知探讨:广州红专厂案例[J].旅游学刊,2017,32(10):28-38.

[44]李秦,郑宏,杨文建.基于图片诱导法的高校图书馆服务场景模型与研究设计构想[J].图书馆建设,2015(10):84-88.

[45]金铁成.食品科学与工程学科机构学术影响力的比较研究:基于学位中心学科评估论文查询系统的统计分析[J].河南工业大学学报(社会科学版),2012,8(3):100-102,188.

[46]赵锦英.挖掘科研潜力是提高科研水平的重要一环[J].广州师院学报(社会科学版),2000(6):92-94.

[47]刘璐璐,苟军平.高校做好海外高级人才引进工作的对策研究[J].中国电力教育,2009(24):29-31.

[48]周文清.高职院校实践教学质量诊断与改进措施[J].河北职业教育,2021,5(3):44-47.

[49]郑晓艳.长生久视,死而不亡:试论老子的生死观[J].学习与实践,

2008(8):159-163.

[50]马宁.《庄子》生死观及其启示[J].湖南医科大学学报(社会科学版),2009(2):17-19.

[51]王春华.电影疗法:治疗"都市病"的良方[J].校园心理,2008(7):58-59.

[52]李永鑫,吴明证.工作倦怠的结构研究[J].心理科学,2005(2):454-457.

[53]李美娟,陈国宏,陈衍泰.综合评价中指标标准化方法研究[J].中国管理科学,2004,12(S1):45-48.

[54]WÓJCIK M. How to design innovative information services at the library?[J]. Library Hi Tech,2019,38(2):138-154.

[55]MIJARES L,BAXLEY S,BOND M. Mentoring:a concept analysis[J]. The Journal of Theory Construction & Testing,2008,17(1):23-28.

[56]HEYNS E P, NIXON J M. Designing a mentoring program for faculty librarians[J]. IFLA Journal,2020,46(3):197-206.

[57]STEPHENS J,SARE L,KIMBALL R,et al. Tenure support mechanisms provided by the Faculty Research Committee at Texas A & M University Libraries:a model for academic libraries[J]. Library Management,2011,32 (8/9):531-539.

[58]BOSCH E K, RAMACHANDRAN H, LUEVANO S,et al. The resource team model:an innovative mentoring program for academic librarians[J]. New Review of Academic Librarianship,2010,16(1):57-74.

[59]HENRICH K J, ATTEBURY R. Communities of practice at an academic library:a new approach to mentoring at the University of Idaho[J]. Journal of Academic Librarianship,2010,36(2):158-165.

[60] GOODSETT M, WALSH A. Building a strong foundation:mentoring programs for novice tenure-track librarians in academic libraries[J]. College & Research Libraries,2015,76(7):914-933.

[61]TYSICK C, BABB N. Perspectives on…writing support for junior faculty librarians:A case study[J]. Journal of Academic Librarianship, 2006, 32 (1):94-100.

[62]LAZER D,BAUM M,BENKLER Y,et al. The science of fake news[J].

Science,2018,359(6380):1094-1096.

[63] POLLAK A. Visual research in LIS: complementary and alternative methods[J]. Library & Information Science Research,2017,39(2):98-106.

[64]MARSHALL A,BURNS V,BRIDEN J. Know your students[J]. Library Journal,2007,132 (18):26-29.

[65] GIVEN L M, ARCHIBALD H. Visual traffic sweeps (VTS):a research method for mapping user activities in the library space[J]. Library & Information Science Research,2015,37(2):100-108.

[66] MOREY R L, CLERC J L, MINNS M, et al. Visualizing academic librarians:an arts-informed inquiry[J]. Journal of Academic Librarianship,2018,44 (6):833-844.

[67] DREW S,DUNCAN R,SAWYER S. Visual storytelling:a beneficial but challenging method for health research with young people[J]. Qualitative Health Research,2010,20(12):1677-1688.

[68] CHAE S W, LEE K C. Exploring the effect of the human brand on consumers' decision quality in online shopping:an eye-tracking approach[J]. Online Information Review,2013,37(1):83-100.

[69] BILAL D. Draw and tell:children as designers of web interfaces[J]. Proceedings of the American Society for Information Science and Technology,2005, 40(1):135-141.

[70] TRACY S. Qualitative quality:eight 'big-tent' criteria for excellent qualitative research[J]. Qualitative Inquiry,2010,16(10):837-851.

[71]TEWELL E. Reframing reference for marginalized students a participatory visual study[J]. Reference & User Services Quarterly,2019,58(3):162-176.

[72]CARDOZO R N. An experimental study of customer effort,expectation,and satisfaction[J]. Journal of Marketing Research,1965,8:244-249.

[73] ENIS M. Technology:queens library to vend app[J]. Library Journal, 2014,139(20):1.

[74] INGALLS D. Breaking new ground:the case for seed libraries in the academic library[J]. Public Services Quarterly,2017,13(2):78-89.

[75] HAZLETT D R. Lending a green thumb[J]. Library Journal,2015,140

(12):28-29.

[76]KOERBAR J. Public libraries become publishers[J]. Library Journal, 2014,139(7):20-21.

[77]VILARIÑO F,KARATZAS D,VALCARCE A. The library living lab:a collaborative innovation model for public libraries [J]. Technology Innovation Management Review,2018,8(12):17-25.

[78]KAKATKAR C,BILGRAM V,FÜLLER J. Innovation analytics:leveraging artificial intelligence in the innovation process[J]. Business Horizons,2020,63(2): 171-181.

三、其他

[1]严芳.教育元评估的理论与实践研究[D].上海:华东师范大学,2010.

[2]焦竹.基于转换成本的顾客感知价值、顾客满意与顾客忠诚关系研究[D].长春:吉林大学,2008.

[3]赵袁军.基于政策执行模型的科技型中小企业差别化孵育对策研究[D].上海:东华大学,2012.

[4]张蓉婷.基于论文产出的农业科研机构学术影响力评价[D].北京:中国农业科学院,2012.

[5]戚宇.装备制造业配套能力评价方法及应用:以沈阳市为例[D].沈阳:东北大学,2013.

[6]孙楠.服务质量评价研究[D].广州:暨南大学,2006.

[7]陈静.职业教育质量评价的价值分析[D].金华:浙江师范大学,2011.

[8]李雪钦.把阅读变得更便捷更有趣　智慧图书馆懂你的心思[EB/OL] (2020-08-21)[2022-04-26]. https://mp. weixin. qq. com/s/JIAk1r73MPjTo-XAalEPRhQ.

[9]RAJARATNAM R. For the love of reading!:new strategies to engage the next generation of readers[EB/OL]. [2022-06-02]. http://library. ifla. org/71/1/105-rajaratnam-en. pdf.

[10]Harvard Law School Library. Library innovation lab[EB/OL]. [2022-06-08]. https://lil. law. harvard. edu/.

[11] University of Washington Libraries. Fake news [EB/OL]. [2022-05-27]. https://guides. lib. uw. edu/research/news/fake-news.

[12] IFLA. How to spot fake news [EB/OL]. [2022-05-17]. https://www. ifla. org/publications/node/11174.

[13] DORMEHL L. A 19-year-old Stanford student has created a 'fake news detector AI' [EB/OL]. [2022-03-21]. https://www. digitaltrends. com/cool-tech/fake-news-detector-ai/.

[14] BODEN E. Keeping up with… Debiasing and fake news [EB/OL]. [2022-05-22]. http://www. ala. org/acrl/publications/keeping_up_with/debiasing.

[15] Duke University Libraries. Organizational chart [EB/OL]. [2022-03-09]. https://library. duke. edu/sites/default/files/dul/users/Ryan% 20McGovern/orgchart. pdf.

附　录

近年图情档立项项目

一、2016—2021 年国家社科基金图情档年度项目与青年项目

2016—2021 年国家社科基金图情档年度项目与青年项目按照立项总数从高到低排序，北京大学最多，高达 21 项，其次为南京大学，18 项。其他依次为中国人民大学(16 项)、湘潭大学(16 项)、武汉大学(15 项)、中国科学院(15 项)、中山大学(15 项)、郑州大学(15 项)、上海大学(14 项)、华中师范大学(12 项)、吉林大学(12 项)、四川大学(11 项)、中国科学技术信息研究所(10 项)、安徽大学(9 项)、北京师范大学(9 项)、吉首大学(9 项)、广西民族大学(8 项)、国家图书馆(8 项)、河北大学(8 项)、华东师范大学(8 项)、山东理工大学(8 项)、华南师范大学(7 项)、南开大学(7 项)、西藏民族大学(7 项)、郑州航空工业管理学院(7 项)等。立项数超过 4 项的单位详细情况见附表 1-1。该表是根据全国哲学社科办网站的数据加工整理而成。

附表 1-1　2016—2021 年国家社科基金图情档立项项目

序号	项目编号	项目名称	工作单位	项目负责人
1	16ATQ003	学术图书馆参与数字出版的角色和模式研究	北京大学	刘兹恒
2	16BTQ027	中美电子资源国家标准比较研究	北京大学	肖珑
3	16BTQ031	数字图书馆资源与服务绩效影响因素及评价体系研究	北京大学	陈凌
4	16BTQ057	"一带一路"沿线国家互联互通水平综合评价研究	北京大学	王继民

续附表1-1

序号	项目编号	项目名称	工作单位	项目负责人
5	16BTQ058	创新驱动战略的情报保障研究	北京大学	王延飞
6	17ATQ003	公共文化服务绩效评估的理论构建与实证研究	北京大学	张广钦
7	17BTQ002	中国古代读书图研究	北京大学	王波
8	17BTQ066	基于多源数据融合的情报用户需求探测研究	北京大学	化柏林
9	18ATQ004	创新驱动的中国特色新型智库知识服务发展机制研究	北京大学	申静
10	18BTQ090	学习型搜索中用户交互行为与学习效果关系研究	北京大学	刘畅
11	19BTQ037	助力"双一流"建设的高校图书馆学科服务创新研究	北京大学	吴爱芝
12	19BTQ039	民国时期北京大学对中国图书馆事业的贡献研究	北京大学	范凡
13	19BTQ051	王重民书信与年谱研究	北京大学	顾晓光
14	20ATQ002	北京大学图书馆藏未刊明代稿抄本整理与研究	北京大学	李云
15	20ATQ007	开放科学数据集统一发现的关键问题与平台构建研究	北京大学	王继民
16	20BTQ011	儿童推荐书目的编制理论及方法研究	北京大学	张慧丽
17	20BTQ013	面向人文研究的国家数字人文网络基础设施研究	北京大学	张久珍
18	20BTQ054	基于全文本分析的数据科学范式及其演化研究	北京大学	黄文彬
19	20BTQ079	信息弱势群体电子公共服务利用障碍及援助机制研究	北京大学	周庆山
20	21BTQ009	情报刻画的理论与实践研究	北京大学	王延飞
21	21BTQ021	北京大学图书馆藏洪业未刊书信整理与研究	北京大学	邹新明

续附表 1—1

序号	项目编号	项目名称	工作单位	项目负责人
22	16BTQ001	高等院校校园阅读氛围危机干预研究	南京大学	徐雁
23	16BTQ081	人文社会科学学术专著知识库构建及评价模式研究	南京大学	白云
24	17ATQ001	基于关联数据的学术文献内容语义发布及其应用研究	南京大学	欧石燕
25	17BTQ014	施引者引用意向与文献计量视角的学术论文被引影响因素研究	南京大学	成颖
26	18ATQ003	面向国家发展与安全决策的情报服务创新研究	南京大学	杨建林
27	18BTQ053	中国青少年期刊融合发展研究	南京大学	吴燕
28	19ATQ001	面向智慧服务的多源多维公共文化数据治理及政策保障研究	南京大学	郑建明
29	19BTQ053	南海疆文献资料的知识关联及价值发现研究	南京大学	杨海平
30	19BTQ062	大数据环境下学术成果真实价值与影响的实时预测及长期评价研究	南京大学	邓三鸿
31	19BTQ070	基于大数据的情报分析在互联网金融风险防控场景中的应用研究	南京大学	丁晓蔚
32	20ATQ006	大数据环境下领域知识加工与组织模式研究	南京大学	苏新宁
33	20BTQ076	焦虑情绪下在线健康社区用户信息精细加工和健康行为研究	南京大学	柯青
34	20BTQ086	学术文献颠覆性创新评价的理论及实证研究	南京大学	鞠秀芳
35	21ATQ007	基于代表作的科技人才学术创新能力分类评价理论与方法研究	南京大学	成颖
36	21BTQ012	面向国家安全的科技竞争情报态势感知研究	南京大学	石进

续附表 1-1

序号	项目编号	项目名称	工作单位	项目负责人
37	21BTQ030	协同共治视角下图书馆推进开放科学的服务模式研究	南京大学	虞为
38	21BTQ042	我国公共文化服务可及性模式研究	南京大学	陈雅
39	21BTQ076	智能媒体时代出版企业服务生态系统构建研究	南京大学	王鹏涛
40	16ATQ006	重大突发事件社会舆情演化规律及应对策略研究	湘潭大学	何振
41	16BTQ059	公众选择导向的政府信息公开渠道管理创新研究	湘潭大学	朱红灿
42	17ATQ010	"互联网+档案"新业态研究	湘潭大学	王协舟
43	18BTQ015	文化自信视野下青少年优秀传统文化阅读推广研究	湘潭大学	汪全莉
44	18BTQ055	大数据环境下智慧城市信息安全困境及应对策略研究	湘潭大学	邹凯
45	18BTQ093	档案大数据战略及实现路径研究	湘潭大学	向立文
46	19BTQ034	新时代高校图书馆知识产权信息服务机制研究	湘潭大学	周淑云
47	19BTQ059	硬规则时代 App 隐私政策"合规性"研究	湘潭大学	唐思慧
48	20ATQ001	中国图书馆学学科建设与创新研究	湘潭大学	龚蛟腾
49	20BTQ008	AI 赋能公共图书馆儿童数字阅读推广智慧化机制研究	湘潭大学	徐军华
50	20BTQ061	重大公共卫生事件中弱势群体的应急信息获取研究	湘潭大学	陈艳红
51	20BTQ098	改革开放以来湘江流域灾害档案文献整理与研究	湘潭大学	王晖
52	20BTQ105	重大突发事件中社交媒体用户的情感体验及引导机制研究	湘潭大学	邓春林

续附表 1-1

序号	项目编号	项目名称	工作单位	项目负责人
53	21BTQ034	以公众获得感为导向的公共数字文化服务可及性研究	湘潭大学	戴艳清
54	21BTQ035	数字缩微胶片在电子档案长期保存中的应用研究	湘潭大学	仇壮丽
55	21BTQ062	个人数据保护影响评估制度研究	湘潭大学	喻建中
56	16BTQ094	声像档案抢救"复杂性障碍"及信息保护机制与对策研究	中国人民大学	张美芳
57	17ATQ011	档案学经典著作评价研究	中国人民大学	胡鸿杰
58	17BTQ015	大数据时代学术评价理论方法改进研究	中国人民大学	杨红艳
59	17BTQ076	建立数字信任:政府社交媒体文件管理策略研究	中国人民大学	王健
60	18BTQ007	数字中国背景下数字贫困消减行动研究	中国人民大学	闫慧
61	18BTQ095	基于国家认同视阈的家族档案研究	中国人民大学	张全海
62	19ATQ009	新时代我国档案管理体制改革研究	中国人民大学	徐拥军
63	19BTQ023	数据开放环境中的词表重用问题研究	中国人民大学	贾君枝
64	19BTQ098	价值驱动的档案数据知识发现与服务模式研究	中国人民大学	牛力
65	20BTQ005	延安时期红色文献的整理与研究	中国人民大学	宋姬芳
66	20BTQ035	日本藏中国戏曲戏单海报的整理与研究	中国人民大学	谷曙光
67	20BTQ096	大型工程项目电子文件单轨制管理的理念与模型研究	中国人民大学	张宁
68	20BTQ102	新发现的仙居民间历史档案整理研究与数据库建设	中国人民大学	梁继红
69	21ATQ008	新时期产业技术情报分析方法体系研究	中国人民大学	卢小宾
70	21ATQ009	新时代我国档案服务能力建设研究	中国人民大学	黄霄羽
71	21BTQ008	数据驱动的学术评价范式研究	中国人民大学	索传军
72	16BTQ032	协同创新环境下跨学科文献保障研究	武汉大学	王新才
73	16BTQ055	中国学者国际学术论文影响力评价研究	武汉大学	赵蓉英

续附表1-1

序号	项目编号	项目名称	工作单位	项目负责人
74	17ATQ009	中国人文社科学术成果的国际影响力综合评价研究	武汉大学	杨思洛
75	17BTQ009	文献整理学术传统在古籍数字化中的价值实现研究	武汉大学	李明杰
76	18ATQ005	大数据时代政府数据治理体系建构研究	武汉大学	夏义堃
77	18ATQ006	学术出版体制机制创新研究	武汉大学	方卿
78	18BTQ056	面向出版流程的学术期刊质量控制研究	武汉大学	杨丹丹
79	18BTQ061	移动图书馆用户信息交互行为中的情感体验研究	武汉大学	赵杨
80	19BTQ003	新时代中国出版产业政策与意识形态安全研究	武汉大学	黄先蓉
81	19BTQ040	我国《公共图书馆法》有效实施的推进策略研究	武汉大学	吴钢
82	20ATQ008	心理账户理论视角下在线健康社区精准信息服务研究	武汉大学	陆泉
83	20BTQ003	民国时期图书馆社会价值认同研究	武汉大学	彭敏惠
84	21BTQ023	文华图专档案教育史料整理与研究	武汉大学	肖秋会
85	21BTQ033	面向开放科学的科技期刊产业链整合研究	武汉大学	许洁
86	21BTQ046	面向突发公共卫生事件的网络舆情时空演化与决策支持研究	武汉大学	曾子明
87	16BTQ008	"超越存取"推广行动背景下图书馆社会影响力研究	郑州大学	杨晓农
88	16BTQ013	社会资本视角下未成年人整体信息援助研究	郑州大学	王平
89	16BTQ069	社交媒体信息可信度自动评估与实证研究	郑州大学	王一华
90	17ATQ012	法律规制视域下中国档案工作规范体系建设研究	郑州大学	陈忠海

续附表 1-1

序号	项目编号	项目名称	工作单位	项目负责人
91	17BTQ007	公共图书馆用户权利义务规范配置研究	郑州大学	付立宏
92	17BTQ021	中国少数民族文献目录研究	郑州大学	李敏
93	18BTQ071	用户参与的网络动态信息组织模式研究	郑州大学	王娜
94	19BTQ035	隐性知识深度服务体系研究	郑州大学	张建华
95	20BTQ020	中国图书馆碑铭序记类文献的搜集整理与研究	郑州大学	赵长海
96	20BTQ063	基于区块链的个人医疗信息语义组织与多粒度可信溯源方法研究	郑州大学	郭少友
97	21BTQ001	中国古籍修复技术体系建构及其应用研究	郑州大学	王国强
98	21BTQ053	医疗健康大数据资产管理模式与再利用机制研究	郑州大学	翟运开
99	21BTQ054	群体参与视角下在线健康信息质量治理研究	郑州大学	金燕
100	21BTQ067	学术图书价值揭示方法研究	郑州大学	周春雷
101	21BTQ110	档案术语与档案学科协同演化机理研究	郑州大学	孙大东
102	16BTQ025	基于开放获取学术期刊的资源深度整合与揭示研究	中国科学院	赵华茗
103	17ATQ008	面向领域知识发现的科学信息学理论与应用研究	中国科学院	张志强
104	17BTQ065	"大众创业、万众创新"背景下的科技成果转化信息服务体系研究	中国科学院	肖国华
105	17XTQ005	基于图书馆科技扶贫中的精准信息识别与测度体系研究	中国科学院	杨志萍
106	18BTQ059	全球 OA 科技期刊出版大数据监测模型研究	中国科学院	黄金霞
107	18BTQ067	技术创新路径识别与预测的多元关系融合方法研究	中国科学院	张娴
108	19BTQ006	预印本学术交流的理论和实践研究	中国科学院	张智雄

续附表 1-1

序号	项目编号	项目名称	工作单位	项目负责人
109	19BTQ016	开放获取环境下图书馆转型语境构建与转型路径实践研究	中国科学院	赵艳
110	19BTQ041	儿童图书馆利用行为与早期读写能力培养研究	中国科学院	卫垌圻
111	19BTQ066	基于开放创新视角的国家基础科学研究知识创新效应评估指标体系研究	中国科学院	张树良
112	19BTQ088	专利技术创新风险识别与技术创新路径预测方法研究	中国科学院	方曙
113	19XTQ012	用于科学结构分析的混合网络的社团研究	中国科学院	陈云伟
114	20BTQ094	演化视角下新兴技术形成机制与识别方法研究	中国科学院	吴新年
115	21BTQ005	开放科学环境中数据馆员服务模式研究	中国科学院	顾立平
116	21BTQ106	面向循证医学的领域文献实体关系识别方法研究	中国科学院	常志军
117	17ATQ004	中国古籍传统修复技艺的知识保存与传承模式研究	中山大学	林明
118	17BTQ003	中国图书馆技术史研究(1974—　)	中山大学	陈定权
119	17BTQ006	未成年人公共文化服务的文化治理功能、机制与模式研究	中山大学	张靖
120	17BTQ017	国立北平图书馆学人群体研究	中山大学	周余姣
121	18BTQ019	公共图书馆影响力评价之体系构建与实证研究	中山大学	唐琼
122	18BTQ076	基于知识发现的科研人员老龄化现象、演化规律及成因分析	中山大学	徐健
123	19BTQ010	徽州民间文书抢救性保护与数据库建设研究	中山大学	王蕾
124	19BTQ100	我国副省级市档案社会存管服务供给侧改革研究	中山大学	李海涛

续附表 1-1

序号	项目编号	项目名称	工作单位	项目负责人
125	20BTQ017	图书馆编目数据化的理论与实践研究	中山大学	宋琳琳
126	20BTQ022	全民信息素养框架构建与提升策略研究	中山大学	潘燕桃
127	20BTQ041	基于多源数据的情报学新兴趋势探测研究	中山大学	黄晓斌
128	20BTQ085	我国科技人才评价理论、方法体系与实现机制的创新研究	中山大学	张洋
129	21BTQ002	北美东亚图书馆藏中文古籍善本递藏研究	中山大学	张琦
130	21BTQ038	高校图书馆跨学科知识组织与智慧服务模式构建研究	中山大学	马翠嫦
131	21BTQ064	情感体验视角下社交网络用户的中辍行为研究	中山大学	甘春梅
132	16BTQ088	档案信息资源的集中与分布式共享整合模式研究	上海大学	曹航
133	17BTQ071	数字科研环境下学术信息交流系统的变化规律与模型重构研究	上海大学	丁敬达
134	18BTQ092	大数据背景下档案数据管理理论重构、技术选优与实践创新研究	上海大学	于英香
135	19ATQ007	大数据时代档案数据治理研究	上海大学	金波
136	19BTQ058	信息分析宏观三段论研究	上海大学	吕斌
137	19BTQ093	档案记忆再生产研究	上海大学	丁华东
138	19BTQ096	档案在身份认同中的功能、作用机理与实现路经研究	上海大学	陆阳
139	20BTQ101	我国社群档案记忆建构与传承研究	上海大学	连志英
140	20BTQ104	智慧社会背景下数字档案资源治理体系研究	上海大学	杨智勇
141	20BTQ106	综合档案馆社会影响力评价及提升策略研究	上海大学	苏君华

续附表 1–1

序号	项目编号	项目名称	工作单位	项目负责人
142	21BTQ010	基于多元数据融合的社科领域新兴主题探测方法及实证研究	上海大学	丁敬达
143	21BTQ016	国家大数据战略背景下档案数据质量优化控制研究	上海大学	周林兴
144	21BTQ090	档案资源数据化开发利用研究	上海大学	倪代川
145	21BTQ105	智慧数据驱动的公共数字文化资源知识图谱构建与应用研究	上海大学	张云中
146	16BTQ063	"互联网+"背景下面向产业链的行业信息服务融合研究	华中师范大学	胡潜
147	16BTQ076	基于人类动力学的社交网络信息交流行为研究	华中师范大学	易明
148	17ATQ006	基于全生命周期的政府开放数据整合利用机制与模式研究	华中师范大学	段尧清
149	17BTQ061	基于 WEB 短文本挖掘的大型在线学习社区学习分析研究	华中师范大学	叶俊民
150	18BTQ081	虚拟学术社区中科研人员合作机制研究	华中师范大学	谭春辉
151	18BTQ086	大众创新背景下产品用户虚拟社区的知识创新机理及其应用研究	华中师范大学	李旭光
152	19BTQ005	融合知识图谱和深度学习的在线学术资源挖掘与推荐研究	华中师范大学	熊回香
153	19BTQ075	基于事理图谱的社会化问答知识组织与服务研究	华中师范大学	曹高辉
154	20BTQ068	基于自然语言处理的群体性事件演化机制研究	华中师范大学	胡珀
155	20BTQ071	数字人文视域下非遗知识图谱自动构建与长期演进研究	华中师范大学	翟姗姗
156	21ATQ006	在线健康社区知识共创机理及引导机制研究	华中师范大学	易明

续附表 1-1

序号	项目编号	项目名称	工作单位	项目负责人
157	21BTQ084	非物质文化遗产数字档案资源分层集群融合模式研究	华中师范大学	刘婧
158	17ATQ007	信息生态视角下智慧城市信息协同结构与模式研究	吉林大学	马捷
159	17BTQ085	商务网络信息生态链价值的协同创造机理研究	吉林大学	张海涛
160	18BTQ085	大数据驱动下学术新媒体知识聚合及创新服务研究	吉林大学	张向先
161	18BTQ098	数字时代档案文献编纂与成果利用研究	吉林大学	宋雪雁
162	19BTQ079	健康风险认知下的用户信息搜寻行为及其交互特性研究	吉林大学	曹锦丹
163	19BTQ094	面向数字人文的档案文献数据组织与知识发现研究	吉林大学	张卫东
164	19BTQ102	数字人文视角下历史档案资源知识聚合与知识发现研究	吉林大学	邓君
165	20ATQ005	基于事理图谱的重大突发事件演变机制研究	吉林大学	张海涛
166	21BTQ058	突发公共事件大数据通证的用户隐私安全研究	吉林大学	王峰
167	21BTQ059	基于用户跨社交媒体的信息行为偏好特征挖掘与推荐研究	吉林大学	毕达天
168	21BTQ075	多源数据驱动下产业竞争情报智慧服务机制与模式研究	吉林大学	郑荣
169	21BTQ109	数据驱动的档案文献资源知识构建与知识服务研究	吉林大学	宋雪雁
170	16ATQ005	全媒体环境下复合阅读行为及阅读推广对策研究	四川大学	李桂华
171	17BTQ013	专利法视野下专利引文分析方法的误差发现及对策研究	四川大学	李睿

续附表 1-1

序号	项目编号	项目名称	工作单位	项目负责人
172	17BTQ022	中国与"一带一路"沿线国家图书馆国际合作项目评价及质量提升策略研究	四川大学	胡琳
173	17BTQ032	小世界生活情境下的西南民族村落信息贫困研究	四川大学	杨峰
174	18ATQ001	图书馆公共文化服务平衡性充分性发展的法律问题研究	四川大学	赵媛
175	18BTQ026	开放共享背景下图书馆书目元数据组织模式的演变与发展研究	四川大学	黄毕惠
176	19ATQ003	中国文献学史	四川大学	陈力
177	19BTQ046	老年人信息无障碍的状态演变及适老化信息服务研究	四川大学	赵英
178	20BTQ032	布达拉宫所藏宝藏寂著述梵本整理与研究	四川大学	罗鸿
179	20BTQ043	基于知识观的政府数据开放整体能力构建研究	四川大学	袁莉
180	20XTQ008	创新经济学视野下的专利引用关系再认识及其评价意义再研究	四川大学	李睿
181	16BTQ077	国内外主要学科分类体系的集成映射实证研究	中国科学技术信息研究所	苏成
182	16BTQ079	基于知识组织的科研项目评审专家发现研究	中国科学技术信息研究所	宋培彦
183	16BTQ087	面向知识组织系统的新术语抽取研究	中国科学技术信息研究所	刘伟
184	17ATQ002	基于知识组织的图书馆资源发现服务体系研究	中国科学技术信息研究所	曾建勋
185	17BTQ083	科技报告服务中的著作权平衡策略研究	中国科学技术信息研究所	许燕
186	18BTQ031	多源异构数据融合的图书馆用户画像研究	中国科学技术信息研究所	杨代庆

续附表 1-1

序号	项目编号	项目名称	工作单位	项目负责人
187	19BTQ082	大数据环境下同行评议方法模式研究	中国科学技术信息研究所	王运红
188	19BTQ090	中外同学科期刊跨遴选体系联合排序方法研究	中国科学技术信息研究所	王立学
189	21BTQ011	数字资源知识共享与知识再利用模式与方法研究	中国科学技术信息研究所	刘耀
190	21BTQ078	新时期产业技术竞争情报服务理论方法体系研究	中国科学技术信息研究所	陈峰
191	16BTQ046	桐城派稀见文献整理与研究	安徽大学	张秀玉
192	16BTQ053	创新驱动发展的知识情报作用机制及保障体系研究	安徽大学	储节旺
193	16BTQ066	大数据环境下突发事件应急管理情报能力建设研究	安徽大学	郭春侠
194	17BTQ031	文化精准扶贫中公共图书馆的参与机制研究	安徽大学	严贝妮
195	18BTQ012	公共文化服务供给政社合作模式及动力机制研究	安徽大学	陆和建
196	20ATQ009	新中国档案学史研究	安徽大学	李财富
197	20BTQ069	开放创新环境下大数据知识生态系统协同演化与智慧涌现研究	安徽大学	储节旺
198	21BTQ003	中国近代雕版印刷研究（1840—1949）	安徽大学	刘洪权
199	21BTQ086	基于要素协同的非物质文化遗产档案资源跨机构集成机制研究	安徽大学	戴旸
200	16BTQ073	基于语义识别的引文分析理论、方法与应用研究	北京师范大学	肖明
201	17BTQ019	丝路文化交流中的佛教写本图书馆研究	北京师范大学	王翔
202	17BTQ070	社交媒体视域下科研评价的理论与方法研究	北京师范大学	刘晓娟

续附表 1-1

序号	项目编号	项目名称	工作单位	项目负责人
203	18BTQ018	高校图书馆吸引专业志愿服务的制度基础及管理机制研究	北京师范大学	王琼
204	19ATQ005	面向集成管理的政府数据组织与传递机制研究	北京师范大学	耿骞
205	19BTQ068	生态系统视角下开放政府数据价值实现研究	北京师范大学	王卫
206	20BTQ066	基于数据语义化的电子病历数据质量研究	北京师范大学	吴义熔
207	21BTQ065	面向科研人员定量评价的多维学术专长识别及属性度量研究	北京师范大学	陈翀
208	21BTQ096	民国时期古籍影印与流通研究	北京师范大学	刘净净
209	16BTQ047	土家族濒危口述史料的征编与研究	吉首大学	彭燕
210	16XTQ002	武陵山连片特困区精准扶贫中的用户信息消费能力研究	吉首大学	卢明芳
211	17BTQ023	濒危土家语征编及语料库建设研究	吉首大学	刘喜球
212	17BTQ042	刘永济未刊手稿(孤本 5 种)抢救性整理与研究	吉首大学	王焕林
213	18BTQ016	武陵山民族聚居区图书馆阅读推广助力文化精准扶贫研究	吉首大学	王月娥
214	19BTQ025	濒危土家族非物质文化遗产的征编与数字化保护研究	吉首大学	徐险峰
215	19XTQ003	土司世界文化遗产文献资源体系建设研究	吉首大学	李鸿雁
216	20BTQ037	武陵民族地区濒危传统技艺口述史料采辑与保护利用研究	吉首大学	彭燕
217	21XTQ016	刘永济文学遗稿(未刊 7 种)整理与研究	吉首大学	王焕林
218	16BTQ023	"一带一路"战略的东盟信息资源支撑及开发策略研究	广西民族大学	苏瑞竹

续附表 1-1

序号	项目编号	项目名称	工作单位	项目负责人
219	17XTQ003	图书馆古籍文献的数字人文开发与应用模式研究	广西民族大学	欧阳剑
220	18BTQ101	新时代少数民族民间档案文化遗产保护传承研究	广西民族大学	饶圆
221	19ATQ008	档案馆功能理论重构及社会化实现研究	广西民族大学	黄夏基
222	19BTQ092	"一带一路"涉外档案文献编研研究	广西民族大学	郑慧
223	19BTQ095	中国档案史史料学	广西民族大学	丁海斌
224	20BTQ103	信息网络技术驱动档案移动服务创新路径研究	广西民族大学	陈勇
225	21BTQ027	社会学习视角下青少年数字阅读行为研究	广西民族大学	张文彦
226	17BTQ030	公共图书馆文化治理功能、效应及提升机制研究	国家图书馆	张收棉
227	18ATQ002	民国时期革命历史文献整理与研究	国家图书馆	马静
228	19BTQ002	新时代国家图书馆为国家立法和决策服务的模式与路径研究	国家图书馆	李春明
229	19BTQ017	深化我国公共图书馆法人治理结构改革路径研究	国家图书馆	李丹
230	19BTQ038	出版物交换赠送与对外文化交流传播研究	国家图书馆	李伟
231	20ATQ003	明代宫廷图书史	国家图书馆	马学良
232	21BTQ029	阅读推广人专业化职业化培育模式研究	国家图书馆	霍瑞娟
233	21BTQ097	公共图书馆婴幼儿阅读推广研究	国家图书馆	孙蕊
234	16BTQ039	宋代笔记医药文献整理与研究	河北大学	周云逸
235	16BTQ054	信息技术与信息服务融合发展中的用户隐私安全管理研究	河北大学	宛玲
236	17BTQ068	网络信息治理视域下社交网络不可信用户识别研究	河北大学	吴树芳

续附表 1-1

序号	项目编号	项目名称	工作单位	项目负责人
237	18BTQ066	基于文本挖掘和机器学习的情境感知推荐方法研究	河北大学	史海燕
238	19BTQ060	开放政府数据公共价值实现机制研究	河北大学	陈兰杰
239	20BTQ007	中外阅读推广学术思想史研究	河北大学	赵俊玲
240	20BTQ099	国家非物质文化遗产数字档案资源协同整合机制研究	河北大学	锅艳玲
241	21BTQ087	雄安新区档案治理研究	河北大学	李颖
242	16BTQ006	高校图书馆移动信息素养教育的实践研究	华东师范大学	郭劲赤
243	16BTQ026	基于数据驱动的图书馆资源发现平台研究	华东师范大学	王仁武
244	17BTQ004	图书馆异构特藏资源的数字人文研发与共享模式研究	华东师范大学	李欣
245	18BTQ028	图书馆智慧空间的理论构建与实践应用研究	华东师范大学	许鑫
246	18BTQ040	上海图书馆藏顾廷龙先生友朋信札整理与研究	华东师范大学	丁小明
247	20BTQ092	基于知识图谱推理的健康信息可信度计算研究	华东师范大学	段宇锋
248	21BTQ006	技术时代作为"场所"存在的公共图书馆研究	华东师范大学	金武刚
249	21BTQ100	高校图书馆特藏资源服务模式及站群系统研究	华东师范大学	张毅
250	16BTQ029	高校图书馆深度嵌入专利运营研究	山东理工大学	吴红
251	16BTQ078	基于量化与质性数据的跨学科合作行为研究	山东理工大学	李长玲
252	16BTQ083	未来新兴科学研究前沿识别研究	山东理工大学	白如江
253	19ATQ006	跨学科潜在知识生长点识别与创新趋势预测研究	山东理工大学	李长玲

续附表 1-1

序号	项目编号	项目名称	工作单位	项目负责人
254	19BTQ077	数据生态视角下科研大数据协同治理研究	山东理工大学	佟泽华
255	19BTQ085	基于文本内容挖掘的学术论文影响力评价研究	山东理工大学	王效岳
256	20BTQ052	基于"互联网+"思维的新创企业风险识别与竞争情报预警研究	山东理工大学	王克平
257	21BTQ071	多源数据融合驱动的智慧情报感知研究	山东理工大学	白如江
258	16BTQ019	基于成熟度模型的图书馆组织文化建设与创新机制研究	华南师范大学	刘青
259	16BTQ071	基于文本挖掘的科技文献知识发现研究	华南师范大学	奉国和
260	17BTQ062	基于表示学习的跨模态检索模型与特征抽取研究	华南师范大学	李志义
261	18ATQ007	开放科学环境下的科学数据开放共享机制与对策研究	华南师范大学	盛小平
262	18BTQ075	基于用户行为动机的 ALTMETRICS 评价模型构建与实证研究	华南师范大学	余以胜
263	20BTQ075	健康信息用户"搜索即学习"过程中的知识结构演化规律研究	华南师范大学	陈忆金
264	21BTQ041	图书馆在国家健康战略中的角色定位和实现路径研究	华南师范大学	谈大军
265	16ATQ002	网络时代开放教育资源引进与利用中的知识产权问题研究	南开大学	张立彬
266	17BTQ079	基于读者数据挖掘的图书馆阅读社群构建研究	南开大学	肖雪
267	19ATQ002	基于绩效和成效集成的公共图书馆评估理论与评估标准创新研究	南开大学	柯平
268	19BTQ081	用户交互与知识构建双重驱动的知识服务平台评估研究	南开大学	李颖

续附表 1-1

序号	项目编号	项目名称	工作单位	项目负责人
269	19BTQ099	科研人员个人数字存档行为及其引导机制研究	南开大学	冯湘君
270	20BTQ077	可行能力视域下农村居民信息贫困发生机理与整体性治理研究	南开大学	樊振佳
271	21ATQ004	面向 2035 年远景目标的少年儿童图书馆员培养机制研究	南开大学	徐建华
272	18BTQ024	小康社会视阈下西藏图书馆学前教育服务实现机制与功能研究	西藏民族大学	马凌云
273	19BTQ004	多民族语言数字资源语义互联框架研究	西藏民族大学	赵生辉
274	19XTQ002	西藏构建现代公共文化服务体系保障机制与实现路径研究	西藏民族大学	李子
275	20BTQ100	清代西藏地方档案及其管理研究	西藏民族大学	侯希文
276	21XTQ005	明清实录藏事史料编年整理研究及数据库建设	西藏民族大学	孔繁秀
277	21XTQ006	西藏和平解放 70 年以来图书出版物中文化认同理论的演进	西藏民族大学	赵娜娜
278	21XTQ007	西藏藏茶文化史料搜集、整理研究	西藏民族大学	赵国栋
279	16BTQ096	"互联网+"环境下档案信息服务研究	郑州航空工业管理学院	郝伟斌
280	18ATQ008	国家大数据战略下档案管理理论与实践创新研究	郑州航空工业管理学院	李泽锋
281	18BTQ102	总体国家安全观下档案风险治理研究	郑州航空工业管理学院	朱兰兰
282	20BTQ045	信息茧房形成机理及治理机制研究	郑州航空工业管理学院	朱红涛
283	21BTQ036	数字人文生态构建中图书馆参与模式研究	郑州航空工业管理学院	苏芳荔
284	21BTQ048	面向突发事件网络舆情治理的政府双向信息沟通能力建设研究	郑州航空工业管理学院	齐云飞

续附表 1-1

序号	项目编号	项目名称	工作单位	项目负责人
285	21BTQ049	社交媒体情境下网络虚假信息传播行为干预研究	郑州航空工业管理学院	莫祖英
286	16ATQ004	中国古代图书馆学研究	黑龙江大学	蒋永福
287	16BTQ060	科学数据开放政策分析与评估研究	黑龙江大学	姜鑫
288	16BTQ061	图书开放获取模式与政策体系研究	黑龙江大学	牛晓宏
289	17BTQ052	新型智库协同知识管理能力与智慧服务创新研究	黑龙江大学	刘春艳
290	18BTQ021	价值网视阈下图书开放获取权益分享机制研究	黑龙江大学	马小琪
291	20ATQ004	总体国家安全观下的国家情报工作制度创新研究	黑龙江大学	马海群
292	16BTQ004	"互联网+"思维下面向万众创新的图书馆服务创新研究	江苏大学	卢章平
293	17BTQ025	开放科学理念下的科研数据治理研究	江苏大学	刘桂锋
294	19BTQ018	信息科学视野下的图书馆学原理研究	江苏大学	刘竟
295	20BTQ047	政务社交媒体信息效用的影响因素、作用机制与提升路径研究	江苏大学	冯缨
296	21BTQ070	总体国家安全观视域下基于大数据的企业竞争情报感知能力提升研究	江苏大学	宋新平
297	21BTQ080	科学数据融合模式设计与体系建构研究	江苏大学	刘桂锋
298	16BTQ052	青海省非物质文化遗产数字化建设研究	青海师范大学	李继晓
299	16XTQ004	濒危撒拉族语言与口头文学数字化资源库的建设	青海师范大学	李安强
300	17XTQ013	青海多民族花儿特色数据库云平台建设及深度学习挖掘研究	青海师范大学	王青海
301	18BTQ044	濒危青海民间演唱词传承资源库建设	青海师范大学	郭占龙
302	18XTQ009	保安族文献资料数据库的建设研究	青海师范大学	马福兰
303	19XTQ004	濒危土族口头传承民俗文化数字化资源库的建设	青海师范大学	王得芳

续附表 1-1

序号	项目编号	项目名称	工作单位	项目负责人
304	18BTQ068	面向语义信息关联的网站信息偶遇机理的实证研究	天津师范大学	刘春茂
305	18BTQ074	负责任计量视角下科学评价方法与指标优化研究	天津师范大学	宋丽萍
306	19BTQ054	王重民生平与学术思想研究	天津师范大学	姚伯岳
307	20BTQ004	我国古籍保护政策法规体系建设研究	天津师范大学	李华伟
308	20BTQ084	基于区块链的科学论文开放式同行评议质量控制研究	天津师范大学	贺颖
309	21BTQ061	语义驱动的科研人员学术专长画像研究	天津师范大学	宋培彦
310	18BTQ029	智慧社会建设背景下图书馆跨界合作服务模式研究	西南大学	李健
311	19BTQ009	个人原生数字资源长期保存机制研究	西南大学	阮建海
312	20BTQ048	政务社交媒体用户信息获取中的情感体验及效用研究	西南大学	张敏
313	20BTQ078	情感体验视角下在线知识付费平台的用户信息行为研究	西南大学	邓小昭
314	21BTQ020	安岳石窟佛经文献整理及文字研究	西南大学	廖强
315	21BTQ072	时间感知的个性化学术文献引文推荐研究	西南大学	张晓娟
316	16BTQ044	基于海丝文化的福建地方文献整理与开发研究	福建师范大学	孟雪梅
317	18BTQ037	海内外现存建阳刻本书目调查与研究	福建师范大学	陈旭东
318	18BTQ099	文化自信背景下国家档案精品走出去策略研究	福建师范大学	王小云
319	20BTQ001	公共文化视角下政府购买图书馆服务的风险控制研究	福建师范大学	傅文奇
320	20BTQ097	档案部门协同合作与服务转型研究	福建师范大学	王运彬
321	16BTQ009	"互联网+"背景下数字图书馆的著作权利益保障研究	河南大学	吉宇宽

续附表 1-1

序号	项目编号	项目名称	工作单位	项目负责人
322	16BTQ040	唐宋社会文化转型与目录学演进研究	河南大学	白金
323	17BTQ050	中国古代农业文献编撰研究	河南大学	莫鹏燕
324	18BTQ002	近代图书馆学汉译文献整理与研究	河南大学	翟桂荣
325	19BTQ050	少林文献整理与研究	河南大学	李景文
326	16BTQ002	基于内容营销的深度数字阅读推广研究	南京农业大学	茆意宏
327	18BTQ063	基于典籍的中华传统文化知识表达体系自动构建方法研究	南京农业大学	何琳
328	18BTQ077	科学数据集的自组织模式和质量评价研究	南京农业大学	杨波
329	19BTQ036	智慧融合视角下图书馆与用户共创知识服务价值的模式构建研究	南京农业大学	郑德俊
330	21ATQ003	数智时代阅读服务转型研究	南京农业大学	茆意宏
331	16BTQ042	藏文伏藏文献和掘藏师分类研究	西藏大学	还克加
332	17BTQ011	苯教《大藏经》目录编译研究	西藏大学	才项南杰
333	20BTQ033	敦煌藏文伦理文献的整理与研究	西藏大学	索南
334	20BTQ034	敦煌藏文摩诃衍禅宗文献整理、翻译与研究	西藏大学	仁欠卓玛
335	21BTQ004	敦煌吐蕃医学文献整理与研究	西藏大学	维马泽里

二、2016—2021 年教育部图情档一般项目与青年项目

2016—2021 年教育部图情档一般项目与青年项目按照立项总数从高到低排序,武汉大学最多,高达 15 项,其次为中山大学,7 项。其他依次为华中师范大学(6 项)、南京大学(5 项)、南京邮电大学(5 项)、山东大学(5 项)、上海大学(5 项)、广州大学(4 项)、南京理工大学(4 项)、山西财经大学(4 项)、北京联合大学(3 项)、桂林理工大学(3 项)、湖南大学(3 项)、华南师范大学(3 项)、江南大学(3 项)、江苏理工学院(3 项)、苏州大学(3 项)、浙江工商大学(3 项)、郑州航空工业管理学院(3 项)等。立项数大于等于 2 项的单位详细情况见附

表1-2。该表是根据教育部网站的数据加工整理而成。

附表1-2 2016—2021年教育部图情档立项项目

序号	项目编号	项目名称	工作单位	项目负责人
1	16YJA870004	民国图书馆学教育史料编纂整理	武汉大学	李明杰
2	16YJA870009	面向移动互联网的图书馆用户行为大数据分析与服务创新研究	武汉大学	吴丹
3	16YJC870001	突发公共卫生事件情境下社交媒体信息影响力模型与预测研究	武汉大学	安璐
4	16YJC870011	开放式协同编辑平台中的用户知识整合机制研究	武汉大学	孙永强
5	17YJC870013	基于关联数据语义扩展的标准知识语义链接服务研究	武汉大学	马万钟
6	17YJC870022	情境偏好视角下社会化信息搜寻行为影响机制研究	武汉大学	张晋朝
7	17YJC870025	基于多源数据融合的移动图书馆用户偏好挖掘研究	武汉大学	赵杨
8	18YJA870004	基于深度学习的公共服务政策精准推送研究	武汉大学	胡吉明
9	18YJA870008	《清代人物生卒年表》补正研究	武汉大学	鲁小俊
10	18YJA870016	在线健康社区用户知识共享行为的间歇性中辍现象研究:基于信息生态链的分析视角	武汉大学	张敏
11	18YJC870026	基于复杂语义关系的词汇共现机理研究	武汉大学	赵一鸣
12	19YJC870008	数字人文视角下唐诗知识图谱构建与领域应用研究	武汉大学	洪亮
13	20YJA870018	数字保存的成本计量与控制研究	武汉大学	肖秋会
14	20YJA870019	科学出版物语义组织模式及其实现路径研究	武汉大学	徐雷
15	21YJC870021	公共数字文化服务质量提升的用户体验优化研究	武汉大学	郑燃

续附表1-2

序号	项目编号	项目名称	工作单位	项目负责人
16	16YJC870014	高校图书馆数字资源使用成效评估研究	中山大学	唐琼
17	17YJC870005	戏曲与俗文学文献校勘研究	中山大学	冯先思
18	17YJC870019	改革开放以来中国图书馆事业发展路径与经验总结:口述史与数字人文视角下的探索性研究	中山大学	肖鹏
19	19YJA870006	面向新型智库的情报保障体系与服务创新研究	中山大学	黄晓斌
20	19YJC870006	社交媒体用户行为的间歇性中辍现象及其机理研究	中山大学	甘春梅
21	21YJA870004	创新导向的学术影响力评价模型与应用研究	中山大学	李晶
22	21YJC870009	大数据时代多源在线健康信息质量适老化治理研究	中山大学	刘彩华
23	17YJA870010	基于深度学习的数字图书馆跨媒体语义检索方法研究	华中师范大学	金汉均
24	18YJA870002	基于前景理论的信息搜索过程建模与预测研究	华中师范大学	陈静
25	19YJC870012	基于联合学习的神经信息检索模型研究	华中师范大学	李波
26	19YJC870025	大数据环境下碎片化用户生成内容的多粒度知识组织研究	华中师范大学	王忠义
27	21YJA870005	基于深度学习的数字图书馆移动视觉搜索方法研究	华中师范大学	刘华咏
28	21YJC870002	情境大数据驱动的社交媒体虚假信息识别模型与治理策略研究	华中师范大学	曾江峰
29	16YJA870014	高校出版社"走出去"模式研究	南京大学	左健
30	17YJC870020	区块链虚拟组织信息资源的知识表示方法研究	南京大学	颜嘉麒
31	19YJC870017	施引群体视角的科学产出评价方法研究	南京大学	闵超

续附表 1-2

序号	项目编号	项目名称	工作单位	项目负责人
32	20YJC870014	多源网络环境下虚假医疗健康信息智能识别研究	南京大学	赵月华
33	21YJC870020	移动健康管理中信息回避形成机制与演化规律研究	南京大学	张玥
34	16YJC870010	学术社交网络服务用户参与动因与激励机制设计研究	南京邮电大学	孙霄凌
35	17YJA870021	链路预测视角下的互联网舆情群体事件预警机制研究	南京邮电大学	魏静
36	18YJA870001	大数据时代突发事件网络舆情传播规律及监控研究	南京邮电大学	查敦林
37	18YJC870006	面向智能信息检索的古籍知识图谱构建方法研究	南京邮电大学	顾磊
38	19YJC870003	情感传播视角下社交网络舆情引导策略研究	南京邮电大学	楚永杰
39	18YJC870019	清代浦镗《十三经注疏正误》整理与研究	山东大学	王晓静
40	18YJC870024	南京国民政府时期公文制度的演化路径研究	山东大学	袁晓川
41	18YJC870029	日藏《玉烛宝典》四种旧写本整理与研究	山东大学	朱新林
42	19YJC870019	社会化链接信息共享行为机制及条件组合研究:基于关系强度视角	山东大学	盛东方
43	20YJC870006	宋代诗经版本系统研究	山东大学	李振聚
44	18YJC870002	科学知识扩散结构、路径与驱动因素研究	上海大学	陈柏彤
45	19YJC870023	文化与科技融合视角下公共图书馆文化创意产品开发模式研究	上海大学	王毅
46	19YJC870030	西学东渐与本土突围:民国档案学教育发展史研究(1934—1949)	上海大学	张衍

续附表 1-2

序号	项目编号	项目名称	工作单位	项目负责人
47	20YJA870015	科学数据共享中的研究者认知偏差及引导政策研究	上海大学	沈婷婷
48	20YJA870022	公共数字文化资源展示的语义描述体系研究:"用户体验+数字人文"的视角	上海大学	张云中
49	17YJA870008	RDA 及其在我国的本地化研究	广州大学	胡晓鹰
50	17YJA870025	基于社会主义核心价值观培育的大学生"互联网+经典阅读"模式研究	广州大学	张正
51	17YJC870012	现存明刊《琵琶记》综录及研究	广州大学	罗欢
52	20YJC870013	框架理论视角下的图书馆媒介形象流变与建构研究	广州大学	张新兴
53	18YJA870021	基于区块链的隐私泄露风险评估与溯源方法研究	南京理工大学	朱鹏
54	18YJC870023	替代计量数据质量评估体系的构建与实证研究	南京理工大学	余厚强
55	19YJA870015	专利引文网络中技术演进的多路径识别及技术机会发现研究	南京理工大学	颜端武
56	21YJC870003	基于领域实体的学科研究前沿识别体系构建研究	南京理工大学	陈果
57	18YJC870013	明清民国时期晋商私家藏书史料整理与研究	山西财经大学	卢厚杰
58	18YJC870018	任务复杂性情境下的用户社交与协同信息搜寻行为机制研究	山西财经大学	孙晓宁
59	20YJA870005	基于学术社交媒体的学科新兴趋势识别研究	山西财经大学	段庆锋
60	21YJA870009	老年人健康信息替代搜寻的行为机理及效果测度研究	山西财经大学	王昌
61	16YJA870012	以利用需求为导向的档案征集政策评价和设计	北京联合大学	张敏

续附表 1-2

序号	项目编号	项目名称	工作单位	项目负责人
62	18YJC870010	大数据时代高校数字档案馆信息服务模式研究	北京联合大学	金畅
63	20YJC870011	移动图书馆情境化知识服务策略研究	北京联合大学	叶莎莎
64	17YJA870014	桂滇黔地区汉传佛教文化遗产数字化建设及其移动视觉搜索系统研究	桂林理工大学	秦晓珠
65	19YJC870016	西南边疆国际河流水文化遗产资源调查及其可视化共享平台研究	桂林理工大学	吕卉
66	20YJA870007	中国环北部湾地区海道针经史料收集整理及其数字化建设研究	桂林理工大学	葛梦兰
67	17YJC870009	抗战时期古籍抢救保护史料整理与研究	湖南大学	李柳情
68	19YJA870003	基于中国专利金奖特征提取的高价值专利评估方法研究	湖南大学	晁蓉
69	19YJC870010	清代《仪礼》校勘与学术流变研究	湖南大学	蒋鹏翔
70	17YJA870017	基于 CCDVTP 模型的中美大学图书馆营销管理模式比较研究	华南师范大学	谈大军
71	17YJC870007	基于团队效能的高校图书馆学科服务团队建设研究	华南师范大学	景晶
72	19YJC870014	近代私家藏书的图书馆化研究	华南师范大学	林英
73	17YJA870024	认知视角下用户科学数据素养偏差及其干预策略研究	江南大学	张群
74	18YJA870011	"互联网+"环境下全民阅读生态系统的构建研究	江南大学	彭奇志
75	19YJA870010	大数据知识服务生态系统的构建研究	江南大学	沈艳红
76	16YJA870010	"互联网+"环境下图书馆信息互动服务模式研究	江苏理工学院	熊太纯
77	17YJC870011	大数据时代高校图书馆多样性的个性化推荐服务研究	江苏理工学院	柳益君
78	19YJA870005	基于社交网络分析和语义计算的高校图书馆用户画像构建与应用研究	江苏理工学院	何胜

续附表1-2

序号	项目编号	项目名称	工作单位	项目负责人
79	18YJC870030	近代书院藏书的流转与当代传承研究	苏州大学	邹桂香
80	19YJC870013	基于多源数据的区域文献联合处置研究	苏州大学	李卓卓
81	20YJC870012	民国时期图书馆学期刊研究	苏州大学	张敏
82	17YJA870020	基于信息级联的网络舆论演化及传播效果评价	浙江工商大学	魏建良
83	18YJC870007	大数据环境下基于多维隐私顾虑的移动电商用户精准服务推荐研究	浙江工商大学	郭飞鹏
84	19YJA870016	数字化博物馆的公众认知研究	浙江工商大学	于小涵
85	18YJC870017	学术图书开放获取运行保障体系研究	郑州航空工业管理学院	任红娟
86	21YJC870005	多领域科学数据元数据互操作方法研究	郑州航空工业管理学院	贾欢
87	21YJC870012	红色基因传承视阈下"三线建设"口述史料资源建设研究	郑州航空工业管理学院	吕豪杰
88	16YJC870017	互联网+时代公共图书馆数字阅读推广的多元主体协同模式与实施策略研究	安徽大学	严贝妮
89	18YJC870004	大数据环境下基于排序学习的高精度检索模型研究	安徽大学	程凡
90	19YJA870017	基于用户画像的精准阅读推广研究	安徽师范大学	朱东妹
91	20YJA870020	档案文化创意产品开发策略研究	安徽师范大学	薛芳
92	16YJC870006	面向论文评审专家推荐的兴趣变化挖掘与回避机制生成的研究	北京师范大学	靳健
93	17YJA870011	数据驱动的图书馆精细化服务模式与保障机制研究	北京师范大学	李书宁
94	19YJC870002	基于深度学习的多源医学数据融合模式研究	北京协和医学院	陈松景
95	21YJC870016	基于科学创造力测量的论文代表作识别方法研究	北京协和医学院	王军辉

续附表 1-2

序号	项目编号	项目名称	工作单位	项目负责人
96	17YJA870023	"互联网+"背景下学术资源的众筹出版研究	福建师范大学	余望
97	20YJA870011	意大利罗马中央国立图书馆所藏中国典籍的整理与研究	福建师范大学	刘海燕
98	17YJC870021	基于多级安全的电子文件流转中的访问控制研究	杭州电子科技大学	姚晔
99	17YJC870024	春秋人物史料汇辑与研究	杭州电子科技大学	赵晓斌
100	18YJC870025	学术社交网络中基于动态精准画像的个性化推荐研究	合肥工业大学	岳峰
101	19YJC870021	基于区块链的数字教育音频版权保护机制研究	合肥工业大学	苏兆品
102	16YJC870020	图像阅读:民国画报与图书馆事业研究	河南大学	张静
103	20YJC870009	移动阅读用户社交行为及影响因素分析研究	河南大学	王海燕
104	19YJA870011	国家情报工作运筹调控与能力增长协同培育机制研究	黑龙江大学	孙瑞英
105	19YJC870031	主体间际复杂网络视阈的科学数据联盟运行体系研究	黑龙江大学	赵丽梅
106	19YJC870009	明代御制文献研究	湖北大学	黄首禄
107	20YJC870007	我国科学数据引用标准化的实现路径研究	湖北大学	史雅莉
108	17YJA870016	基于本体的数字图书馆语义用户兴趣模型构建机理及应用模式研究	湖北工业大学	孙雨生
109	18YJA870013	移动环境下知识付费用户行为发现与知识推荐研究	湖北工业大学	王俊
110	16YJC870013	"互联网+"时代城市图书馆跨界合作服务模式研究	湖南工学院	唐虹

续附表 1-2

序号	项目编号	项目名称	工作单位	项目负责人
111	18YJA870019	以学科信息需求匹配为视角的高校图书馆数据服务设计与路径探索研究	湖南工学院	郑红京
112	18YJA870017	社交媒体环境下主体因素与信息行为关系的双向视角研究	吉林大学	张云秋
113	19YJA870007	基于数据生态的图书馆知识服务价值共创的演化机制、模拟实验及优化研究	吉林大学	刘佳
114	17YJC870010	民国时期读书会史料整理与研究	嘉兴学院	凌冬梅
115	19YJA870004	江南藏书世家研究	嘉兴学院	陈心蓉
116	19YJC870022	乡村振兴背景下农村公共数字文化服务效能提升行动研究	江苏大学	王锰
117	20YJC870008	环境认知视阈下图书馆用户跨空间信息检索交互模型研究	江苏大学	苏文成
118	17YJA870013	甘肃省非物质文化遗产数字化保护研究	兰州大学	刘劲
119	21YJC870006	移动图书馆视障用户界面导航模式与导航关键技术研究	兰州大学	李雅洁
120	19YJC870011	基于 Altmetrics 的人文社会科学学者的社会影响力评价研究	南京工业大学	金洁琴
121	19YJC870026	食品安全知识库构建及潜在风险自动识别研究	南京工业大学	吴志祥
122	20YJC870010	任务情境下社会化信息搜寻行为有效性及影响机理研究	南京信息工程大学	王雪芬
123	21YJC870014	社交网络视角下用户线上评论的信息质量评估与行为趋同研究	南京信息工程大学	潘雪
124	19YJC870004	韩国汉文坊刻本的搜集、整理与研究	南通大学	崔英花
125	19YJC870027	基于语义的方志物产资料知识组织与知识聚合实证研究	南通大学	徐晨飞
126	16YJA870008	宋儒黄榦《勉斋先生黄文肃公文集》整理与研究	厦门大学	王志双

续附表 1-2

序号	项目编号	项目名称	工作单位	项目负责人
127	21YJC870008	面向低成本专业化的高校图书馆知识产权信息公共服务研究	厦门大学	林静
128	17YJA870002	嵌入式信息素养教育的价值营销与用户感知耦合机制研究	山东工商学院	常红
129	19YJC870015	基于效果测评的实体书店融合发展模式研究	山东工商学院	刘菡
130	16YJC870008	基于引文内容分析的科技创新路径识别研究	山东理工大学	廖君华
131	18YJA870014	"互联网+"背景下新创企业竞争情报危机预警研究	山东理工大学	王克平
132	19YJA870014	广义技术视域下中国近代图书馆图书出版研究	上海理工大学	王细荣
133	20YJA870006	新型机制下图书馆知识流形成及专家知识推荐系统构建研究	上海理工大学	高丽
134	18YJC870015	基于科技文献多源数据融合及多特征项共现分析技术的科研动态识别监测方法研究	深圳大学	庞弘燊
135	19YJC870028	基于成熟度视角的高校图书馆科学数据管理服务能力评价研究	深圳大学	叶兰
136	18YJA870003	民国时期中医医案书目汇考与文献研究	首都医科大学	陈婷
137	21YJA870008	移动社交媒体中疾病类健康信息特点分析及评价指标体系研究	首都医科大学	田瑞
138	18YJA870006	图书馆驱动小微企业科技创新运行模式与实证研究	天津工业大学	李大玲
139	19YJC870020	网络集群行为的道德情绪演变机制与应对策略研究	天津工业大学	石密
140	18YJA870005	高校智慧图书馆数据服务空间再造研究	武汉纺织大学	康存辉
141	18YJC870028	军民融合创新主体匹配机制与协同治理研究	武汉纺织大学	周磊

续附表 1-2

序号	项目编号	项目名称	工作单位	项目负责人
142	16YJC870003	数字图书馆馆藏资源多粒度层级主题分割研究	武汉职业技术学院	黄京
143	21YJA870003	跨学科知识组织中学科概念跨学科关联研究	武汉职业技术学院	黄京
144	19YJC870024	面向 STEAM 教育的公共图书馆服务机制与实施策略研究	西北大学	王铮
145	21YJC870023	用户认知结构视角下人文图像资源标注研究	西北大学	周知
146	16YJA870011	中国学者发表国际论文的学术影响计量分析与综合评价研究	湘潭大学	杨思洛
147	19YJA870002	国际编目新标准的阐释及中国文献编目规则发展研究	湘潭大学	曾伟忠
148	16YJA870001	大数据时代档案信息资源共享平台构建的研究	盐城师范学院	卞咸杰
149	17YJC870004	智库国际传播力评价理论与实证研究	盐城师范学院	丁炫凯
150	18YJA870009	纸质档案文献修复中生物材料应用研究	云南大学	罗茂斌
151	18YJC870009	乡村振兴战略背景下西南边疆民族地区农村图书馆服务创新研究	云南大学	黄体杨
152	20YJC870003	面向大规模协作的数字图书馆知识图谱构建与可信服务社会化推荐研究	浙江财经大学	黄小玲
153	21YJC870017	地方政府数据开放政策实施效果、影响因素及路径优化研究	浙江财经大学	温芳芳
154	17YJA870005	物联网环境下个人隐私信息泄密的机制、模拟试验及治理研究	浙江大学	董新平
155	18YJA870018	"互联网+政务"背景下电子文件单套制管理的体系框架与实现路径研究	浙江大学	章燕华
156	17YJA870003	基于社交媒体的阅读推广绩效评估	浙江工业大学	池晓波
157	17YJC870018	大数据环境下跨媒体信息情感挖掘及互检索应用研究	浙江工业大学	唐智川

续附表 1-2

序号	项目编号	项目名称	工作单位	项目负责人
158	18YJA870015	智慧校园环境下图书馆用户画像及其应用研究	浙江师范大学	杨传斌
159	21YJC870013	多模态环境下的城市突发事件画像构建方法研究	浙江师范大学	马超
160	21YJC870007	面向高质量发展的档案治理体系现代化建设研究	郑州大学	李宗富
161	21YJC870019	全球数据主权博弈背景下健全我国数据跨境流动规则体系研究	郑州大学	张心源

国内外图情档核心期刊

一、国内图情档北大核心期刊

国内图情档北大核心期刊见附表 2-1。

附表 2-1　国内图情档北大核心期刊

序号	刊名	主办单位	出版周期	出版地	创刊时间
1	中国图书馆学报	中国图书馆学会;国家图书馆	双月	北京市	1957
2	图书情报工作	中国科学院文献情报中心(中国科学院图书馆)	半月	北京市	1980
3	大学图书馆学报	北京大学;教育部高等学校图书情报工作指导委员会	双月	北京市	1983
4	情报学报	中国科学技术情报学会;中国科学技术信息研究所	月刊	北京市	1982
5	图书情报知识	武汉大学	双月	武汉市	1983
6	图书与情报	甘肃省图书馆;甘肃省科技情报所	双月	兰州市	1980
7	情报理论与实践	中国国防科学技术信息学会;中国兵器工业集团第二一〇研究所	月刊	北京市	1964
8	图书馆论坛	广东图书馆学刊	月刊	广州市	1981
9	图书馆学研究	吉林省图书馆	半月	长春市	1980
10	国家图书馆学刊	国家图书馆	双月	北京市	1977
11	图书馆杂志	上海图书馆(上海科学技术情报研究所);上海市图书馆学会	月刊	上海市	1982
12	图书馆建设	黑龙江省图书馆;黑龙江省图书馆学会	双月	哈尔滨市	1978

续附表 2-1

序号	刊名	主办单位	出版周期	出版地	创刊时间
13	情报资料工作	中国人民大学	双月	北京市	1980
14	图书馆	湖南图书馆;湖南省图书馆学会	月刊	长沙市	1973
15	情报杂志	陕西省科学技术情报研究院	月刊	西安市	1982
16	情报科学	吉林大学	月刊	长春市	1980
17	数据分析与知识发现	中国科学院文献情报中心	月刊	北京市	1980
18	图书馆工作与研究	天津图书馆;天津市图书馆学会;天津市少年儿童图书馆	月刊	天津市	1979
19	档案学通讯	中国人民大学	双月	北京市	1979
20	档案学研究	中国档案学会	双月	北京市	1987
21	中国档案	《中国档案》杂志社	月刊	北京市	1951
22	浙江档案	浙江省档案馆;浙江省档案学会	月刊	杭州市	1978
23	北京档案	北京市档案局;北京市档案学会	月刊	北京市	1984
24	档案管理	河南省档案馆	双月	郑州市	1983
25	档案与建设	江苏省档案局;江苏省档案学会	月刊	南京市	1984

二、国外图书馆学与情报学 SSCI 收录期刊

国外图书馆学与情报学 SSCI 收录期刊见附表 2-2。

附表 2-2　国外图书馆学与情报学 SSCI 收录期刊

序号	刊名	ISSN	eISSN	5 Year JIF	JIF Quartile
1	*JOURNAL OF STRATEGIC INFORMATION SYSTEMS*	0963–8687	1873–1198	11.832	Q1
2	*MIS QUARTERLY*	0276–7783	N/A	12.803	Q1
3	*INTERNATIONAL JOURNAL OF INFORMATION MANAGEMENT*	0268–4012	1873–4707	13.074	Q1
4	*INFORMATION SOCIETY*	0197–2243	1087–6537	3.936	Q1

续附表2-2

序号	刊名	ISSN	eISSN	5 Year JIF	JIF Quartile
5	INTERNATIONAL JOURNAL OF COMPUTER-SUPPORTED COLLABORATIVE LEARNING	1556-1607	1556-1615	4.966	Q1
6	JOURNAL OF THE AMERICAN MEDICAL INFORMATICS ASSOCIATION	1067-5027	1527-974X	5.178	Q1
7	SOCIAL SCIENCE COMPUTER REVIEW	0894-4393	1552-8286	5.194	Q1
8	JOURNAL OF INFORMETRICS	1751-1577	1875-5879	5.421	Q1
9	INFORMATION PROCESSING & MANAGEMENT	0306-4573	1873-5371	5.789	Q1
10	JOURNAL OF ENTERPRISE INFORMATION MANAGEMENT	1741-0398	1758-7409	5.839	Q1
11	INFORMATION AND ORGANIZATION	1471-7727	1873-7919	5.866	Q1
12	TELEMATICS AND INFORMATICS	0736-5853	N/A	6.769	Q1
13	JOURNAL OF THE ASSOCIATION FOR INFORMATION SYSTEMS	1536-9323	1558-3457	6.780	Q1
14	INFORMATION SYSTEMS RESEARCH	1047-7047	1526-5536	6.888	Q1
15	GOVERNMENT INFORMATION QUARTERLY	0740-624X	1872-9517	8.293	Q1
16	JOURNAL OF MANAGEMENT INFORMATION SYSTEMS	0742-1222	1557-928X	8.335	Q1
17	JOURNAL OF KNOWLEDGE MANAGEMENT	1367-3270	1758-7484	8.720	Q1

续附表 2-2

序号	刊名	ISSN	eISSN	5 Year JIF	JIF Quartile
18	*INFORMATION SYSTEMS JOURNAL*	1350–1917	1365–2575	8.814	Q1
19	*INFORMATION & MANAGEMENT*	0378–7206	1872–7530	9.183	Q1
20	*JOURNAL OF INFORMATION TECHNOLOGY*	0268–3962	1466–4437	9.439	Q1
21	*JOURNAL OF COMPUTER-MEDIATED COMMUNICATION*	1083–6101	1083–6101	9.953	Q1
22	*LIBRARY HI TECH*	0737–8831	0737–8831	2.065	Q2
23	*COLLEGE & RESEARCH LIBRARIES*	0010–0870	2150–6701	2.204	Q2
24	*JOURNAL OF GLOBAL INFORMATION TECHNOLOGY MANAGEMENT*	1097–198X	2333–6846	2.631	Q2
25	*LEARNED PUBLISHING*	0953–1513	1741–4857	2.659	Q2
26	*LIBRARY & INFORMATION SCIENCE RESEARCH*	0740–8188	1873–1848	2.778	Q2
27	*JOURNAL OF ORGANIZATIONAL AND END USER COMPUTING*	1546–2234	1546–5012	2.808	Q2
28	*JOURNAL OF INFORMATION SCIENCE*	0165–5515	1741–6485	2.904	Q2
29	*KNOWLEDGE MANAGEMENT RESEARCH & PRACTICE*	1477–8238	1477–8246	3.027	Q2
30	*RESEARCH EVALUATION*	0958–2029	1471–5449	3.434	Q2
31	*JOURNAL OF HEALTH COMMUNICATION*	1081–0730	1087–0415	3.468	Q2
32	*TELECOMMUNICATIONS POLICY*	0308–5961	1879–3258	3.500	Q2
33	*SCIENTOMETRICS*	0138–9130	1588–2861	3.702	Q2

续附表2-2

序号	刊名	ISSN	eISSN	5 Year JIF	JIF Quartile
34	JOURNAL OF THE ASSOCIATION FOR INFORMATION SCIENCE AND TECHNOLOGY	2330-1635	2330-1643	3.854	Q2
35	JOURNAL OF THE MEDICAL LIBRARY ASSOCIATION	1536-5050	N/A	3.874	Q2
36	ETHICS AND INFORMATION TECHNOLOGY	1388-1957	1572-8439	3.925	Q2
37	INFORMATION TECHNOLOGY FOR DEVELOPMENT	0268-1102	1554-0170	4.221	Q2
38	INFORMATION TECHNOLOGY & PEOPLE	0959-3845	1758-5813	4.238	Q2
39	INTERNATIONAL JOURNAL OF GEOGRAPHICAL INFORMATION SCIENCE	1365-8816	1362-3087	4.645	Q2
40	QUALITATIVE HEALTH RESEARCH	1049-7323	1552-7557	5.038	Q2
41	EUROPEAN JOURNAL OF INFORMATION SYSTEMS	0960-085X	1476-9344	7.130	Q2
42	MIS QUARTERLY EXECUTIVE	1540-1960	1540-1979	7.563	Q2
43	LIBRARY AND INFORMATION SCIENCE	0373-4447	0373-4447	0.606	Q3
44	JOURNAL OF SCHOLARLY PUBLISHING	1198-9742	1710-1166	1.245	Q3
45	REVISTA ESPANOLA DE DOCUMENTACION CIENTIFICA	0210-0614	1988-4621	1.259	Q3
46	PORTAL-LIBRARIES AND THE ACADEMY	1531-2542	1530-7131	1.285	Q3
47	MALAYSIAN JOURNAL OF LIBRARY & INFORMATION SCIENCE	1394-6234	1394-6234	1.320	Q3

续附表 2-2

序号	刊名	ISSN	eISSN	5 Year JIF	JIF Quartile
48	*INFORMATION TECHNOLOGY AND LIBRARIES*	0730-9295	2163-5226	1.351	Q3
49	*LIBRARY TRENDS*	0024-2594	1559-0682	1.354	Q3
50	*ELECTRONIC LIBRARY*	0264-0473	1758-616X	1.540	Q3
51	*JOURNAL OF GLOBAL INFORMATION MANAGEMENT*	1062-7375	1533-7995	1.550	Q3
52	*DATA TECHNOLOGIES AND APPLICATIONS*	2514-9288	2514-9318	1.667	Q3
53	*DATA BASE FOR ADVANCES IN INFORMATION SYSTEMS*	0095-0033	N/A	1.954	Q3
54	*JOURNAL OF DOCUMENTATION*	0022-0418	1758-7379	1.988	Q3
55	*JOURNAL OF LIBRARIANSHIP AND INFORMATION SCIENCE*	0961-0006	1741-6477	2.009	Q3
56	*JOURNAL OF ACADEMIC LIBRARIANSHIP*	0099-1333	1879-1999	2.023	Q3
57	*HEALTH INFORMATION AND LIBRARIES JOURNAL*	1471-1834	1471-1842	2.187	Q3
58	*INFORMATION DEVELOPMENT*	0266-6669	1741-6469	2.205	Q3
59	*LIBRARY QUARTERLY*	0024-2519	1549-652X	2.277	Q3
60	*PROFESIONAL DE LA INFOR-MACION*	1386-6710	1386-6710	2.285	Q3
61	*ASLIB JOURNAL OF INFORMA-TION MANAGEMENT*	2050-3806	1758-3748	2.343	Q3
62	*INFORMATION TECHNOLOGY & MANAGEMENT*	1385-951X	1573-7667	2.627	Q3
63	*ONLINE INFORMATION REVIEW*	1468-4527	1468-4535	2.883	Q3
64	*ZEITSCHRIFT FUR BIBLIOTHE-KSWESEN UND BIBLIOGRAPHIE*	0044-2380	1864-2950	0.071	Q4

续附表 2-2

序号	刊名	ISSN	eISSN	5 Year JIF	JIF Quartile
65	*ECONTENT*	1525-2531	1525-2531	0.107	Q4
66	*INFORMACIOS TARSADALOM*	1587-8694	N/A	0.165	Q4
67	*LIBRARY JOURNAL*	0363-0277	N/A	0.307	Q4
68	*INFORMATION & CULTURE*	2164-8034	2166-3033	0.309	Q4
69	*INFORMACAO & SOCIEDADE-ESTUDOS*	0104-0146	1809-4783	0.313	Q4
70	*CANADIAN JOURNAL OF INFORMATION AND LIBRARY SCIENCE-REVUE CANADIENNE DES SCIENCES DE L INFORMATION ET DE BIBLIOTHECONOMIE*	1195-096X	1920-7239	0.420	Q4
71	*SERIALS REVIEW*	0098-7913	1879-095X	0.425	Q4
72	*RESTAURATOR-INTERNATIONAL JOURNAL FOR THE PRESERVATION OF LIBRARY AND ARCHIVAL MATERIAL*	0034-5806	1865-8431	0.427	Q4
73	*LAW LIBRARY JOURNAL*	0023-9283	0023-9283	0.448	Q4
74	*SCIENTIST*	0890-3670	1547-0806	0.481	Q4
75	*INVESTIGACION BIBLIOTECO-LOGICA*	0187-358X	2448-8321	0.535	Q4
76	*LIBRARY RESOURCES & TECHNICAL SERVICES*	0024-2527	2159-9610	0.541	Q4
77	*TRANSINFORMACAO*	0103-3786	N/A	0.561	Q4
78	*REFERENCE & USER SERVICES QUARTERLY*	1094-9054	2163-5242	0.581	Q4
79	*LIBRI-INTERNATIONAL JOURNAL OF LIBRARIES AND INFORMATION STUDIES*	0024-2667	1865-8423	0.706	Q4

续附表 2-2

序号	刊名	ISSN	eISSN	5 Year JIF	JIF Quartile
80	*AFRICAN JOURNAL OF LIBRARY ARCHIVES AND INFORMATION SCIENCE*	0795–4778	0795–4778	0.775	Q4
81	*JOURNAL OF THE AUSTRALIAN LIBRARY AND INFORMATION ASSOCIATION*	2475–0158	2475–0166	0.851	Q4
82	*SOCIAL SCIENCE INFORMATION SUR LES SCIENCES SOCIALES*	0539–0184	1461–7412	0.966	Q4
83	*KNOWLEDGE ORGANIZATION*	0943–7444	N/A	0.979	Q4
84	*INFORMATION RESEARCH–AN INTERNATIONAL ELECTRONIC JOURNAL*	1368–1613	1368–1613	1.197	Q4
85	*REFERENCE SERVICES REVIEW*	0090–7324	2054–1716	1.221	Q4

说明:附表 2-2 是根据 *Journal Citation Reports*(JCR)的数据整理而成。

国内外图情领域高被引论文

一、国内图书情报领域高被引论文

在 CNKI 中,文献分类选择"图书情报与数字图书馆",时间范围设定为 2018-01-01 至 2022-06-16(检索时间 2022-06-16),得到 93068 篇文献。按照被引频次降序排列,获得前 60 篇论文(见附表 3-1)。

附表 3-1　国内图书情报领域高被引论文

序号	题名	作者	单位	文献来源	年份
1	智慧图书馆与智慧服务	初景利;段美珍	中国科学院文献情报中心;中国科学院大学经济与管理学院	图书馆建设	2018
2	颠覆性变革与后图书馆时代——推动知识服务的供给侧结构性改革	张晓林	中国科学院文献情报中心;中国科学院大学	中国图书馆学报	2018
3	融合与重构:智慧图书馆发展新形态	夏立新;白阳;张心怡	华中师范大学信息管理学院	中国图书馆学报	2018
4	关于公共图书馆文旅深度融合的思考	王世伟	上海社会科学院信息研究所	图书馆	2019
5	国内外用户画像研究综述	刘海鸥;孙晶晶;苏妍嫄;张亚明	燕山大学经济管理学院;燕山大学互联网+与产业发展研究中心	情报理论与实践	2018
6	如何培养计算思维——基于 2006—2016 年研究文献及最新国际会议论文	陈鹏;黄荣怀;梁跃;张进宝	北京师范大学智慧学习研究院;首都师范大学教育技术系;北京师范大学教育学部	现代远程教育研究	2018

续附表 3-1

序号	题名	作者	单位	文献来源	年份
7	基于"用户画像"的图书馆资源推荐模式设计与分析	王庆;赵发珍	西北工业大学图书馆;兰州大学图书馆	现代情报	2018
8	5G与智慧图书馆建设	刘炜;陈晨;张磊	上海图书馆;上海图书馆系统网络中心	中国图书馆学报	2019
9	后知识服务时代的图书馆转型	柯平;邹金汇	南开大学商学院信息资源管理系	中国图书馆学报	2019
10	用户画像研究述评	宋美琦;陈烨;张瑞	武汉大学信息资源研究中心;华中师范大学信息管理学院	情报科学	2019
11	重大公共安全突发事件中图书馆应急服务专家笔谈	魏大威;廖永霞;柯平;张智雄;王有强;滕五晓;周璐	国家图书馆;南开大学商学院信息资源管理系;中国科学院武汉文献情报中心;中国科学院大学经济与管理学院图书情报与档案管理系;中国科学院文献情报中心;清华大学图书馆;复旦大学社会发展与公共政策学院;长江日报	图书馆杂志	2020
12	文旅融合背景下公共图书馆研学旅游服务创新策略	金龙	中国国家图书馆	图书馆工作与研究	2019
13	从智能图书馆到智慧图书馆	初景利;段美珍	中国科学院大学经济与管理学院图书情报与档案管理系	国家图书馆学刊	2019
14	支持"双一流"建设的高校图书馆服务创新趋势研究	肖珑	北京大学图书馆	大学图书馆学报	2018

续附表 3-1

序号	题名	作者	单位	文献来源	年份
15	基于社会资本理论的问答平台用户知识付费行为影响因素研究	赵杨;袁析妮;李露琪;赵雨	武汉大学信息管理学院;武汉大学电子商务研究与发展中心	图书情报知识	2018
16	第十六次全国国民阅读调查报告	中国新闻出版研究院全国国民阅读调查课题组	新阅读	新阅读	2019
17	图书馆与智库	初景利;唐果媛	中国科学院文献情报中心;中国科学院大学	图书情报工作	2018
18	积极融入新冠肺炎疫情防控大局,切实创新非常时期服务策略——全国高校图书馆疫情防控期间服务创新情况调研报告	王波;周春霞;陈凌;陈建龙	北京大学图书馆	大学图书馆学报	2020
19	社会化问答社区用户画像构建	王凌霄;沈卓;李艳	北京林业大学经济管理学院管理科学与工程系	情报理论与实践	2018
20	以用户画像构建智慧阅读推荐系统	王顺箐	复旦大学图书馆	图书馆学研究	2018
21	服务于"双一流"建设的高校图书馆信息资源建设	肖希明;尹彦力	武汉大学信息管理学院	图书馆建设	2018
22	数据驱动下数字图书馆用户画像模型构建	许鹏程;毕强;张晗;牟冬梅	吉林大学管理学院;吉林大学公共卫生学院	图书情报工作	2019
23	21世纪战略管理研究将走向何方——兼与国际比较	谢广营;徐二明	周口师范学院经济与管理学院;汕头大学商学院	北京交通大学学报(社会科学版)	2019

续附表 3-1

序号	题名	作者	单位	文献来源	年份
24	公共图书馆文旅融合的典型实践与分析	鄢莹	简阳市图书馆	图书与情报	2019
25	虚拟社区用户知识付费意愿实证研究	方爱华;陆朦朦;刘坤锋	武汉大学信息管理学院	图书情报工作	2018
26	基于用户画像的旅游情境化推荐服务研究	刘海鸥;孙晶晶;苏妍嫄;张亚明	燕山大学互联网+与产业发展研究中心;燕山大学经济管理学院	情报理论与实践	2018
27	在线健康社区用户持续使用意愿研究——基于感知价值理论	董庆兴;周欣;毛凤华;张斌	华中师范大学信息管理学院;武汉大学信息资源研究中心;武汉大学中国传统文化研究中心	现代情报	2019
28	基于扎根理论的社会化问答社区用户知识贡献行为意向影响因素研究	张宝生;张庆普	哈尔滨师范大学管理学院;克莱姆森大学中国研究中心;哈尔滨工业大学管理学院	情报学报	2018
29	公共图书馆与旅游融合的模式与路径研究	单红波	虎门图书馆	图书与情报	2019
30	新文科背景下我国图书情报学科的发展前景	马费成;李志元	武汉大学信息资源研究中心;武汉大学大数据研究院;武汉大学信息管理学院	中国图书馆学报	2020
31	我国智慧图书馆建设面临的五大问题	李玉海;金喆;李佳会;李珏	华中师范大学信息管理学院;华中师范大学国家数字化学习工程技术研究中心	中国图书馆学报	2020
32	"国家数字文化网"服务营销策略研究——基于7Ps营销理论视角	戴艳清;王璐	湘潭大学公共管理学院	国家图书馆学刊	2018

续附表 3-1

序号	题名	作者	单位	文献来源	年份
33	大数据时代情报学学科崛起之思考	苏新宁	江苏省数据工程与知识服务重点实验室（南京大学）	情报学报	2018
34	基于感知价值视角的在线付费问答平台用户付费意愿研究	李武;艾鹏亚;谢蓉	上海交通大学媒体与传播学院;上海对外经贸大学图书馆	图书情报知识	2018
35	论图书馆阅读推广的理论体系	范并思	华东师范大学信息管理系	图书馆建设	2018
36	基于知识图谱的推荐系统研究综述	秦川;祝恒书;庄福振;郭庆宇;张琦;张乐;王超;陈恩红;熊辉	中国科学技术大学计算机科学学院;百度公司;中国科学院计算技术研究所中国科学院智能信息处理重点实验室;中国科学院大学;香港科技大学计算机学院	中国科学:信息科学	2020
37	高校移动图书馆用户画像构建实证	陈添源	闽南师范大学图书馆	图书情报工作	2018
38	移动社交媒体用户持续使用行为研究	孟猛;朱庆华	南京大学信息管理学院	现代情报	2018
39	人工智能重塑图书馆	茆意宏	南京农业大学信息科学技术学院	大学图书馆学报	2018
40	智能时代的生命进化及其教育	李政涛;罗艺	教育部人文社会科学重点研究基地华东师范大学基础教育改革与发展研究所;华东师范大学教育学部	教育研究	2019
41	回顾与展望:人工智能在图书馆的应用	傅平;邹小筑;吴丹;叶志锋	中央华盛顿大学;南京航空航天大学;武汉大学信息管理学院	图书情报知识	2018

续附表 3-1

序号	题名	作者	单位	文献来源	年份
42	基于大数据共享环境下图书馆"区块链"技术应用研究	房永壮;王辉;王博	中共长春市委党校哲学教研部;吉林大学图书馆;吉林大学文学院	现代情报	2018
43	基于用户画像的图书馆大数据知识服务情境化推荐	刘海鸥;姚苏梅;黄文娜;张亚明	燕山大学	图书馆学研究	2018
44	文旅融合时代公共图书馆研学旅行服务思考	李子峰	山西省图书馆	图书馆工作与研究	2019
45	国内在线健康社区研究现状综述	赵栋祥	武汉大学信息资源研究中心	图书情报工作	2018
46	基于用户个人及群体画像相结合的图书个性化推荐应用研究	何娟	陆军指挥学院图书馆	情报理论与实践	2019
47	健康服务:开启公共图书馆服务的新领域	周晓英	中国人民大学信息资源管理学院	中国图书馆学报	2019
48	图书馆从资源能力到服务能力的转型变革	初景利;赵艳	中国科学院文献情报中心;中国科学院大学图书情报与档案管理系	图书情报工作	2019
49	"双一流"背景下高校图书馆学科服务人才队伍建设探析	张海梅	天津外国语大学图书馆	图书馆工作与研究	2018
50	大数据驱动的图书馆智慧信息服务体系构建研究	洪亮;周莉娜;陈珑绮	武汉大学信息管理学院	图书与情报	2018
51	第三代图书馆服务平台:新需求与新突破	谢蓉;刘炜;朱雯晶	上海对外经贸大学图书馆;上海图书馆;上海图书馆系统网络中心	中国图书馆学报	2019

续附表3-1

序号	题名	作者	单位	文献来源	年份
52	基于SOR模型的社会化商务用户行为机理研究	周涛;陈可鑫	杭州电子科技大学管理学院	现代情报	2018
53	国内外体育舞蹈研究进展分析——基于科学知识图谱的可视化研究	李小芬;许佳慧	北京体育大学艺术学院	北京体育大学学报	2018
54	扎根理论三阶段编码对主题词提取的应用研究	王念祖	闽江学院人文与传播学院	图书馆杂志	2018
55	中小学生信息素养评价指标体系研究	石映辉;彭常玲;吴砥;杨浩	华中师范大学国家数字化学习工程技术研究中心;华中师范大学教育信息技术学院;美国纽约州立大学奥斯威格分校教育学院	中国电化教育	2018
56	英国国家博物馆和国家图书馆文化创意产品开发现状及启示	王毅;林巍	上海大学图书情报档案系	国家图书馆学刊	2019
57	知识图谱在数字人文中的应用研究	陈涛;刘炜;单蓉蓉;朱庆华	上海图书馆/上海科学技术情报研究所;上海大学图书情报档案系;南京大学信息管理学院	中国图书馆学报	2019
58	基于在线评论情感分析的海淘APP用户满意度研究	赵杨;李齐齐;陈雨涵;曹文航	武汉大学信息管理学院	数据分析与知识发现	2018
59	用户画像构建方法研究综述	高广尚	桂林理工大学商学院	数据分析与知识发现	2019
60	中文医学知识图谱CMeKG构建初探	奥德玛;杨云飞;穗志方;代达劢;常宝宝;李素建;昝红英	北京大学计算语言学教育部重点实验室;鹏城实验室;郑州大学信息工程学院	中文信息学报	2019

二、国外图书情报领域高被引论文

在 Web of Science 核心合集（A&HCI,SCI-EXPANDED,SSCI）中选择"图书馆学与信息科学"（Web of Science 类别），并把出版时间限定在 2018 至今（检索时间 2022-06-16）。即：（WC =［Information Science & Library Science］）AND（PY =［"2018" OR "2019" OR "2020" OR "2021" OR "2022"]）。结果得到40248 篇文献。按照被引频次降序排列，获得前 60 篇高被引论文（见附表 3-2）。

附表 3-2　国外图书情报领域高被引论文

序号	题名	文献来源	被引次数
1	Telehealth transformation：COVID-19 and the rise of virtual care	*JOURNAL OF THE AMERICAN MEDICAL INFORMATICS ASSOCIATION*	514
2	Understanding digital transformation：A review and a research agenda	*JOURNAL OF STRATEGIC INFORMATION SYSTEMS*	510
3	1 Blockchain's roles in meeting key supply chain management objectives	*INTERNATIONAL JOURNAL OF INFORMATION MANAGEMENT*	501
4	COVID-19 transforms health care through telemedicine：Evidence from the field	*JOURNAL OF THE AMERICAN MEDICAL INFORMATICS ASSOCIATION*	461
5	Google Scholar,Web of Science,and Scopus：A systematic comparison of citations in 252 subject categories	*JOURNAL OF INFORMETRICS*	445
6	A systematic literature review of block-chain-based applications：Current status,classification and open issues	*TELEMATICS AND INFORMATICS*	444
7	Artificial intelligence for decision making in the era of Big Data-evolution,challenges and research agenda	*INTERNATIONAL JOURNAL OF INFORMATION MANAGEMENT*	379
8	The digital platform：a research agenda	*JOURNAL OF INFORMATION TECHNOLOGY*	345

续附表 3-2

序号	题名	文献来源	被引次数
9	The rise of motivational information systems: A review of gamification research	*INTERNATIONAL JOURNAL OF INFORMATION MANAGEMENT*	315
10	Minimum sample size estimation in PLS-SEM: The inverse square root and gamma-exponential methods	*INFORMATION SYSTEMS JOURNAL*	299
11	Artificial Intelligence (AI): Multidisciplinary perspectives on emerging challenges, opportunities, and agenda for research, practice and policy	*INTERNATIONAL JOURNAL OF INFORMATION MANAGEMENT*	291
12	Blockchain adoption challenges in supply chain: An empirical investigation of the main drivers in India and the USA	*INTERNATIONAL JOURNAL OF INFORMATION MANAGEMENT*	260
13	How to perform and report an impactful analysis using partial least squares: Guidelines for confirmatory and explanatory IS research	*INFORMATION & MANAGEMENT*	253
14	Social network analysis: Characteristics of online social networks after a disaster	*INTERNATIONAL JOURNAL OF INFORMATION MANAGEMENT*	252
15	Conversational agents in healthcare: a systematic review	*JOURNAL OF THE AMERICAN MEDICAL INFORMATICS ASSOCIATION*	244
16	Social media analytics–Challenges in topic discovery, data collection, and data preparation	*INTERNATIONAL JOURNAL OF INFORMATION MANAGEMENT*	244
17	Online social media fatigue and psychological wellbeing–A study of compulsive use, fear of missing out, fatigue, anxiety and depression	*INTERNATIONAL JOURNAL OF INFORMATION MANAGEMENT*	231

续附表 3-2

序号	题名	文献来源	被引次数
18	Examining branding co-creation in brand communities on social media:Applying the paradigm of Stimulus-Organism-Response	*INTERNATIONAL JOURNAL OF INFORMATION MANAGEMENT*	228
19	Digital innovation and transformation:An institutional perspective	*INFORMATION AND ORGANIZATION*	219
20	Smart cities:Advances in research-An information systems perspective	*INTERNATIONAL JOURNAL OF INFORMATION MANAGEMENT*	218
21	On the Fintech Revolution:Interpreting the Forces of Innovation, Disruption, and Transformation in Financial Services	*JOURNAL OF MANAGEMENT INFORMATION SYSTEMS*	217
22	Creating Strategic Business Value from Big Data Analytics:A Research Framework	*JOURNAL OF MANAGEMENT INFORMATION SYSTEMS*	212
23	Blockchain research, practice and policy:Applications, benefits, limitations, emerging research themes and research agenda	*INTERNATIONAL JOURNAL OF INFORMATION MANAGEMENT*	198
24	A Guide to Field Notes for Qualitative Research:Context and Conversation	*QUALITATIVE HEALTH RESEARCH*	194
25	Platforms and Infrastructures in the Digital Age	*INFORMATION SYSTEMS RESEARCH*	192
26	Impact of COVID-19 pandemic on information management research and practice:Transforming education, work and life	*INTERNATIONAL JOURNAL OF INFORMATION MANAGEMENT*	190
27	Opportunities and challenges in developing deep learning models using electronic health records data:a systematic review	*JOURNAL OF THE AMERICAN MEDICAL INFORMATICS ASSOCIATION*	186
28	The sharing economy and digital platforms:A review and research agenda	*INTERNATIONAL JOURNAL OF INFORMATION MANAGEMENT*	185
29	What factors influence the mobile health service adoption? A meta-analysis and the moderating role of age	*INTERNATIONAL JOURNAL OF INFORMATION MANAGEMENT*	182

续附表 3-2

序号	题名	文献来源	被引次数
30	Modeling the blockchain enabled traceability in agriculture supply chain	*INTERNATIONAL JOURNAL OF INFORMATION MANAGEMENT*	176
31	Rapid response to COVID-19: health informatics support for outbreak management in an academic health system	*JOURNAL OF THE AMERICAN MEDICAL INFORMATICS ASSOCIATION*	176
32	Digital transformation by SME entrepreneurs: A capability perspective	*INFORMATION SYSTEMS JOURNAL*	174
33	Physician stress and burnout: the impact of health information technology	*JOURNAL OF THE AMERICAN MEDICAL INFORMATICS ASSOCIATION*	172
34	Impact of Covid-19 on the media system. Communicative and democratic consequences of news consumption during the outbreak	*PROFESIONAL DE LA INFORMACION*	169
35	Consumers acceptance of artificially intelligent(AI)device use in service delivery	*INTERNATIONAL JOURNAL OF INFORMATION MANAGEMENT*	165
36	Exploring the relationship between big data analytics capability and competitive performance: The mediating roles of dynamic and operational capabilities	*INFORMATION & MANAGEMENT*	160
37	Google Scholar to overshadow them all? Comparing the sizes of 12 academic search engines and bibliographic databases	*SCIENTOMETRICS*	158
38	Setting the future of digital and social media marketing research: Perspectives and research propositions	*INTERNATIONAL JOURNAL OF INFORMATION MANAGEMENT*	156
39	Software tools for conducting bibliometric analysis in science: An up-to-date review	*PROFESIONAL DE LA INFORMACION*	155

续附表 3-2

序号	题名	文献来源	被引次数
40	Tips to use partial least squares structural equation modelling(PLS-SEM) in knowledge management	*JOURNAL OF KNOWLEDGE MANAGEMENT*	154
41	The impact of patient, intervention, comparison, outcome(PICO) as a search strategy tool on literature search quality: a systematic review	*JOURNAL OF THE MEDICAL LIBRARY ASSOCIATION*	154
42	Digital transformation of everyday life – How COVID-19 pandemic transformed the basic education of the young generation and why information management research should care?	*INTERNATIONAL JOURNAL OF INFORMATION MANAGEMENT*	149
43	What Influences Saturation? Estimating Sample Sizes in Focus Group Research	*QUALITATIVE HEALTH RESEARCH*	148
44	Impact of digital surge during Covid-19 pandemic: A viewpoint on research and practice	*INTERNATIONAL JOURNAL OF INFORMATION MANAGEMENT*	147
45	Connecting circular economy and industry 4.0	*INTERNATIONAL JOURNAL OF INFORMATION MANAGEMENT*	146
46	Investigating the impact of social media advertising features on customer purchase intention	*INTERNATIONAL JOURNAL OF INFORMATION MANAGEMENT*	146
47	Health information privacy concerns, antecedents, and information disclosure intention in online health communities	*INFORMATION & MANAGEMENT*	142
48	Boundary conditions for traceability in food supply chains using blockchain technology	*INTERNATIONAL JOURNAL OF INFORMATION MANAGEMENT*	140
49	Online learning: Adoption, continuance, and learning outcome – A review of literature	*INTERNATIONAL JOURNAL OF INFORMATION MANAGEMENT*	140

续附表 3-2

序号	题名	文献来源	被引次数
50	Impact of the digital divide in the age of COVID-19	JOURNAL OF THE AMERICAN MEDICAL INFORMATICS ASSOCIATION	136
51	Fake news and COVID-19：modelling the predictors of fake news sharing among social media users	TELEMATICS AND INFORMATICS	135
52	TOWARD A UNIFIED MODEL OF INFORMATION SECURITY POLICY COMPLIANCE	MIS QUARTERLY	135
53	Are you a cistern or a channel? Exploring factors triggering knowledge-hiding behavior at the workplace：evidence from the Indian R&D professionals	JOURNAL OF KNOWLEDGE MANAGEMENT	135
54	What drives unverified information sharing and cyberchondria during the COVID-19 pandemic?	EUROPEAN JOURNAL OF INFORMATION SYSTEMS	132
55	Consumer use of mobile banking (M-Banking) in Saudi Arabia：Towards an integrated model	INTERNATIONAL JOURNAL OF INFORMATION MANAGEMENT	132
56	Smart contract applications within blockchain technology：A systematic mapping study	TELEMATICS AND INFORMATICS	132
57	Examining the role of trust and quality dimensions in the actual usage of mobile banking services：An empirical investigation	INTERNATIONAL JOURNAL OF INFORMATION MANAGEMENT	131
58	An integrated big data analytics-enabled transformation model：Application to health care	INFORMATION & MANAGEMENT	131

续附表 3-2

序号	题名	文献来源	被引次数
59	Blockchain-based authentication and authorization for smart city applications	*INFORMATION PROCESSING & MANAGEMENT*	130
60	Big data technologies：An empirical investigation on their adoption, benefits and risks for companies	*INTERNATIONAL JOURNAL OF INFORMATION MANAGEMENT*	130

国内外重要的图情档机构

一、招收硕士生的国内图情档机构(54 个)

招收硕士生的国内图情档院校共有 54 家(http://yz.chsi.com.cn/)。具体名单如下：

北京大学、中国人民大学、中国科学院大学、武汉大学、南开大学、郑州大学、中国农业大学、北京协和医学院、北京师范大学、中国中医科学院、军事科学院、天津师范大学、河北大学、山西大学、山西财经大学、辽宁大学、中国医科大学、辽宁师范大学、吉林大学、东北师范大学、黑龙江大学、华东理工大学、华东师范大学、上海大学、上海社会科学院、南京大学、苏州大学、东南大学、南京理工大学、南京工业大学、河海大学、江苏大学、南京农业大学、安徽大学、福建师范大学、南昌大学、山东理工大学、曲阜师范大学、河南科技大学、华中师范大学、湖北大学、湘潭大学、中山大学、华南师范大学、广西民族大学、西南大学、四川大学、云南大学、西北大学、西安电子科技大学、中国科学技术信息研究所、国防大学、新乡医学院、郑州航空工业管理学院。

二、iSchools 成员机构(123 个)

iSchools 共有 123 个成员机构。具体名单如下：

奥尔堡大学传播与心理学系(http://www.communication.aau.dk/)、奥尔巴尼大学应急准备、国土安全和网络安全学院(https://www.albany.edu/cehc/)、阿姆斯特丹大学人文、档案和信息研究院(http://gsh.uva.nl/ma-programmes/programmes/content32/media-studies-research.html)、亚利桑那大学信息学院(https://ischool.arizona.edu/)、巴伊兰大学信息科学系(http://is.biu.ac.il/en/node/2203)、加州大学伯克利分校信息学院(http://www.ischool.berkeley.edu/)、布罗斯大学瑞典图书馆与信息科学学院(http://www.hb.se/en/The-Swedish-School-of-Library-and-Information-Science-SSLIS/)、英属哥伦比亚大学信息学院(http://slais.ubc.ca/)、马德里卡洛斯三世大学图书馆科学与文献学系(http://www.uc3m.es/biblioteconomia_documentacion)、康奈尔大

学鲍尔斯计算与信息科学学院(http://www. cis. cornell. edu/)、印第安纳大学(IUPUI)信息与计算学院(https://soic. iupui. edu/)、卡内基·梅隆大学亨氏信息系统与公共政策学院(https://www. heinz. cmu. edu/)、武汉大学信息管理学院(http://sim. whu. edu. cn/)、郑州大学信息管理学院(http://international. zzu. edu. cn/en/school/detail? cid=3&pid=3&detail=12)、都柏林大学信息与传播学院(http://www. ucd. ie/ics/)、加泰罗尼亚开放大学计算机科学、多媒体和电信学院(http://www. uoc. edu/portal/en/estudis_arees/informatica_multimedia_telecomunicacio/index. html)、华中师范大学信息管理学院(http://imd. ccnu. edu. cn/en/index. htm)、布拉格查理大学信息研究与图书馆学研究所(IISL)(https://uisk. ff. cuni. cz/en/)、中国科学院大学图书情报与档案管理系(http://english. las. cas. cn/education/)、韩国中央大学图书情报学系(http://lis. cau. ac. kr/? lang=en)、辛辛那提大学信息技术学院(https://cech. uc. edu/it. html)、科罗拉多大学博尔德分校信息科学系(http://www. colorado. edu/cmci/academics/information-science)、科廷大学媒体、创意艺术与社会调查学院(https://humanities. curtin. edu. au/schools/media-arts-social-inquiry/)、多米尼加大学信息研究学院(http://sois. dom. edu/)、加州大学欧文分校唐纳德布伦信息与计算机科学学院(http://www. ics. uci. edu/)、德雷克塞尔大学计算与信息学学院(http://drexel. edu/cci/)、梨花女子大学图书情报学系(http://my. ewha. ac. kr/elis1959/)、佛罗里达州立大学传播与信息学院(http://cci. fsu. edu/)、乔治梅森大学信息科学与技术系(https://ist. gmu. edu/)、佐治亚理工学院计算学院(http://www. cc. gatech. edu/)、格拉斯哥大学人文先进技术与信息研究所(HATII)(http://www. gla. ac. uk/subjects/informationstudies/)、哈塞特佩大学信息管理系(http://www. bby. hacettepe. edu. tr/english/)、香港大学人类传播、发展和信息科学(CDIS)(https://web. edu. hku. hk/unit/human-communication-development-and-information-sciences)、柏林洪堡大学柏林图书馆与信息科学学院(https://www. ibi. hu-berlin. de/en/startpage)、伊利诺伊大学厄巴纳-香槟分校信息科学学院(http://ischool. illinois. edu/)、全北国立大学图书馆与信息科学系和记录与档案管理系(https://wz3. jbnu. ac. kr/liseng/index…do)、吉林大学管理学院(http://gl. jlu. edu. cn/English/Home. htm)、奥西耶克大学(http://www. unios. hr/en/)、肯特州立大学信息学院(http://www. kent. edu/iSchool)、肯塔基大学通信与信息学院(https://ci. uky. edu/ci/)、印第

安纳大学布卢明顿分校卢迪信息学、计算和工程学院（http://www.soic.indiana.edu/）、泰国孔敬大学信息科学系（https://home.kku.ac.th/icm/main/index.php/）、韩国庆北大学图书情报学系（http://widit.knu.ac.kr/lis/）、日本九州大学图书馆学系（http://www.ifs.kyushu-u.ac.jp/pages/eng/ifs_02.html）、林奈大学信息研究所（http://lnu.se/en/iinstitute）、伦敦大学学院情报研究系（http://www.ucl.ac.uk/dis）、长岛大学帕尔默图书馆与信息科学学院（http://www.liu.edu/palmer）、路易斯安那州立大学图书情报学院（https://www.lsu.edu/chse/slis/）、马凯雷诺大学计算与信息科学学院（http://www.cis.mak.ac.ug/）、曼彻斯特城市大学信息和通信（http://www2.mmu.ac.uk/infocomms/）、墨尔本大学计算与信息系统系（http://www.msi.unimelb.edu.au/）、马里兰大学巴尔的摩分校信息系统系（http://informationsystems.umbc.edu/）、马里兰大学信息研究学院（http://ischool.umd.edu/）、蒙特利尔麦吉尔大学信息研究学院（http://www.mcgill.ca/sis/）、密歇根州立大学媒体信息系（https://comartsci.msu.edu/departments/media-and-information）、密歇根大学信息学院（http://www.si.umich.edu/）、密苏里大学信息科学与学习技术学院（SISLT）（http://sislt.missouri.edu/）、莫纳什大学信息技术学院（https://www.monash.edu/it）、蒙特利尔大学图书馆学与信息科学学院（http://www.ebsi.umontreal.ca/accueil/）、多媒体大学（MMU）计算与信息学院（FCI）（https://www.mmu.edu.my/programmes-by-faculty-all/）、南京大学信息管理学院（http://im.nju.edu.cn/eng/）、南京理工大学经济与管理学院（https://sem.njust.edu.cn/main.htm）、南开大学商学院信息资源管理系（http://nankai.en.school.cucas.cn/）、北卡罗来纳大学教堂山分校信息与图书馆学院（https://sils.unc.edu/）、台湾政治大学图书馆信息与档案研究所（https://2018nccu.nccu.edu.tw/index.php?Plugin=o_nccu&Action=nccuunitdet&Lang=en&unit=155）、台湾师范大学教育学院图书情报研究所（http://www.glis.ntnu.edu.tw/en/intro/super_pages.php?ID=intro1）、台湾大学图书资讯学系（http://www.lis.ntu.edu.tw/english）、北德克萨斯大学信息学院（http://ci.unt.edu/）、诺森比亚大学计算与信息科学系（https://www.northumbria.ac.uk/about-us/academic-departments/computer-and-information-sciences/）、新葡京大学信息管理学院（http://www.novaims.unl.pt/default）、俄克拉荷马大学图书馆与信息研究学院（http://www.ou.edu/cas/slis/）、奥斯陆城市大学档案学、图书情报学系

（https：//www. oslomet. no/en/about/sam/abi）、牛津大学牛津数字信息集团（http：//oerc. ox. ac. uk/）、北京大学信息管理系（http：//www. im. pku. edu. cn/）、宾夕法尼亚州立大学信息科学与技术学院（http：//www. ist. psu. edu/）、菲律宾大学图书馆与信息研究学院（http：//upslis. info/）、匹兹堡大学计算与信息学院（http：//sci. pitt. edu/）、瓦伦西亚理工大学信息学院（http：//www. upv. es/entidades/ETSINF/indexc. html）、罗马教皇大学信息科学系（http：//comunicacionylenguaje. javeriana. edu. co/facultad/departamentos/departamento – ciencia – informacion）、波尔图大学工程学院与文学院合作（http：//sigarra. up. pt/feup/en/web_base. gera_pagina？P_pagina = 1182）、普拉特学院信息学院（https：//www. pratt. edu/academics/information/）、雷根斯堡大学信息与媒体、语言与文化研究所 https：//www. uni – regensburg. de/sprache – literatur – kultur/information – medien–sprache–kultur/）、中国人民大学信息资源管理学院（http：//sirm. ruc. edu. cn/）、新泽西州立罗格斯大学传播与信息学院（https：//comminfo. rutgers. edu/）、罗伯特戈登大学阿伯丁商学院信息管理系（https：//www. rgu. ac. uk/about/faculties–schools–and–departments/aberdeen–business–school/information–management）、罗彻斯特理工学院信息学院（https：//www. rit. edu/computing/school–of–information）、圣何塞州立大学信息学院（http：//ischool. sjsu. edu/）、圣保罗大学 传播与艺术学院（http：//www3. eca. usp. br/en/presentation）、首尔国立大学科技融合研究院（http：//gscst. snu. ac. kr/eng/m01/）、上海大学图书情报档案系（http：//ischool. shu. edu. cn/）、谢菲尔德哈勒姆大学谢菲尔德商学院（https：//www. shu. ac. uk/about–us/academic–departments/sheffield–business–school）、谢菲尔德大学信息学院（https：//www. sheffield. ac. uk/）、锡根大学媒体与信息学院（https：//ischool. uni–siegen. de/）、西蒙斯大学（波士顿）图书情报学院（http：//www. simmons. edu/slis/）、苏州大学档案与电子政务系（http：//shxy. suda. edu. cn/6d/41/c15433a355649/page. htm）、南卡罗来纳大学信息科学学院（http：//www. sc. edu/study/colleges _ schools/cic/library _ and _ information _ science/）、南佛罗里达大学信息学院（https：//www. usf. edu/arts – sciences/departments/information/）、纽约州立大学布法罗分校信息科学系（http：//gse. buffalo. edu/lis）、思克莱德大学计算机和信息科学系（https：//www. strath. ac. uk/science/computerinformationsciences/）、素可泰塔玛开放大学文理学院（https：//www. stou. ac. th/main/en/schools. html）、中山大学信息管理学院

(http://im. sysu. edu. cn/Eng/index. htm)、韩国成均馆大学图书情报学（http://ischool. skku. edu/)、雪城大学信息研究学院（http://ischool. syr. edu/)、多伦多大学信息学院（http://www. ischool. utoronto. ca/)、坦佩雷大学通信科学单元（https://www. tuni. fi/en/about - us/faculty - information - technology - and - communication - sciences)、惠灵顿维多利亚大学惠灵顿商业与政府学院（https://www. wgtn. ac. nz/)、马拉理工大学信息管理学院（http://fim. uitm. edu. my/en/)、田纳西大学信息科学学院（http://www. sis. utk. edu/)、德克萨斯大学奥斯汀分校信息学院（http://www. ischool. utexas. edu/)、筑波大学图书馆情报学大学院（https://www. tsukuba. ac. jp/english/organization/graduate/0307. html)、加州大学洛杉矶分校教育情报学研究院（http://gseis. ucla. edu/)、格拉纳达大学传播与文献学院（https://fcd. ugr. es/en)、米尼奥大学（https://www. uminho. pt/PT)、印度尼西亚大学人文学院图书情报学系（https://www. ui. ac. id/)、格劳宾登应用科学大学瑞士信息科学研究所（https://www. fhgr. ch/en/uas - grisons/applied - future - technologies/swiss - institute - for - information - science - sii/)、丹佛大学研究方法与信息科学系（https://morgridge. du. edu/research - methods - information - science - dept/)、比勒陀利亚大学信息技术学院（https://www. up. ac. za/information - science)、怀卡托大学计算与数学科学学院（http://www. cms. waikato. ac. nz/)、华盛顿大学信息学院（http://ischool. uw. edu/)、韦恩州立大学信息科学学院（http://sis. wayne. edu/)、威斯康星大学麦迪逊分校信息学院（https://ischool. wisc. edu/)、威斯康星大学密尔沃基分校信息研究学院（http://www4. uwm. edu/sois/)、韩国延世大学图书情报学（http://lis. yonsei. ac. kr/lis/)。

后　记

本书对网络信息资源绩效评估、学术影响力评价、虚假信息治理、视觉研究方法、专利分析、创新型图书馆、智慧图书馆、图书馆员工指导等信息管理领域热点问题进行了研究。本书主要内容包括:第一章在概述网络信息资源绩效评估的基础上,以图书馆网站为例进行评价,并指出提升网站绩效的对策。第二章以高校高等教育研究所为例进行学术影响力评价,并提出提升学术影响力的对策与建议。第三章以国外图书馆界抗击虚假信息实践为例,总结了虚假信息治理的措施以及给予我们的启示。第四章首次从整体的角度探讨了视觉研究方法在国内外图书馆学情报学研究中的应用,并指出应用时应注意的问题。第五章从多个维度探讨了专利分析的国内外研究现状并进行了深入的实证研究。第六章在分析创新型图书馆具有的特征与构成的基础上,针对管理创新、技术创新、服务创新、建筑创新列举了大量中外创新型图书馆典型案例,并提出创新型图书馆构建的方法。第七章从智慧图书馆研究的现状、智慧图书馆的氛围、智慧图书馆的馆员等方面对智慧图书馆进行了探讨。第八章在探讨指导的含义和种类的基础上,阐述了有关指导的理论基础,以美国为例研究了国外开展的图书馆员工指导的实践活动,并提出适合于我国国情的建议。附录是对正文内容的有益补充,主要包括近年图情档立项项目、国内外图情档核心期刊、国内外图情领域高被引论文、国内外重要的图情档机构等内容。

本书聚焦于信息管理领域热点问题,采用新研究方法进行了探索,并提出有针对性的建议,实用价值高,值得进一步推广。本书适合信息管理领域研究者乃至所有信息管理从业人员阅读。本书不仅能够帮助读者了解信息管理领域热点问题,而且有利于他们了解研究的方法。再者,本书所提供的对策与建议对信息管理实践也有一定的指导作用。

王一华、闫云星共同撰写此书。其中,闫云星撰写 13.5 万字。在撰写过程中,得到了国内外许多专家的帮助和指导。因篇幅所限,一些参考文献没有列出。在此,我们在此致以深深的敬意和诚挚的感谢! 我们还要感谢郑州大学出版社,使得本书得以顺利出版。最后,我们还要感谢王妍。正是她默默地付出,才使我们有更多的时间和精力来完成撰写工作。本书若有不当之处,敬请批评指正。

作 者

2022 年 7 月